January 18, 1999

What do I consider my most important Contributions?

- That I early on—almost sixty years ago—realized that MANAGEMENT has become the constitutive organ and function of the <u>Society of Organizations</u>;

- That MANAGEMENT is not "Business Management- though it first attained attention in business- but the governing organ of ALL institutions of Modern Society;

- That I established the study of MANAGEMENT as a DISCIPLINE in its own right; and

- That I focused this discipline on People and Power; on Values; Structure and Constitution; AND ABOVE ALL ON RESPONSIBILITIES- that is focused the <u>Discipline of Management</u> on Management as a truly LIBERAL ART.

Peter F. Drucker

我认为我最重要的贡献是什么？

- 早在60年前，我就认识到管理已经成为组织社会的基本器官和功能；
- 管理不仅是"企业管理"，而且是所有现代社会机构的管理器官，尽管管理最初侧重于企业管理；
- 我创建了管理这门独立的学科；
- 我围绕着人与权力、价值观、结构和方式来研究这一学科，尤其是围绕着责任。管理学科是把管理当作一门真正的人文艺术。

彼得·德鲁克
1999年1月18日

注：资料原件打印在德鲁克先生的私人信笺上，并有德鲁克先生亲笔签名，现藏于美国德鲁克档案馆。为纪念德鲁克先生，本书特收录这一珍贵资料。本资料由德鲁克管理学专家那国毅教授提供。

彼得·德鲁克和妻子多丽丝·德鲁克

德鲁克妻子多丽丝寄语中国读者

在此谨向广大的中国读者致以我诚挚的问候。本书深入介绍了德鲁克在管理领域方面的多种理念和见解。我相信他的管理思想得以在中国广泛应用,将有赖出版及持续的教育工作,令更多人受惠于他的馈赠。

盼望本书可以激发各位对构建一个令人憧憬的美好社会的希望,并推动大家在这一过程中积极发挥领导作用,他的在天之灵定会备感欣慰。

Doris Drucker

本页照片和多丽丝寄语原文与亲笔签名由彼得·德鲁克管理学院提供

管理前沿

[美] 彼得·德鲁克 著

闫佳 译

The Frontiers of Management
Where Tomorrow's Decisions Are Being Shaped Today

彼得·德鲁克全集

机械工业出版社
CHINA MACHINE PRESS

图书在版编目（CIP）数据

管理前沿 /（美）彼得·德鲁克（Peter F. Drucker）著；闻佳译. —北京：机械工业出版社，2018.7（2024.8 重印）

（彼得·德鲁克全集）

书名原文：The Frontiers of Management: Where Tomorrow's Decisions Are Being Shaped Today

ISBN 978-7-111-60308-5

I. 管⋯ II. ①彼⋯ ②闻⋯ III. 管理学 IV. F272

中国版本图书馆 CIP 数据核字（2018）第 129873 号

北京市版权局著作权合同登记　图字：01-2012-7807 号。

Peter F. Drucker. The Frontiers of Management: Where Tomorrow's Decisions Are Being Shaped Today.

Copyright © Peter F. Drucker 1986.

Published by arrangement with Harvard Business Review Press.

Simplified Chinese edition copyright © 2019 by China Machine Press. This edition is authorized for sale in the Chinese mainland (excluding Hong Kong SAR, Macao SAR and Taiwan).

No part of this book may be reproduced or transmitted in any form or by any means, electronic or mechanical, including photocopying, recording or any information storage and retrieval system, without permission, in writing, from the publisher.

All rights reserved.

本书中文简体字版由 Harvard Business School Press 授权机械工业出版社在中国大陆地区（不包括香港、澳门特别行政区及台湾地区）独家出版发行。未经出版者书面许可，不得以任何方式抄袭、复制或节录本书中的任何部分。

本书两面插页所用资料由彼得·德鲁克管理学院和那国毅教授提供。封面中签名摘自德鲁克先生为彼得·德鲁克管理学院的题词。

管理前沿

出版发行：机械工业出版社（北京市西城区百万庄大街 22 号　邮政编码：100037）			
责任编辑：刘新艳		责任校对：李秋荣	
印　　刷：固安县铭成印刷有限公司		版　　次：2024 年 8 月第 1 版第 6 次印刷	
开　　本：170mm×230mm　1/16		印　　张：22.25	
书　　号：ISBN 978-7-111-60308-5		定　　价：89.00 元	

客服电话：（010）88361066　68326294

版权所有·侵权必究
封底无防伪标均为盗版

如果您喜欢彼得·德鲁克（Peter F. Drucker）或者他的书籍，那么请您尊重德鲁克。不要购买盗版图书，以及以德鲁克名义编纂的伪书。

| 目 录 |

推荐序一（邵明路）

推荐序二（赵曙明）

推荐序三（珍妮·达罗克）

前言

访谈录 与睿智长者一席谈 / 1

第一部分 | 经济

第1章　转变后的世界经济 / 21

第2章　美国的创业性就业机制 / 46

第3章　为什么石油输出国组织必将失败 / 51

第4章　变化中的跨国企业 / 56

第5章　货币风险管理 / 61

第6章　出口市场与国内政策 / 66

第7章　欧洲在高科技上的企图心 / 70

第8章　我们能向德国人学习什么 / 75

第9章　进入日本市场 / 79

第 10 章　和日本做生意：有效的办法 / 84

第 11 章　敌对性贸易的危险 / 89

第 12 章　当代先知：熊彼特还是凯恩斯 / 94

第二部分 ｜ 人

第 13 章　选拔人才的基本原则 / 107

第 14 章　衡量白领工作者的生产率 / 116

第 15 章　一线监督员的没落 / 120

第 16 章　薪水过高的管理者：贪欲的结果 / 124

第 17 章　超龄管理者：保持企业的青春活力 / 129

第 18 章　向职业学院付学费 / 134

第 19 章　工作与人：日益增长的不协调 / 138

第 20 章　素质教育：新的发展领域 / 143

第三部分 ｜ 管理

第 21 章　管理：成功所带来的问题 / 149

第 22 章　控制参谋工作 / 173

第 23 章　精简中层管理 / 177

第 24 章　以信息为基础的组织 / 182

第 25 章　工会变得过时了吗 / 187

第 26 章　工会的灵活性：为什么现在必不可少 / 192

第 27 章　管理是一门人文学科 / 197

| 第四部分 | **组织** |

第 28 章　恶意收购及其危害性 / 207

第 29 章　成功兼并的五条原则 / 231

第 30 章　创新型组织 / 235

第 31 章　零增长企业 / 240

第 32 章　为什么自动化会带来利润 / 244

第 33 章　IBM 的沃森：放眼未来 / 247

第 34 章　贝尔系统解体的教训 / 260

第 35 章　社会需求和企业机遇 / 289

后记　社会创新：管理的新领域 / 307

致谢 / 320

译者后记 / 322

| 推荐序一 |

功能正常的社会和博雅管理

为"彼得·德鲁克全集"作序

享誉世界的"现代管理学之父"彼得·德鲁克先生自认为,虽然他因为创建了现代管理学而广为人知,但他其实是一名社会生态学者,他真正关心的是个人在社会环境中的生存状况,管理则是新出现的用来改善社会和人生的工具。他一生写了 39 本书,只有 15 本书是讲管理的,其他都是有关社群(社区)、社会和政体的,而其中写工商企业管理的只有两本书(《为成果而管理》和《创新与企业家精神》)。

德鲁克深知人性是不完美的,因此人所创造的一切事物,包括人设计的社会也不可能完美。他对社会的期待和理想并不高,那只是一个较少痛苦,还可以容忍的社会。不过,它还是要有基本的功能,为生活在其中的人提供可以正常生活和工作的条件。这些功能或条件,就好像一个生命体必须具备正常的生命特征,没有它们社会也就不成其为社会了。值得留意的是,社会并不等同于"国家",因为"国(政府)"和"家(家庭)"不可能提供一个社会全部必要的职能。在德鲁克眼里,功能正常的社会至少要由三大类机构组成:政府、企业和非营利机构，它们各自发挥不同性质的作用，每一类、每一个机构中都要有能解决问题、令机构创造出独特绩效的权力中心和决策机制，这个权力中心和决策机制同时也要让机构里的每个人各得其所，既有所担当、做出贡献，又得到生计和身份、地位。这些在过去的国家中从来没有过的权力中心和决策机制，或者说新的"政体"，就是"管理"。在这里德鲁克把企业和非营利机构中的管理体制与政府的统治体制统称为"政体"，是因为它们都掌握权力，但是，这是两种性质截然不同的权力。企业和非营利机构掌握的，是为了提供特定的产品和服务，而调配社会资源的权力，政府所拥有的，则是整个社会公平的维护、正义的裁夺和干预的权力。

在美国克莱蒙特大学附近，有一座小小的德鲁克纪念馆，走进这座用他的故居改成的纪念馆，正对客厅入口的显眼处有一段他的名言：

> 在一个由多元的组织所构成的社会中，使我们的各种组织机构负责任地、独立自治地、高绩效地运作，是自由和尊严的唯一保障。有绩效的、负责任的管理是对抗和替代极权专制的唯一选择。

当年纪念馆落成时，德鲁克研究所的同事们问自己，如果要从德鲁克的著作中找出一段精练的话，概括这位大师的毕生工作对我们这个世界的意义，会是什么？他们最终选用了这段话。

如果你了解德鲁克的生平，了解他的基本信念和价值观形成的过程，你一定会同意他们的选择。从他的第一本书《经济人的末日》到他独自完成的最后一本书《功能社会》之间，贯穿着一条抵制极权专制、捍卫个人自由和尊严的直线。这里极权的极是极端的极，不是集中的集，两个词一字之差，其含义却有着重大区别，因为人类历史上由来已久的中央集权统治直到20世纪才有条件变种成极权主义。极权主义所谋求的，是从肉体到精神，全面、彻底地操纵和控制人类的每一个成员，把他们改造成实现个别极权主义者梦想的人形机器。20世纪给人类带来最大灾难和伤害的战争和运动，都是极权主义的"杰作"，德鲁克青年时代经历的希特勒纳粹主义正是其中之一。要了解德鲁克的经历怎样影响了他的信念和价值观，最好去读他的《旁观者》；要弄清什么是极权主义和为什么大众会拥护它，可以去读汉娜·阿伦特1951年出版的《极权主义的起源》。

好在历史的演变并不总是令人沮丧。工业革命以来，特别是从1800年开始，最近这200年生产力呈加速度提高，不但造就了物质的极大丰富，还带来了社会结构的深刻改变，这就是德鲁克早在80年前就敏锐地洞察和指出的，多元的、组织型的新社会的形成：新兴的企业和非营利机构填补了由来已久的"国（政府）"和"家（家庭）"之间的断层和空白，为现代国家提供了真正意义上的种种社会功能。在这个基础上，教育的普及和知识工作者的崛起，正在造就知识经济和知识社会，而信息科技成为这一切变化的加速器。要特别说明，"知识工作者"是德鲁克创造的一个称谓，泛指具备和应用专门知识从事生产工作，为社会创造出有用的产品和服务的人群，这包括企业家和在任何机构中的管理者、专业人士和技工，也包括社会上的独立执业人士，如会计师、律师、咨询师、培训师等。在21世纪的今天，由于知识的应用领域一再被扩大，个人和个别机构不再是孤独无助的，他们因为掌握了某项知识，就拥有了选择的自由和影响他人的权力。知识工作者和由他们组成的知识型组织不再是传统的知识分子或组织，知识工作者最大的特点就是他们的独立自主，可以主动地整合资源、创造价值，促成经济、社会、文化甚至政治层面的改变，而传统的知识分子只能依附于当时的统治当局，在统治当局提供的平台上才能有所作为。这是一个划时代的、意义深远的变化，而且这个变化不仅发生在西方发达国家，也发生在发展中国家。

在一个由多元组织构成的社会中，拿政府、企业和非营利机构这三类组织相互比较，企业和非营利机构因为受到市场、公众和政府的制约，它们的管理者不可能像政府那样走上极权主义统治，这是它们在德鲁克看来，比政府更重要、更值得寄予希望的原因。尽管如此，它们仍然可能因为管理缺位或者管理失当，例如官僚专制，不能达到德鲁克期望的"负责任地、高绩效地运作"，从而为极权专制垄断社会资源让出空间、提供机会。在所有机构中，包括在互联网时代虚拟的工作社群中，知识工作者的崛起既为新的管理提供了基础和条件，也带来对传统的"胡萝卜加大棒"管理方式的挑战。德鲁克正是因应这样的现实，研究、创立和不断完善现代管理学的。

1999年1月18日，德鲁克接近90岁高龄，在回答"我最重要的贡献是什么"这个问题时，他写了下面这段话：

> 我着眼于人和权力、价值观、结构和规范去研究管理学，而在所有这些之上，我聚焦于"责任"，那意味着我是把管理学当作一门真正的"博雅技艺"来看待的。

给管理学冠上"博雅技艺"的标识是德鲁克的首创，反映出他对管理的独特视角，这一点显然很重要，但是在他众多的著作中却没找到多少这方面的进一步解释。最完整的阐述是在他的《管理新现实》这本书第15章

第五小节,这节的标题就是"管理是一种博雅技艺":

> 30年前,英国科学家兼小说家斯诺(C. P. Snow)曾经提到当代社会的"两种文化"。可是,管理既不符合斯诺所说的"人文文化",也不符合他所说的"科学文化"。管理所关心的是行动和应用,而成果正是对管理的考验,从这一点来看,管理算是一种科技。可是,管理也关心人、人的价值、人的成长与发展,就这一点而言,管理又算是人文学科。另外,管理对社会结构和社群(社区)的关注与影响,也使管理算得上是人文学科。事实上,每一个曾经长年与各种组织里的管理者相处的人(就像本书作者)都知道,管理深深触及一些精神层面关切的问题——像人性的善与恶。
>
> 管理因而成为传统上所说的"博雅技艺"(liberal art)——是"博雅"(liberal),因为它关切的是知识的根本、自我认知、智慧和领导力,也是"技艺"(art),因为管理就是实行和应用。管理者从各种人文科学和社会科学中——心理学和哲学、经济学和历史、伦理学,以及从自然科学中,汲取知识与见解,可是,他们必须把这种知识集中在效能和成果上——治疗病人、教育学生、建造桥梁,以及设计和销售容易使用的软件程序等。

作为一个有多年实际管理经验,又几乎通读过德鲁克全部著作的人,我曾经反复琢磨过为什么德鲁克要说管理学其实是一门"博雅技艺"。我终于意识到这并不仅仅是一个标新立异的溢美之举,而是在为管理定性,它揭示了管理的本质,提出了所有管理者努力的正确方向。这至少包括了以下几重含义:

第一，管理最根本的问题，或者说管理的要害，就是管理者和每个知识工作者怎么看待与处理人和权力的关系。德鲁克是一位基督徒，他的宗教信仰和他的生活经验相互印证，对他的研究和写作产生了深刻的影响。在他看来，人是不应该有权力（power）的，只有造人的上帝或者说造物主才拥有权力，造物主永远高于人类。归根结底，人性是软弱的，经不起权力的引诱和考验。因此，人可以拥有的只是授权（authority），也就是人只是在某一阶段、某一事情上，因为所拥有的品德、知识和能力而被授权。不但任何个人是这样，整个人类也是这样。民主国家中"主权在民"，但是人民的权力也是一种授权，是造物主授予的，人在这种授权之下只是一个既有自由意志，又要承担责任的"工具"，他是造物主的工具而不能成为主宰，不能按自己的意图去操纵和控制自己的同类。认识到这一点，人才会谦卑而且有责任感，他们才会以造物主才能够掌握、人类只能被其感召和启示的公平正义，去时时检讨自己，也才会甘愿把自己置于外力强制的规范和约束之下。

第二，尽管人性是不完美的，但是人彼此平等，都有自己的价值，都有自己的创造能力，都有自己的功能，都应该被尊敬，而且应该被鼓励去创造。美国的独立宣言和宪法中所说的，人生而平等，每个人都有与生俱来、不证自明的权利（rights），正是从这一信念而来的，这也是德鲁克的管理学之所以可以有所作为的根本依据。管理者是否相信每个人都有善意和潜力？是否真的对所有人都平等看待？这些基本的或者说核心的价值观和信念，最终决定他们是否能和德鲁克的学说发生感应，是否真的能理解和实行它。

第三，在知识社会和知识型组织里，每一个工作者在某种程度上，都既是知识工作者，也是管理者，因为他可以凭借自己的专门知识对他人和组织产生权威性的影响——知识就是权力。但是权力必须和责任捆绑在一起。而一个管理者是否负起了责任，要以绩效和成果做检验。凭绩效和成果问责的权力是正当和合法的权力，也就是授权（authority），否则就成为德鲁克坚决反对的强权（might）。绩效和成果之所以重要，不但在经济和物质层面，而且在心理层面，都会对人们产生影响。管理者和领导者如果持续不能解决现实问题，大众在彻底失望之余，会转而选择去依赖和服从强权，同时甘愿交出自己的自由和尊严。这就是为什么德鲁克一再警告，如果管理失败，极权主义就会取而代之。

第四，除了让组织取得绩效和成果，管理者还有没有其他的责任？或者换一种说法，绩效和成果仅限于可量化的经济成果和财富吗？对一个工商企业来说，除了为客户提供价廉物美的产品和服务、为股东赚取合理的利润，能否同时成为一个良好的、负责任的"社会公民"，能否同时帮助自己的员工在品格和能力两方面都得到提升呢？这似乎是一个太过苛刻的要求，但它是一个合理的要求。我个人在十多年前，和一家这样要求自己的后勤服务业的跨国公司合作，通过实践认识到这是可能的。这意味着我们必须学会把伦理道德的诉求和经济目标，设计进同一个工作流程、同一套衡量系统，直至每一种方法、工具和模式中去。值得欣慰的是，今天有越来越多的机构开始严肃地对待这个问题，在各自的领域做出肯定的回答。

第五，"作为一门博雅技艺的管理"或称"博雅管理"，这个讨人喜爱的中文翻译有一点儿问题，从翻译的"信、达、雅"这三项专业要求来看，雅则雅矣，信有不足。liberal art 直译过来应该是"自由的技艺"，但最早的繁体字中文版译成了"博雅艺术"，这可能是想要借助它在中国语文中的褒义，我个人还是觉得"自由的技艺"更贴近英文原意。liberal 本身就是自由。art 可以译成艺术，但管理是要应用的，是要产生绩效和成果的，所以它首先应该是一门"技能"。另一方面，管理的对象是人们的工作，和人打交道一定会面对人性的善恶，人的千变万化的意念——感性的和理性的，从这个角度看，管理又是一门涉及主观判断的"艺术"。所以 art 其实更适合解读为"技艺"。liberal——自由，art——技艺，把两者合起来就是"自由技艺"。

最后我想说的是，我之所以对 liberal art 的翻译这么咬文嚼字，是因为管理学并不像人们普遍认为的那样，是一个人或者一个机构的成功学。它不是旨在让一家企业赚钱，在生产效率方面达到最优，也不是旨在让一家非营利机构赢得道德上的美誉。它旨在让我们每个人都生存在其中的人类社会和人类社群（社区）更健康，使人们较少受到伤害和痛苦。让每个工作者，按照他与生俱来的善意和潜能，自由地选择他自己愿意在这个社会或社区中所承担的责任；自由地发挥才智去创造出对别人有用的价值，从而履行这样的责任；并且在这样一个创造性工作的过程中，成长为更好和更有能力的人。这就是德鲁克先生定义和期待的，管理作为一门"自由技艺"，或者叫"博雅管理"，它的真正的含义。

邵明路
彼得·德鲁克管理学院创办人

| 推荐序二 |

跨越时空的管理思想

20多年来,机械工业出版社关于德鲁克先生著作的出版计划在国内学术界和实践界引起了极大的反响,每本书一经出版便会占据畅销书排行榜,广受读者喜爱。我非常荣幸,一开始就全程参与了这套丛书的翻译、出版和推广活动。尽管这套丛书已经面世多年,然而每次去新华书店或是路过机场的书店,总能看见这套书静静地立于书架之上,长盛不衰。在当今这样一个强调产品迭代、崇尚标新立异、出版物良莠难分的时代,试问还有哪本书能做到这样呢?

如今,管理学研究者们试图总结和探讨中国经济与中国企业成功的奥秘,结论众说纷纭、莫衷一是。我想,企业成功的原因肯定是多种多样的。中国人讲求天时、地利、人和,缺一不可,其中一定少不了德鲁克先生著作的启发、点拨和教化。从中国老一代企业家(如张瑞敏、任正非),及新一代的优秀职业经理人(如方洪波)的演讲中,我们常常可以听到来自先生的真知灼见。在当代管理学术研究中,我们也可以常常看出先生的思想指引和学术影响。我常常对学生说,当你不能找到好的研究灵感时,可以去翻翻先生的著作;当你对企业实践困惑不解时，也可以把先生的著作放在床头。简言之，要想了解现代管理理论和实践，首先要从研读德鲁克先生的著作开始。基于这个原因，1991年我从美国学成回国后，在南京大学商学院图书馆的一角专门开辟了德鲁克著作之窗，并一手创办了德鲁克论坛。至今，我已在南京大学商学院举办了100多期德鲁克论坛。在这一点上，我们也要感谢机械工业出版社为德鲁克先生著作的翻译、出版和推广付出的辛勤努力。

在与企业家的日常交流中，当发现他们存在各种困惑的时候，我常常推荐企业家阅读德鲁克先生的著作。这是因为，秉持奥地利学派的一贯传统，德鲁克先生总是将企业家和创新作为著作的中心思想之一。他坚持认为："优秀的企业家和企业家精神是一个国家最为重要的资源。"在企业发展过程中，企业家总是面临着效率和创新、制度和个性化、利润和社会责任、授权和控制、自我和他人等不同的矛盾与冲突。企业家总是在各种矛盾与冲突中成长和发展。现代工商管理教育不但需要传授建立现代管理制度的基本原理和准则，同时也要培养一大批具有优秀管理技能的职业经理人。一个有效的组织既离不开良好的制度保证，同时也离不开有效的管理者，两者缺一不可。这是因为，一方面，企业家需要通过对管理原则、责任和实践进行研究，探索如何建立一个有效的管理机制和制度，而衡量一个管理制度是否有效的标准就在于该制度能否将管理者个人特征的影响降到最低限度；另一方面，一个再高明的制度，如果没有具有职业道德的员工和管理者的遵守，制度也会很容易土崩瓦解。换言之，一个再高效的组织，如果缺乏有效的管理者和员工，组织的效率也不可能得到实现。虽然德鲁克先生的大部分著作是有关企业管理的，但是我们可以看到自由、成长、创新、多样化、多元化的思想在其著作中是一以贯之的。正如德鲁克在《旁观者》一书的序言中所阐述的，"未来是'有机体'的时代，由任务、目的、策略、社会的和外在的环境所主导"。很多人喜欢德鲁克提出的概念，但是德鲁克却说，"人比任何概念都有趣多了"。德鲁克本人虽然只是管理的旁观者，但是他对企业家工作的理解、对管理本质的洞察、对人性复杂性的观察，鞭辟入里、入木三分，这也许就是企业家喜爱他的著作的原因吧！

德鲁克先生从研究营利组织开始，如《公司的概念》（1946年），到研究非营利组织，如《非营利组织的管理》（1990年），再到后来研究社会组织，如《功能社会》（2002年）。虽然德鲁克先生的大部分著作出版于20世纪六七十年代，然而其影响力却是历久弥新的。在他的著作中，读者很容易找到许多最新的管理思想的源头，同时也不难获悉许多在其他管理著作中无法找到的"真知灼见"，从组织的使命、组织的目标以及工商企业与服务机构的异同，到组织绩效、富有效率的员工、员工成就、员工福利和知识工作者，再到组织的社会影响与社会责任、企业与政府的关系、管理者的工作、管理工作的设计与内涵、管理人员的开发、目标管理与自我控制、中层管理者和知识型组织、有效决策、管理沟通、管理控制、面向未来的管理、组织的架构与设计、企业的合理规模、多角化经营、多国公司、企业成长和创新型组织等。

30多年前在美国读书期间，我就开始阅读先生的著作，学习先生的思想，并聆听先生的课堂教学。回国以后，我一直把他的著作放在案头。尔后，每隔一段时间，每每碰到新问题，就重新温故。令人惊奇的是，随着阅历的增长、知识的丰富，每次重温的时候，竟然会生出许多不同以往的想法和体会。仿佛这是一座挖不尽的宝藏，让人久久回味，有幸得以伴随终生。一本著作一旦诞生，就独立于作者、独立于时代而专属于每个读者，不同地理区域、不同文化背景、不同时代的人都能够从中得到启发、得到教育。这样的书是永恒的、跨越时空的。我想，德鲁克先生的著作就是如此。

特此作序，与大家共勉！

南京大学人文社会科学资深教授、商学院名誉院长

博士生导师

2018年10月于南京大学商学院安中大楼

| 推荐序三 |

彼得·德鲁克与伊藤雅俊管理学院是因循彼得·德鲁克和伊藤雅俊命名的。德鲁克生前担任玛丽·兰金·克拉克社会科学与管理学教席教授长达三十余载，而伊藤雅俊则受到日本商业人士和企业家的高度评价。

彼得·德鲁克被称为"现代管理学之父"，他的作品涵盖了39本著作和无数篇文章。在德鲁克学院，我们将他的著述加以浓缩，称之为"德鲁克学说"，以撷取德鲁克著述在五个关键方面的精华。

我们用以下框架来呈现德鲁克著述的现实意义，并呈现他的管理理论对当今社会的深远影响。

这五个关键方面如下。

（1）**对功能社会重要性的信念**。一个功能社会需要各种可持续性的组织贯穿于所有部门，这些组织皆由品行端正和有责任感的经理人来运营，他们很在意自己为社会带来的影响以及所做的贡献。德鲁克有两本书堪称他在功能社会研究领域的奠基之作。第一本书是《经济人的末日》（1939年），"审视了法西斯主义的精神和社会根源"。然后，在接下来出版的《工业人的未来》(1942年)一书中，德鲁克阐述了自己对第二次世界大战后社会的展望。后来，因为对健康组织对功能社会的重要作用兴趣盎然，他的主要关注点转到了商业。

（2）**对人的关注**。德鲁克笃信管理是一门博雅艺术，即建立一种情境，使博雅艺术在其中得以践行。这种哲学的宗旨是：管理是一项人的活动。德鲁克笃信人的潜质和能力，而且认为卓有成效的管理者是通过人来做成事情的，因为工作会给人带来社会地位和归属感。德鲁克提醒经理人，他们的职责可不只是给大家发一份薪水那么简单。

对于如何看待客户，德鲁克也采取"以人为本"的思想。他有一句话人人知晓，即客户决定了你的生意是什么、这门生意出品什么以及这门生意日后能否繁荣，因为客户只会为他们认为有价值的东西买单。理解客户的现实以及客户崇尚的价值是"市场营销的全部所在"。

（3）**对绩效的关注**。经理人有责任使一个组织健康运营并且持续下去。考量经理人的凭据是成果，因此他们要为那些成果负责。德鲁克同样认为，成果负责制要渗透到组织的每一个层面，务求淋漓尽致。

制衡的问题在德鲁克有关绩效的论述中也有所反映。他深谙若想提高人的生产力，就必须让工作给他们带来社会地位和意义。同样，德鲁克还论述了在延续性和变化二者间保持平衡的必要性，他强调面向未来并且看到"一个已经发生的未来"是经理人无法回避的职责。经理人必须能够探寻复杂、模糊的问题，预测并迎接变化乃至更新所带来的挑战，要能看到事情目前的样貌以及可能呈现的样貌。

（4）**对自我管理的关注**。一个有责任心的工作者应该能驱动他自己，能设立较高的绩效标准，并且能控制、衡量并指导自己的绩效。但是首先，卓有成效的管理者必须能自如地掌控他们自己的想法、情绪和行动。换言之，内在意愿在先，外在成效在后。

（5）**基于实践的、跨学科的、终身的学习观念**。德鲁克崇尚终身学习，因为他相信经理人必须要与变化保持同步。但德鲁克曾经也有一句名言："不要告诉我你跟我有过一次精彩的会面，告诉我你下周一打算有哪些不同。"这句话的意思正如我们理解的，我们必须关注"周一早上的不同"。

这些就是"德鲁克学说"的五个支柱。如果你放眼当今各个商业领域，就会发现这五个支柱恰好代表了五个关键方面，它们始终贯穿交织在许多公司使命宣言传达的讯息中。我们有谁没听说过高管宣称要回馈他们的社区，要欣然采纳以人为本的管理方法和跨界协同呢？

彼得·德鲁克的远见卓识在于他将管理视为一门博雅艺术。他的理论鼓励经理人去应用"博雅艺术的智慧和操守课程来解答日常在工作、学校和社会中遇到的问题"。也就是说，经理人的目光要穿越学科边界来解决这世上最棘手的一些问题，并且坚持不懈地问自己："你下周一打算有哪些不同？"

彼得·德鲁克的影响不限于管理实践，还有管理教育。在德鲁克学院，我们用"德鲁克学说"的五个支柱来指导课程大纲设计，也就是说，我们按照从如何进行自我管理到组织如何介入社会这个次序来给学生开设课程。

德鲁克学院一直十分重视自己的毕业生在管理实践中发挥的作用。其实，我们的使命宣言就是：

> 通过培养改变世界的全球领导者，来提升世界各地的管理实践。

有意思的是，世界各地的管理教育机构也很重视它们的学生在实践中的表现。事实上，这已经成为国际精英商学院协会（AACSB）认证的主要标志之一。国际精英商学院协会"始终致力于增进商界、学者、机构以及学生之间的交融，从而使商业教育能够与商业实践的需求步调一致"。

最后我想谈谈德鲁克和管理教育，我的观点来自 2001 年 11 月 *BizEd* 杂志第 1 期对彼得·德鲁克所做的一次访谈，这本杂志由商学院协会出版，受众是商学院。在访谈中，德鲁克被问道：在诸多事项中，有哪三门课最重要，是当今商学院应该教给明日之管理者的？

德鲁克答道：

> 第一课，他们必须学会对自己负责。太多的人仍在指望人事部门来照顾他们，他们不知道自己的优势，不知道自己的归属何在，他们对自己毫不负责。

> 第二课也是最重要的，要向上看，而不是向下看。焦点仍然放在对下属的管理上，但应开始关注如何成为一名管理者。管理你的上司比管理下属更重要。所以你要问："我应该为组织贡献什么？"

> 最后一课是必须修习基本的素养。是的，你想让会计做好会计的事，但你也想让她了解组织的其他功能何在。这就是我说的组织的基本素养。这类素养不是学一些相关课程就行了，而是与实践经验有关。

凭我一己之见，德鲁克在 2001 年给出的这则忠告，放在今日仍然适用。卓有成效的管理者需要修习自我管理，需要向上管理，也需要了解一个组织的功能如何与整个组织契合。

彼得·德鲁克对管理实践的影响深刻而巨大。他涉猎广泛，他的一些早期著述，如《管理的实践》（1954年）、《卓有成效的管理者》（1966年）以及《创新与企业家精神》（1985年），都是我时不时会翻阅研读的书籍，每当我作为一个商界领导者被诸多问题困扰时，我都会从这些书中寻求答案。

珍妮·达罗克

彼得·德鲁克与伊藤雅俊管理学院院长

亨利·黄市场营销和创新教授

美国加州克莱蒙特市

| 前 言 |

今日铸就未来

预言未来并不重要,重要的是透彻地观察现今出人意料的新发展,探求它们为未来的道路做了什么样的准备。而这,就是《管理前沿》一书每一章所试图完成的任务。

很久很久以前,我还是个青涩的新人,一位睿智的老编辑告诉我:"你永远成不了一流的记者。你总是想着下个月会发生什么,而不是明天早晨的头条。"他是对的,我从不把一个"故事"看作明天的头条新闻,而是把它当作一两年后头条新闻的预兆。

这么做挺冒险的——很多现在看来耸人听闻的东西,不过是将来的过时货。只有少数——很少的当前事件,抢先对长期的重要变革做出了暗示,奏响了新的乐章,挑起了新争论的由头,而它们正是建立成功商业政策和策略的基础。

我把自己多年来的作品分成两大类。一类是大部头的书——大部分已经写了不少年头了。它们旨在深入表现某一重要主题,并且,如果尚未确立起新的规则,它们就是该领域里的权威文本,这就是我的写作目的。比如,我在1954年所写的《管理的实践》,至今仍是全世界管理专业学生和初学者的基础入门教程,也是资深管理者的参考书目。

另一类则是短文和评论——比如本书中收录的这些，它们分析现今发生的事件，以便探索、预测将来可能出现的新机会和新挑战。这么说吧，它们是为了"有效地酝酿新知"。

《管理前沿》收录了我在1982～1986年所写的"酝酿性"文章和评论。实际上，从1982年我写出第一篇此类文章之后，我一直计划着选出最好、最经得起时间检验的分析文章，集成一卷。本书终于实现了我的这个雄心。由于本书（现在都过去十多年了）一直供不应求，出版商决定把它拿出来，重新出版平装本。这是一个未经修订的版本——我们是故意这样做的，和原版相比，它一个字也没有改动过。这样，读者才能够看清作者出错的地方。它和原版唯一不同的地方就是新增了这篇前言。我站在1997年这个有利的位置上，按照章节，对这些文章做出评论。

我相信，也希望读者能发现这些文章探讨了1997～2000年发生的一些重要事件——这恰好是因为，我往往在一个主题刚冒头的时候就把它们写了出来。围绕这些主题，如今也产生了不少长篇大论的著作。更重要的是，我希望通过《管理前沿》一书的再版，帮助读者学会提出正确的问题。

第一部分 "经济"

阅读这部分文章，最好的方式是从最后一篇（第12章"当代先知：熊彼特还是凯恩斯"）读起。表面上它似乎是要讨论经济理论问题——实际上，无论是熊彼特，还是凯恩斯，都是最伟大的经济理论学家（尽管和当代的大多数经济学家不同，他们两个人都对商业活动进行了深入的实践和思索，前者是一位银行家，后者是货币交易商和极为成功的投资管理者），但本文讨论的内容是两位大师所假设的经济现实之间存在的差异。理解这种差异，特别是理解熊彼特对当代经济现实做出的假设，可能是理解世界新经济的最快途径。而且，它尤其有助于读者迅速理解世界新经济和大多数人（我指的是政府决策者和企业主管）所相信的经济现实之间存在什么样的根本不同。

在我写的所有评论中，这可能是影响最深远的一篇——至少，我希望它在经济学家中具有这样的影响力。熊彼特虽然是经济学界大名鼎鼎的人物，一提到他的名字，经济学家就忍不住要低下头来，但很少有人真正读过他的著作。本文引发了一场"熊彼特热"，他使用过的术语变成了老生常谈，尽管这些术语在15年后显得相当奇异：他强调，"动态不均衡"是一般经济的常态；金钱是现代政府的产物，它超越了自己的创造者，变得无法控制；"企业家"是"变革的先锋"；创新是"创造性的破坏"。

但这并非是阅读此文的理由。熊彼特在1911年所假定的经济现实——那时他还是个非常年轻的小伙子，大部分已经变成了当代真正的现实，即转变后的世界经济（其中包括熊彼特一直担心的"税收问题"，它把资源从生产者变到非生产者手中）最终会因为通货膨胀和无法维持下去的政府赤字而自我毁灭。

第二篇要读的文章应该是第1章"转变后的世界经济"。在1986年，所谓世界经济正在发生变化，已经算不上什么新闻了。但它新颖的地方在于，就像标题所宣称的那样，它提出世界经济已经发生了改变，早就变得和大多数人认为"正常"的经济不一样了。当然，现在大多数制定政策的人（商界也好，政界也好）都接受了这个观点，但还没有多少人针对这一认识展开行动。自然，过去10年里发生的很多重大事件当时看来还遥不可及：比如，中国作为一支主要经济力量的崛起，或是苏联在经济和政治上的解体。但本章已经大体描绘出了当前世界经济的基本趋势。我经常询问与我共事的政治家或企业主管，他们的行动是不是以本章中提到的长期发展趋势作为基础的——可惜，迄今为止，做好准备，愿意接受世界已经变得如此不同的人还是不太多。

在两篇长文之间是一些较短的文章，其中几篇［比如第4、5、6章，和有关日本的章（第9、10、11章）］稍做改动，现在也能发表。其中时效性最强的大概要数第5章"货币风险管理"。很多企业主管（甚至不少经济学家）似乎仍然认为，稳定的货币是一条自然规律。而另一些人则接受了通货波动是常态的观点，于是不少人得出结论，挪用现金是明智之举。然而，所有的经验都证明，想要在货币问题（以及款项用途）上"耍小聪明"，是一条注定要走向毁灭的道路。管理货币风险，并不是企业的"利润中心"，它是"保险"——这就是该文章所讨论的主题。

我要重复一下，向20世纪90年代末的政治决策者和企业主管提出前瞻性建议的，是本书第一部分的最后一篇（第12章）和第一篇文章（第1章），它们试图表现转变后的世界经济的基本现实及其主要发展趋势。

第二部分 "人"

人永远无法确定未来，人也不会立刻遭到因果报应。所以，本书中我从头到尾都弄错的一篇文章，正是15年前我最确信无疑的一篇（第20章"素质教育：新的发展领域"）。本文撰写于1982年，于次年发表，当时我很有信心地说："美国学校很快就会得到改善。"唉，正如我们所知，它完全没有。为什么美国学校必须改善，以及为什么它肯定会这么做的原因，已经很清楚地写在这篇短文里了。本文至今仍和当年刚写出来的时候一样，有一种让人不能不信的劲头——唯一的问题在于，它预言的事情并没有发生。也许其他国家的学校在过去的15年里并没有什么太大发展，但也没有走向没落，更不要说是崩溃了。可美国不少公立学校偏偏就没落了，偏偏就崩溃了。未来的世界是一个竞争性更强、文化水平也更高的世界，因此，我对美国的未来深感忧虑。

尽管该章没有经受住时间的检验，但这一部分同样包含了一篇生命力最强的文章：第13章"选拔人才的基本原则"。选择人手，把他们放到合适的岗位上，仍然是一位管理者最重要的工作，也是他花时间最多的地方。可是，不少人（或者说是大多数人）不知道该怎么做。在美国组织里（我绝不是仅仅指企业），大约有1/3的职务安排和提升是完全失败的——在欧洲和日本同样如此；还有1/3可以让人忍受，尽管不那么痛快；最多还剩下1/3是成功的，能够解决问题的。其他重要的管理领域，绝不可能容忍如此之多的误操作，而且这种误操作是毫无必要的。管理者用人"百发百中"的例子，几乎不胜枚举，他们只是遵循了同样的简单规则而已，换句话说，他们知道如何做出人事决策——这篇文章讲解了该怎么做。

在上述两篇文章之间有6篇较短的文章——第14～19章，除了第16章，其余全都关注的是从体力劳动到知识性劳动，以及从体力工人到知识工作者的快速转变问题，只是着重点放在不同的方面。这种转变在《管理前沿》发表后不久就开始了，而且还将进行很多年。第16章讲的是"薪水过高的管理者：贪欲的结果"。15年前，这种现象还不像现在这样普遍，但已经足够引起我们的注意——尤其是一些管理者表现平平甚至乏善可陈，仍然获得了大笔奖金。如今它已经成为一种公众问题，但这只是最近几年的事。我写这篇文章的时候，还没有太多人注意到它。即便是现在，人们也只是谈得多，采取的行动却少得惊人。难道非要等到美国经济再来一次大萧条的时候，管理者薪酬过高才会引起众人的关注吗？

第三部分 "管理"

这一部分包含了本书时效性最强的五篇（第22~26章），以及时效性最不明显——实际上是完全不受时间影响的两篇（第21和27章）。在讲求时效性的文章中，有三篇（第22、23、24章）预测了公司结构近期发生的巨大变化——比如减小规模（第23章）、机构扁平化（主要是第24章）。早在这些变化进入公众视野之前——早在它们还是个别的、孤立的事件之前，我就撰写并发表了有关文章。它们预测了我们目前正在前进的方向——早在十几年以前。这两篇文章分别发表于1982年和1983年。它们太过超前时代，当时大多数读者都认为是无稽之谈。然而，今天的每一位读者都能立刻看出，对于新出现的、有关彻底改造大型企业精神结构的问题，这些文章完全低估了其深入程度和推广速度。不过，它们仍能帮助读者理解前述巨大发展的背景。

另两篇较短的作品（第25和26章）也受到了同等程度的怀疑，特别是来自工会领袖的怀疑，它们甚至影响了我在工会运动中的交友范围。而且，没有哪个（即便有，人数也很少）工会领导者注意到我的警告。是的，他们承认美利坚合众国工会组织的发展陷入了窘境，但他们既不承认我在第25章中提到的问题，即工会正在飞快地被时代潮流所抛弃；也不接受第26章提到的建议，即为了生存，工会必须重新思考自己的立足设想，重新设计战略战术。他们的否定态度造成了异常明显的结果：在私营企业里，美国工会的成员越来越少，远远低于其在20世纪30年代的规模（甚至比不上1913年的景况）。到了1996年，新的工会领袖立下了迟到的誓言，决心扭转自身没落的趋势——尽管到目前为止，对于工会在如今飞速变化的社会和经济条件下的角色和任务问题，还是没人提出什么新的见解。因此，这些有关美国工会的前瞻性章节（尽管写于15年之前）仍然不无参考价值。

和这些讲求时效的章节截然相反的,是第三部分的一头一尾:第 21 和 27 章。它们着眼于"管理"这一 20 世纪的全新现象,提出了如下问题:现实之中的管理是什么?该做什么?怎样做好?必须学习哪些东西?它们不是"理论性"文章,我也不是想要做个哲学家。但它们的实践性并不强,不是"怎么做"类的文章。让人惊讶的是,在这个世界上没有多少人试图将管理理解为一种新的机能、一种新的规律、一种新的职业——但这恰好是管理的全部意义所在。大多数人将管理视为理所当然,这些文章则是极少的例外之作。它们绝不是管理史。它们的目的,过去是,现在也是,让实践中的管理者意识到自己的作用、自己的重要性以及自己的责任。目前盛行的"管理潮"比它们的诞生稍晚几年,但同样是这两章所重视的内容。和如今大多数畅销管理著作不同,这两篇文章的作者,亲眼见证了当代管理自我孕育的 50 年,也曾经是这一潮流的亲身参与者。我希望上述经历能为这两章提供一些他人很难达到的见地,因为这些人是在管理成功地自我确立之后才投身其中的。这些文章不是为了时效而写:它们展现了有关这一主题的长年思索。我希望多年以后,人们仍能将之视为基础。

第四部分 "组织"

哪怕是放到现在——也就是 1997 年来写,这一部分需要改动的地方也是全书中最少的。只不过,我无须再像当时那样,用那么多的篇幅来解释什么是"恶意收购者"(第 28 章)。如今这年月,哪怕只看漫画的人也听说过它们。但我仍有必要解释剧变背后所隐藏的东西(收购,不管是恶意的还是友好的;合并;资产剥离),它们彻底改变了美国的商业面貌,实际上，也彻底改变了美国经济的根基，而且，这一切不仅仅发生在美国。11年前这些文章初次发表的时候，几乎还没有人谈论企业的管理问题，现在它却成了最热门的主题。我还有必要解释，甚至是向最有经验的管理者解释，为什么这些剧变（首先是合并和收购）就算没有完全失败，也未曾产生预期的效果。这是第29章的主题。

第34章"贝尔系统解体的教训"在某种程度上稍稍平衡了这个部分开头的两章。我在早期就意识到，这家美国从前最成功——最老牌，也最受敬仰的公司的解体，引发了信息革命——尽管当时没人（当然我也没有）能预见到其发展的速度和广度。但这篇文章确实预言了一些问题，比如贝尔实验室（60年来一直是世界上最成功的研究实验室）的退步。我只希望自己是太过多虑了：我担心贝尔系统的解体会对美国国防力量造成影响。贝尔系统的解体，揭开了20年来诸多行业萎缩的序幕。显然，这让和平时期的消费者获益良多。可是，是否一定要以国家的利益为代价——尤其是在一个日益纷争的世界里，牺牲整个国家的国防能力来实现它呢？

在这两篇文章之间，是第30～33章。第30章（首先）解决的是，在当代管理书籍和文章、管理会议、管理学校中，最重要的主题是什么。自从本文对创新进行了概要介绍之后，这一领域内增加了许多新的内容，但是基本原理已经全写在这一章里了。第32章想要讨论的，并不是创新能在几年内给我们提供一套全新的会计制度，一套和传统的复式簿记法截然不同的制度（自从500年前出现相关出版物之后，复式簿记法至今没有什么本质上的改变），它是要解释，为什么必须在最近一二十年内对我们最古老的信息系统——会计，进行重新思考、重新构造，以及我们现在需要的是什么样的会计方法。

对读者来说，本书中与20世纪90年代相关度最高的应该是第四部分的最后一章（第35章）和后记。在我撰写它们的时候，大多数人（我应该把自己也算上）谈论的都是社会的两大部门：公共部门，也就是政府；私人部门，也就是企业。现在我们知道，一个现代社会需要三大部门：公共部门、私人部门以及非官非民的社会部门。这两篇文章谈论的都是企业和企业管理者，但它们触及了社会部门，并将之看作企业面临的挑战和机遇。这两篇文章分别诞生于 13 年前和 11 年前，当时它们超前性太强，以至于人们大多觉得这不切实际。现在，在为企业和企业高层主管充当顾问的时候，我发现，客户越来越爱借用这两篇文章帮助自己理解一些问题，比如，企业和企业主管在美国学校改革的过程中、在与社会部门的非营利性组织的合作中，应当充当何种角色。

彼得·德鲁克
1997 年夏于加利福尼亚州克莱蒙特

访谈录

与睿智长者一席谈

问：您在最近一本著作中谈到了创新过程的深思熟虑问题。对于自己的生活，您是否也是深思熟虑地加以安排呢？可曾有过什么"彼得·德鲁克计划"？

答：回顾起来，我的一生是有意义的，但并不是提前规划出来的。差不多到了30岁，我才模模糊糊地意识到，自己的未来属于哪里。在那之前的10～12年，我做过一些尝试，可并不是出于有意的设计，相反，一切纯属偶然。我还是个小男孩的时候就知道，我不想待在奥地利，我还知道，我不想在大学里浪费4年光阴。于是我让父亲给我找了一份能够远走高飞，又和自己的最终目的相去甚远的工作。我到一家出口公司当了见习职员，后来又在法兰克福一家小银行工作。我能得到这份工作，是因为我会说英德两种语言。那是1929年10月的事。不久，股市崩溃了，我最后一个进入银行，自然最先就被踢了出来。我需要一份工作，于是就在当地的报纸干了起来。我必须承认，对我来说，这是一次很好的教育机会。

回想起来，我比较擅长干的一件事，就是观察现象，探究其意义。1933年我就知道希特勒会怎么收场了，于是我开始写自己的第一本书《经济人的末日》(The End of Economic Man)，这本书直到1939年才有人肯出版，因为没有哪个出版商愿意接受这种可怕的见解。对我来说，希特勒必然会走上屠杀犹太人的道路，也必然会和斯大林签订条约。

虽然我当时还拿着外国护照，但我积极参与了德国保守派的政治活动，我很清楚，希特勒可不会喜欢我。于是我离开德国，先到了英国，接着在4年后到了美国。我在伦敦一家保险公司做过市场分析员和投资银行家。如果我想发财，我就该留在那儿，但那里实在让我烦得要死。

问：您能给创业家（entrepreneur）下个定义吗？

答：这个定义自古以来就有了。所谓创业家，就是能赋予资源新的能力，让它们生产财富的人。就是这样。

问：您曾指出，小企业和创新型企业并不一定是一回事。

答：绝大多数的小企业没有创新的能力，部分原因是它们不掌握资源，但更多的原因在于它们没有时间，也没有雄心。我倒不是要对街头的香烟铺子评头论足，不过，让我们来看看这种典型的小企业吧：人手出奇地不足；没有必要的资源和现金流；老板可能用不着亲自擦桌子、扫地，但实际上也差不太远。他基本上还在为每天的生活而奋斗。一般来说，他没受过训练，也没什么背景。反过来说，当今最成功的青年企业家，大多数都在大型组织里工作过5～8年。

问：这种经历对他们有哪些帮助呢？

答：他们掌握了相关知识和工具，学会了如何进行现金流分析，如何训练雇员，如何委派任务，以及如何组建团队。没有这些背景知识的企业家，不管曾经获得过多大成功，最终都会被淘汰。比如说，如果你问我苹果电脑公司的创始人沃兹尼亚克（Wozniak）和乔布斯有什么不妥的话……

问：我正好打算问这个。

答：他们没受过训练。他们缺乏工具和相关知识。

问：但在过去的五六年里，我们都把这家公司当作创新型企业成功的典范。

答：我记得我曾经说过，这两个年轻人不会幸免于难的。上帝对他们很是无情。

问：真的？

答：因为上帝在过短的时间内给予了他们太多的成功。如果上帝想要毁灭什么人，他总会这么做。他们（指沃兹尼亚克和乔布斯）从没碰过一鼻子灰，从没埋头苦干过。成功来得太容易，成功让他们趾高气扬。他们连基础知识都不懂。他们就像是不懂怎么钉钉子、不知墙柱为何物的建筑师。真正的实力，是在创业之前就有5～10年的管理经验。如果没有，那你就会犯一些基础性错误。

问：那么对于那些没有大公司工作经验的人，您的意思是说，他们不应该尝试创办自己的企业？

答：是的。我会说，不妨读一读我写的有关创业的书，我的书就是为此而写的。在企业管理方面，我们已经知道该怎样去做，而不是坐等着幸运女神来吻你。幸运女神挑剔得很，她不仅要挑剔亲吻的对象，对亲吻的地点也很挑剔。光是等待可不行。

在高科技领域，新企业的淘汰比例很高，少说也有十分之七八。而在高科技领域之外，淘汰比例要低得多。

问：为什么呢？

答：因为（在高科技以外的行业）他们有能力管理好自己的企业，也有能力管理好自己。对于创办自己企业的人来说，最困难的事就是重新定义自己在企业里的角色。

问： 您在书里把它说得好像很容易。

答： 它很简单，但并不容易。要做什么，怎样去做，简单得不得了。可你愿意去做吗？这就是另外一回事了。你必须提出这个问题。

我认识一个创办企业的年轻人，他已经创办过 5 家企业了。他把它们照顾到刚度过婴儿期，就转个手卖掉。他是个保姆。你知道，小时候，我周围还有好多保姆。大多数保姆把孩子照料到刚能说出第一句话的时候就提出辞职。对他们来说，孩子会说话就不再是婴儿了。我说的这位伙计，就是这种专门照顾婴儿的保姆。当他的公司拥有 29 个雇员的时候，他就会说："走吧！"我问他为什么要这样做，他回答："一旦公司有了 30 个人（包括我自己），我就得管理他们。我可不想做这种傻事。"

问： 这个例子似乎证明了传统的看法，即有的人是创业家，有的人是管理者，两者是有区别的。

答： 这种看法既对也不对。你看，有创业性工作，也有管理性工作，这两者是不同的。但如果你做不好管理工作，你就无法成为一个成功的企业家；如果你在管理的时候没有点创业精神，你就可能成为一个官僚主义者。不错，工作确实有所不同，但这并不少见。

让我们来看看现在的创业型企业。不少创办者都是 50 岁上下的人，从大学或技术学校一毕业就到了通用电气工作。干了 30 年，他可能负责一个小型冷凝器的市场研究部，待遇很不错。他还清了房屋贷款，也存够了养老金，孩子们也长大了。他热爱自己的工作，也喜欢通用电气，但他知道自己永远当不了部门经理，更别说分公司老总了。于是他早早申请退休，3 个星期后就跑到波士顿 128 号大街的某个小公司上班了。今天早晨我才跟这样的一个人谈了话，他过去在杜邦的一家分公司（特种化学制品公司）搞市场策划和调查。他说："你知道，我那时才 50 出头，很喜欢自己的工作，可他们居然要我调职……"我不必继续讲下去了吧？

现在他是128号大街某公司的营销副总裁,这家公司是由一群工程师创办的,已经有8年的历史,他们非常需要他。公司成长得太快,营销跟不上形势,而这个人知道该怎么做。在杜邦公司,你说他算是企业家还是管理者?而在这家新公司,他比小伙子们更了解如何寻找新市场。他干这一行已经30年了,搞营销完全是轻车熟路。你开发出了某个新东西,在市场上销售情况良好,随后你又发现了一些你从没听说过的市场。有许多和污水处理毫无关系的市场,我指的是,和公司原来的业务没什么关联的市场,但这些人不知道如何发现它们,直到这个人来之后才改变了局面。

既有创业性的工作,也有管理性的工作,大多数人两样都能干,但并不是说它们对所有人的吸引力都一样。我刚才说的那位创办企业的年轻人,他向自己提出过这个问题,他的回答是:"我并不想管理一家企业。"

问:您本人是从事企业研究的,却并不在企业里工作,这是否有点讽刺的意味呢?

答:我没办法在大型企业里工作。它们让我烦得要死。

问:您是否对128号大街和硅谷的人太过严苛了一些?您曾说他们自高自大、不成熟。

答:高科技公司还生活在19世纪,也就是管理的史前时代。他们相信人们会为技术买单,他们对技术存在一种浪漫的幻想。但人们买的并不是技术,而是技术带来的产品和优势。

你看看那些成功的公司就知道,它们要么学习管理,要么引入管理。在真正成功的高科技公司里,创始人一般5年以后就出局了。他可能还留在董事会里,也可能还是名誉主席,但他出局了,而且大多是带着酸楚出局的。这和苹果公司发生的故事,不过是程度上有所不同而已。史蒂夫·乔布斯缺乏训练。我指的并不是自我修养,而是基本知识和应用基本知识的意愿。

高科技具有一种迷人的魔力,从事这一行业的人往往比其他人更容易傲慢自大，但这种自大并不仅限于高科技领域。

问：还有哪些行业呢？

答：金融业。这里有一种不同的傲慢自大，但总归还是傲慢自大。一部分原因如上所述，他们短期内挣了太多的钱。你知道，一个人23岁就靠认购股票挣了45万美元，这会毁了他。这是一件极为危险的事。它会让人太过兴奋。

问：您在书中论述的创业家社会，它是怎么发展起来的？您能让人们确信它不是一时的潮流吗？

答：它绝不是什么一时的潮流，人口统计学可以作为证明。回想30年或25年前，当时能干的大学生，比如说哈佛商学院毕业的高才生，都希望进入大企业。这是一种明智合理的做法，因为职业机会摆在面前。但现在你看，由于生育高峰的缘故，前进的道路上已经挤满了人。

创业家社会出现的另一个原因，也是一个重要的原因，在于高科技使创业变得受人尊敬。高科技的伟大之处是，它为创业家创造了一种氛围，也就是创业的观念。它还开辟了资本的来源。你去找风险投资家的时候，他们大多数人已经不再着重强调高科技了。但所有这些人都是从高科技起家的，高科技创造了资本的流动。这完全是新近才出现的情况，新得你都无法想象。1976年，我写了一本有关养老金的书，当时我说，资本制度化带来的一个大问题是，新生企业无法获得资金。这不过是10年前的事，那时我说的情况也确实存在，但现在看来它显得太杞人忧天了。

推动创业家社会发展的第三大因素也许是最重要的一点，虽然我不确定自己谈论的到底是原因还是结果，是蛋还是鸡。在过去，比如说过去的50年里，人们的基本观念发生了根本性的变化。以前的趋势是集中化——在企业、政府和医疗保健方面都是如此。与此同时，在我们走出第二次世界大战之后，我们发现了管理学。但那时我们认为管理只在集中化的大型企业里行得通。20世纪50年代初，我帮助美国管理协会（American Management Associations）开办了"总经理课程"。在最初的年月里，一直到1970年，每100个受邀参加培训的人，有80个都会回信说："这很有趣，但我又不是通用电气的人，我学管理有什么用？"我最初为美国医院行政管理学院（American College of Hospital Administrators）工作时也碰到了类似的情况，这个学院是专门举办管理培训班的。医院的管理者需要这样的培训班，可我们却总是得到这样的回复："我们只有90张病床，我们搞不起管理。"但现在情况完全发生了改变。别问我它是怎么回事，是什么时候开始的。总之现在只有日本还盲目崇拜着大企业。在那里，企业越大越好，最大就最好。

因此，在某种意义上而言，创业家社会的出现，是因为我们都"学会了"如何管理，它已经成为大众文化的一部分。请看哈珀-罗出版社——他们出版汤姆·彼得斯（Tom Peters）和罗伯特·沃特曼（Robert Waterman）的书，他们卖出的两三百万本书里，有一半都变成了高中毕业生的毕业礼物。

问：是您的书还是《追求卓越》（*In Search of Excellence*）？

答：哦，不，不，不是我的书。我的书不可能卖得这么火。他们不会去读它，更别说弄懂它了。彼得斯和沃特曼的作品，最大优点就在于它们极为通俗易懂，虽说可能有点过分简单化。但当玛丽姑妈准备给侄儿买一件高中毕业礼物的时候，她选中了《追求卓越》，你就明白管理学已经成了大众文化的一部分。

问：创业家社会的到来是否意味着我们现在就能欢欣鼓舞了呢——因为我们国家的经济前途有了保证？

答：不。它正给许多巨型企业带来翻天覆地的变化。如果它们不善于学习，整个社会将无法承受变化带来的后果。

问：它们中间是否已经有一些开始做出改变了呢？

答：谢天谢地，是这样的。从历史的观点来看，新兴企业只是其中最小的一部分，更重要的是现存企业里发生的一切。比这还要重要的是，在过去30年里，美国铁路公司也变得具有了创新精神。20世纪40年代末，我最初知道这家公司的时候，它毫无希望。我以为它们全都不得不走上国有化的道路。而现在，连政府所有的联合铁路公司（Conrail）都能赚钱。

金融业发生的变化更富戏剧色彩。我记得是1960年吧，通用电气信贷公司（General Electric Credit Corporation）的一些聪明人意识到，虽然商业票据在法律上还不是一种商业贷款，但从经济角度来说，它是一种事实上的商业贷款。在美国，从法律上来说，它是一种有价证券，因此商业银行一度难以使用它。结果，我们现在的第二大银行不是大通银行也不是美国银行，而是通用电气信贷公司。

世界上自动化程度最高的工厂大概是通用电气在宾夕法尼亚州伊利的机车厂。20年前，通用电气在国内一台机车也不造，因为成本太高，当时的机车全是巴西通用电气制造的。而现在，美国工厂的自动化程度可能比日本或韩国的任何工厂都要高。

创新精神就表现在这些地方，而它们也正是我们需要创新的地方。如果不在这些地方进行改革，我们的社会就会出现一个又一个僵化的组织。这会带来巨大的危险。

问：这就是您写《创新与企业家精神》（Innovation and Entrepreneurship）一书的原因吗？

答：我写这本书，是因为我感觉应该比时下流行的作品更严肃地对待这一主题。还有一部分原因是，坦率地说，你们所读到的或听说的大多数东西，以我30年来的工作和经验来看，都是误解。企业家——具有乔治·吉尔德（George Gilder，美国著名经济学家、高科技发展趋势预测家）所说的那种创业精神的人，不错，是有这种人，但他们很少能成功。然而，永远不会被吉尔德视为企业家的那种人,却往往极为成功。创业精神不是一个充满浪漫色彩的话题,它指的是艰辛的工作。我希望能破除19世纪以来就存在的错误看法,它认为创业精神是小企业和新企业才需要的事。创业精神不仅存在于花旗银行——谁也不会认为它是什么小企业和新企业,也存在于通用电气信贷公司,甚至还存在于圣路易斯的爱德华·琼斯公司(Edward D. Jones & Co.),它是全美发展最迅速的金融服务企业。

还有另外一个原因。30年前我出版了《管理的实践》(The Practice of Management),这本书让人们有可能学会如何进行管理。那时候管理是只有少数天才才能做到的事,没人能够加以模仿复制。我坐下来,把它整理成一门系统的科学。而现在这本书,是在以同样的态度阐述创新和企业家精神。

问:这么说来它不是您自己的发明?

答:不,在很大程度上它算是我的发明。

问:但您没有发明商业战略。在您阐述之前,它们就已经存在了。

答:不是这样的。

问:不是吗?我的意思是,在您的书问世之前,有人早就做了这些事——发现潜在的市场,在雇员中鼓励他们的创业行为。

答:是有人这么做,但每个人都认为只有天才才办得到,一般人无法模仿。你看,因为你不理解事情的本质而无法进行模仿,那它实际上就不算是被发明出来了,它只不过是被人做过。

我刚开始研究管理学的时候,管理学的很多内容来自工程学,也有很多东西是从会计学里借鉴的,还有不少来自心理学,更多的内容取自劳资关系。当时人们认为所有这些东西都是相互独立的,而且单独使用其中一种方法并没有太大效果。你知道,要是只有一把锯或一把锤子,或是没听说过钳子,你就干不了木匠活儿。只有把所有这些工具都准备齐全,你才能发明。我在这本书里基本上就是做这项工作。

问：在有关管理学的严肃作家中，您的文章显然是最容易看懂的。

答：我是一个职业作家，我不认为晦涩难懂是什么美德。

问：为什么您总是单独工作？不需要助手吗？

答：我不喜欢为了让别人有事干而被迫工作。我想做的是我爱做的工作，不愿意为了给别人付工资或是让他们有饭吃而不得不工作。我喜欢独奏。我对建立企业从来没什么兴趣，也不喜欢管理别人。它让我烦透了。

问：客户现在专门来找您吗？

答：我从不在别处做任何咨询工作，只除了一次例外。

问：您为什么对企业感兴趣？如果说您的主要兴趣是在组织方面，为什么不研究其他形式的组织呢？为什么不研究政治组织呢？

答：我的咨询活动有50%针对营利性机构，有50%针对非营利性机构。我原来写的是政治新闻。在我写第二本书《工业人的未来》(*The Future of Industrial Man*)时，我得出结论，大型组织体现了现代社会的一体化原则。然而当时周围只有企业组织。在美国，企业是最先出现的现代机构形式。我决心要进入企业，从其内部真正地观察一家大型公司：将其作为一种人际、社会和政治性组织，也就是一种一体化的机制来研究。我试着进入大公司。我以记者和投资银行家的身份接触了不少人，他们都拒绝了我。我跟西屋公司的主席刚见面的时候，他对我非常友好，但当我说明自己的意图之后，他不仅把我扔了出来，还吩咐部下禁止我靠近公司的办公楼，这是1940年的事。

1942年，我正在为政府做一些工作。我本已打算放弃进入公司内部做研究的想法，但有一天电话忽然响了起来，对方说："我叫保罗·加勒特，我是通用汽车公司公共关系部的副总裁。我们的副主席让我给你打电话，看看你是否愿意并且有时间来研究一下我们的高层管理结构。"自那以后，通用汽车公司一直没人表示对这事负责，但我就这么进了企业。

问：您总是从一种独特的角度来观察企业。您既不是一位学院派……

答：可我从事了50年的教育工作。

问：但您从不认为自己是个学院派。您的作品也毫无学究气。

答：这真是对学院派的诋毁。晦涩难懂是在最近二三十年才变成一种学术界美德的。

问：您也不是一位实践操作者。

答：对，我不擅长实际业务。

问：所以您也不会陷入客户实际业务的泥潭中去。

答：哦，对，不过有时也会涉及一点。瞧，我总把客户的问题当作自己的问题。曾经有一家证券投资公司，他们发现市场需求从获取销售佣金转到了免申购手续费上。"真是个可怕的变化。"他们说。我说："不，这是一个机会。"销售者必须立刻获得佣金，而客户必须在5年内付清款项。这是个免交所得税的合法机会。找一种能持有5年以上的项目，他们就可以免交所得税，只交资本收益税。这样他们就又有了一种新产品。这在证券投资行业里可算是个特大成功啊。我说得够清楚了吗？我叫他这么做，而他去找了律师咨询。我本来也可以做这件事，但他用不着我和律师们坐在一起撰写递交给证券交易委员会的招股说明书。

问：您会读新出版的管理学书籍吗？

答：我会大量翻阅这些作品。偶尔会碰到一些实践家写的书，比如（英特尔集团前总裁）安迪·格鲁夫（Andy Grove）写的《高效率管理》（*High Output Management*），讲的是如何在一家规模很大、发展迅速的公司里保持创业精神。我认为这是一本极为出色的重要作品。不过要看到一本像这样的书，我得在一大堆没什么用的书里翻翻拣拣。幸运的是，人体消化碳水化合物的速度非常快。

问：汤姆·彼得斯说过，他和罗伯特·沃特曼所写的书中的观点您早已阐述过。可他们却靠着它发了财又出了名。对此您会觉得烦恼吗？

答：不会。彼得斯的书，优点在于它强迫你正视基本原理。这本书最大的弱点——但从本书的成功角度而言倒是一大长处，是它把管理说得太简单，简单得叫人没法相信。你要做的就是把这本书塞到枕头下，一切就水到渠成了。

问：您在闲暇时间做些什么？

答：什么闲暇时间？

问：也许我应该先问问您是否有闲暇时间？

答：我70岁生日的时候，送给自己两份大礼。一是写完了我的第一本小说；二是拿到了第二个教授头衔，它是有关日本艺术方面的。50年来我一直对东方艺术，特别是日本艺术很感兴趣，而现在我在某些狭窄的专业领域内已经算得上是个专家——如为博物馆提供咨询，帮助收藏人士。这些事情很费时间。

还有，全世界有成百上千的人给我打电话聊天，寻求帮助，他们有些是我的客户，有些是我的学生，到底有多少人我可说不上来。

我常常游泳，也常常散步。但像打保龄球一类的闲暇时间，我没有。

问：您是如何写作的？

答：没什么系统性。我总是出于一种情感上的冲动而写，谈不上什么模式。

问：您使用打字机吗？

答：有时会用，要看情况。我从来没法事先预料自己想怎么写。

问：比如说，您为《华尔街日报》写一篇专栏，要花多长时间呢？

答：光从写方面看，要不了太长时间——一天左右吧，但构思时间很长。这种文章只有一千四五百字。我最近为《公共利益》(The Public Interest) 杂志写了一篇有关恶意收购潮流的长文章——有六七千字，我不得不进行大量的删改。我突然间想到，我当然知道恶意收购是怎么回事，可有多少读者明白呢？必须先把它解释清楚。我把文章的整个结构都改了，这花了我大量时间。不过，一旦我自己想清楚了，写起来就很快。你知道，我 20 岁就当上了新闻记者，以此为生。我供职的第一份报纸，发行量赶得上《波士顿环球报》（*The Boston Globe*）。《波士顿环球报》有 350 名编辑，可 50 年前我们只有 14 名编辑。我觉得当时的情况健康得多。我第一天上班——那时我才 20 岁，他们就希望我写两篇社论。

问：如果说美国的事业就是经商办企业诸如此类的事，可为什么商人在公众心目中的形象不太让人满意呢？

答：我们这个国家有个好处，只有小人物才能出大名。这样很安全。摇滚歌星能出大名，因为没有哪个摇滚歌星红火得了几年。因此摇滚歌星没什么坏处。我们这个国家普遍存在一种迫害妄想狂，这很是奇妙。每个群体都觉得自己被人轻视，受到了迫害。医生抱怨自己为了人类呕心沥血却无人感激，这种牢骚你听到过吧？每个人都觉得受了迫害，每个人都为自己的境况感到深深的遗憾。你和大学教授坐在一起，会觉得他们的命运真是糟糕透顶。商人觉得没人爱戴、受到误解、被人忽视。你再跟工会领导坐到一起谈谈看？

他们说得都对，全都是真的。我们这个国家，不存在什么特别的尊崇，这正是抵御暴政的一种安全措施。我们把喝彩和欢呼献给那些绝不会危害社会的人——献给足球明星、摇滚歌星和电影偶像等无关紧要的人物。我们尊重成就，但不尊重地位。这个国家没有地位等级。人们尊重总统的职位，但并不尊重总统。结果，每个人都觉得受人迫害、遭到误解。我觉得这真是妙极了。

问：您愿意对经济学家发表点不恭之辞吗？

答：愿意。经济学家总是事过 20 年才若有所悟，再也没有比经济学家更迟钝的学生了。在学习上，最大的障碍莫过于成为那些完全没用的教条理论的囚徒。现在的经济学家和1300年的神学家差不多，都是不成熟的教条主义者。

50年以前，经济学家还十分谦恭，总是说："我们不知道。"1929年以前，没人认为政府要为经济状况负责。经济学家说："既然我们不清楚，那么唯一有可能成功的政策就是没有政策。保持低开支、高生产率，剩下的就祈祷吧。"

但1929年之后，政府接手管理经济，经济学家不得不变得教条起来，因为突然之间他们成了制定政策的人。从凯恩斯开始，经济学家宣称，他们找到了解决问题的答案，而且这些答案总是令人愉快的。就好像有医生告诉你，你得了肝癌，而且不适宜动手术，但只要你和一位17岁的漂亮姑娘上床，病就能治好。凯恩斯说，只要维持较高的购买力，就没有解决不了的问题。还有比这更棒的事吗？货币主义者的药方更轻巧：只要每年的货币供应量增加3%，就没有治不了的病，而且还能增加收入。供应学派更叫人欣喜：减税能治百病。

如今我们并没有什么经济理论，但我们拥有的经济学家，几乎跟1300年的神学家一样多。然而，他们之中没有人会成为圣徒。1300年，圣徒的年代多多少少算是已经结束了，世界上最糟糕的事莫过于神学家失去了信仰。可今天的经济学家却恰好碰上了这种情况。

问：政府怎么样？您是否观察到一些迹象，表明创业家社会已经渗透到政府组织中了？

答：当今美国政府面临的基本问题是，它再也无法吸引正直的人。因为他们知道在政府里什么也干不了，政府已经成了一条死胡同。部分原因在于，和企业里一样，所有的升迁路上都挤满了人，但更主要的原因还在于没有人再信任政府。50年前，甚至20年前，政府还是一个产生思想、进行创新、带来新事物的地方。现在，只有日本政府还受到人民的敬重，能吸引到顶尖的人才。

问：照您看来，政府没什么事可做了？

答：哦，不，不是的。福利国家的时代已经过去了，但我们并不应该废止福利制度，我们必须找出它的局限性。这些局限性是什么呢？福利制度在何种程度上会产生破坏作用呢？这才是真正的问题，它是福利国家的成功所造成的结果。我认为，摆在我们面前的基本问题，正是这些由于成功而产生的问题。我只能告诉你，19世纪和20世纪初的政治派别根本不适用于这些问题。它们不是自由主义、保守主义和社会主义能解决的问题。对现在30多岁的人来说，传统的政党毫无意义。可是，他们有别的选择吗？

问：罗纳德·里根政府对您所谓的创业家社会是起了促进作用还是阻碍作用呢？

答：这是一套很有意思的行政班子：一套完全患了精神分裂症的班底。如果你仔细观察它的政绩就会发现，卡特政府没有完成的事它也没做到。也许，它既不见得更好，也不见得更糟。不过，两者使用的说法完全不同。

我想这是一个极为明显的征兆，表明过去10年里发生了一场不可逆转的变化。不管是谁掌权，他都不再相信大政府，都会鼓吹裁减政府开支，并且都会以一筹莫展而告终。这是因为，我们美国人，全都赞成削减赤字——只要削减的是别人的开支就行。这是一种非常典型的酒精中毒状态，你知道，该戒酒了——可明天再说吧。

问：您认为我们能办到吗？

答：除非跌进了阴沟里，否则酒鬼是不会悔悟的。不过也许我们用不着等那么久。3年前，绝对不能提什么改革社会保险制度，现在算是可以谈一谈了，但还实现不了。不过我认为，我们总算是朝着解决问题的方向慢慢前进了。

问：那么您觉得未来没什么可担忧的？

答：这么说吧，人们完全有理由对这个世界感到悲观。很明显，它现在的状态不怎么良好，但它似乎从来也没有过什么良好的状态，至少我这辈子没见过。我小时候印象最深的一回，就是第一次世界大战的爆发。我父亲和我姑父（他是一位非常有名的律师、法理学家和哲学家），还有我父亲当时的密友，捷克斯洛伐克的缔造者、出色的历史学家托马斯·马萨里克（Tomás Masaryk），当然他的年纪要大很多……我还记得我们的房子，暖气管传来的声音美妙动听，浴室正好在父亲的书房上面。当时我还不到5岁，我从暖气管偷听到父亲、姑父汉斯和马萨里克的谈话："这不仅是奥地利的末日，也是文明的末日。"这是我有生以来第一件能记得清清楚楚的事，再后来记得的就是报纸上无休无止的讣告。我就是在这样的世界里长大的，我知道，那是人们最后一个重视价值观的时代了。从那以后世界再没变过。对我来说，悲观厌世太容易不过了，可这有什么用吗？很多事情都会困扰我。可另一方面，我们还是从种种厄运中活了下来。

问：很难说清您属于什么政治立场……

答：我是个老派的保守主义者，不是什么新保守主义者。新保守主义者大多是左派出身，现在基本上都成了老派的自由主义者，这很令人肃然起敬，不过我不曾属于过这一派。比如说，虽然我信奉自由市场，但我对资本主义素来持保留态度。任何将某种价值观绝对化的体制都是错误的。基本上，问题不在于我们有哪些权利，而在于我们有哪些责任。这是非常守旧的保守主义观点，20多岁的时候，我就在第一本书《经济人的末日》里提出了这些看法，自此以来从没变过。

问：您从未想要进入政界吗？

答：是的。我很早就意识到自己不关心政治，因为我对个人权力毫无兴趣。如果你对权力不感兴趣，基本上也就不适合搞政治。另外，给我一张纸和一支笔，我就能过得很快活。

问：还有什么别的事能让您感到快活吗？

答：年轻人总是能给我留下深刻印象。我们听到的大多数关于年轻人的说法，全都是胡扯，比如有人说他们根本不工作。我倒觉得年轻人大多都是工作狂，而且在工作中会有一种成就感。不过我很庆幸，我不再是一个25岁的年轻人了。现在的世界是个苛刻的世界，一个对年轻人来说尤为苛刻的世界。

[1985年]

本文的采访者为著名作家汤姆·里奇曼（Tom Richman），原文刊登在1985年10月的《公司》杂志上。

1

第一部分

经济

THE FRONTIERS OF
MANAGEMENT

第1章　转变后的世界经济

第2章　美国的创业性就业机制

第3章　为什么石油输出国组织必将失败

第4章　变化中的跨国企业

第5章　货币风险管理

第6章　出口市场与国内政策

第7章　欧洲在高科技上的企图心

第8章　我们能向德国人学习什么

第9章　进入日本市场

第10章　和日本做生意：有效的办法

第11章　敌对性贸易的危险

第12章　当代先知：熊彼特还是凯恩斯

第 1 章 | CHAPTER 1

转变后的世界经济

现在人们就变化中的世界经济谈论得很多。但世界经济并不是正在改变，本章要谈的重点正在于此。它的基础和结构已经变了，并且这种变化大致上是不可逆转的。

在过去的10或15年中，世界经济的基础构造发生了3个根本上的变化。

（1）初级产品经济和工业经济脱钩。

（2）在工业经济体系内，生产和就业脱钩。

（3）资本运动取代了产品与服务的贸易，成为世界经济的发动机和推动力。这两者也许尚未脱钩，但它们的联系变得极为松散，更糟的是，变得相当难以预测。

上述变化并不是周期性的，而是永久性的。我们可能永远无法了解造成这些变化的原因——经济变化的原因大多是极为复杂的。也许要过很长时间，经济学家才会承认世界经济发生了根本性的变化，并且可能会花更长的时间才能调整其经济理论，使之与这些变化相适应。而他们最无法接受的事实是，起决定性作用的是世界经济，而不是个别国家的宏观经济。可惜，大多数经济理论的关注重点仍然是国家的宏观经济。然而，过去20年来诸多国家与地区的成功故事，恰恰表明了上述观点的正确性，如日本、韩国和联邦德国。实际上，联邦德国的成功给人留下的印象更为深刻，只是不如日本那么引人注目。还有美国国内的一个伟大成就，即新英格兰地区工业的复苏和迅速崛起。就在20年前，人们还普遍认为这个地区没什么指望了。

但实践家，不管是政府人士还是企业中人，不管多么需要理论的指导，也无法坐待新理论的产生。他们必须采取行动。因而，他们的行动越是依托于转变后的世界经济新现实，也就越有可能获得成功。

初级产品经济

非石油类初级产品价格暴跌始于1977年，并且持续至今。其间只有一次止跌回涨，那是由1979年石油危机后人们大肆投机所引发的，而且持续时间不到6个月。这之后，非石油类初级产品的价格继续以前所未有的速度急剧下跌。

1986年年初，与制成品和服务的价格相比，各类原材料（除石油之外[⊖]）的价格跌到了历史最低水平——与1932年的价格水平相当，某些原材料（铅和铜）的价格甚至比20世纪30年代大萧条时还要低。

原材料价格的崩盘以及原材料需求的疲软，与人们原本信心十足的预测全然相反。10年前，《罗马俱乐部[⊜]报告》（*The Report of the Club of Rome*）

⊖ 1986年年初，石油的价格跌到每桶15美元以下，较之制成品和服务的价格，它的售价其实也并不比1933年的时候高。

⊜ 1968年创于罗马的一个国际性咨询机构，由五大洲的企业家、经济学家、科学家、现任和前任国家元首等组成，他们就粮食、人口、农业、环境等全球性问题定期发表报告和预测。

预测，到1985年所有原材料必定严重短缺。即便是短短几年前，1980年卡特政府的《2000年全球报告》(*Global 2000 Report*)也得出结论，认为在未来20年内，世界对食品的需求将稳步增长；除了发达国家，全世界的粮食产量都将下降；因此食品的实际价格定将翻倍。这个预测大体上可以解释，为什么美国农场主买下了所有能买下的农场——这使他们背上了沉重的债务负担，并给不少人造成了巨大的经济威胁。

但和所有这些预测相反，世界农产品总量在1972～1985年足足增长了1/3，达到历史最高水平；而且欠发达国家中的粮食产量增长速度最快。同样，所有林产品、金属、矿物的产量在过去10年中增长了20%～35%，也是在欠发达国家中增长速度最快。尽管原材料价格暴跌，但没有丝毫理由表明这种增长速度会放缓。实际上，农产品的飞速增长期（一种呈指数速度的猛涨）或许还未真正到来⊖。

然而，较之普遍预测与实际结果的相互矛盾，更叫人惊奇的是，原材料经济的崩盘似乎对世界的工业经济毫无影响。如果说经济周期理论中有什么"众所周知"且公认已被"证实"的事情，那就是原材料价格持续地急剧下降，必然会导致整个工业经济在未来18个月到两年半的时间内发生大衰退。按照这个定义，当今世界的工业经济肯定是不正常的。但同样可以肯定的是，世界性的衰退并未出现。实际上，在发达国家中，工业生产一直在稳步增长，只是速度较慢，尤其是在西欧。

当然，工业经济衰退或许只是被推迟了，它仍有可能一触即发。比如，要是第三世界国家或艾奥瓦州生产初等产品的债务人的巨额欠款造成一次金

⊖ 有关这一点，请参见两篇观点截然不同的文章。一篇是美国国务院高级农业分析家丹尼斯·艾弗里（Dennis Avery）所写的"美国农业的困境：全球性坏消息有误"[U.S. Farm Dilemma ; the Global Bad News Is Wrong, *Science* 230, 24（1985年10月）]；另一篇为纽约外交事务委员会国际事务研究员芭芭拉·因赛尔（Barbara Insel）所写的"世界性粮食浪潮"[A World Awash in Grain, *Foreign Affairs*（1985年秋季号）]。

融危机，就能够引发世界性的衰退潮。但近10年来，工业经济仍然照常运转，好像根本不存在什么原材料危机。

唯一的解释是，对于发达国家来说（除了苏联），初级产品部门已经被推到了边缘位置，而从前它一直处于中心地带。

20世纪20年代末，在大萧条以前，美国1/3的人口仍然是农民，农业收入几乎占了国民生产总值的1/4。而现在，农业人口和农业收入分别只占美国人口和国民生产总值的1/20。即便加上国外原材料和农产品生产者通过购买美国工业产品对美国经济做出的贡献，世界原材料和粮食经济最多也只占美国国民生产总值的1/8。在大多数其他的发达国家中，原材料部门所占的比重比在美国还要低。唯一的例外是苏联，它的农业部门仍然是一个主要的就业途径，近1/4的劳动力从事农业工作。

原材料经济就是这样和工业经济脱钩的。这是世界经济一个重要的结构性变化，无论是在发达国家还是在发展中国家，它都对经济、社会政策和经济理论产生着深远的影响。

举例来说，如果1985年制成品和初级产品（除石油之外）——粮食、林产品、金属和矿石的价格比率和1973年甚或1979年相当，那么1985年美国的贸易逆差将骤减1/3，从实际上的1500亿美元降到1000亿美元。甚至美国对日本的贸易逆差也会减少1/3，变成350亿美元左右，而不是现在的500亿美元。美国的农产品出口收入则可增加两倍之多。我们还能继续保留我们的主要工业出口对象之一——拉丁美洲，由于这一市场的丧失，美国的外贸赤字增加了整整1/6。如果初级产品价格没有崩盘，美国的收支平衡表上甚至可能出现可观的盈余。

反过来说，日本的贸易顺差会减少1/5。巴西最近几年的出口顺差则会比实际情况高50%。这样巴西就能毫不费力地偿还外债利息，不必像现在这样大幅削减进口，给它的经济增长带来损害。总而言之，如果原材料和制成品的价格关系能维持在 1973 年甚或 1979 年的水平上，大多数债务国就不会出现危机，尤其是拉丁美洲。

这到底是怎么回事呢？前景又将如何呢？

对食品的需求，确实像罗马俱乐部和《2000 年全球报告》预测的那样增长了。但食品的供应增长得更快，它不仅跟上了人口增长的脚步，还渐渐地超过了后者。矛盾的是，造成这个现象的原因之一是，各国担心出现世界性粮食短缺，甚至世界性大饥荒。于是人们付出了巨大的努力，增加粮食的产量。美国走在最前面，成功地通过了一项旨在提高粮食产量的农业补贴政策（除了 1983 年）。欧共体紧随其后，而且搞得更为成功。然而，最大的增长，不管从绝对数量上还是从相对数量上看，都来自发展中国家：印度、中国以及东南亚等种植水稻的国家。

此外，人们还大幅度地减少浪费。25 年前，印度 80% 的粮食收成都白白地喂给了老鼠和害虫。如今，在印度的大部分地区，通过一些不引人注意却极为有效的基层组织创新，如修建小型的混凝土储藏仓、使用杀虫剂以及利用三轮机动车把粮食直接送到加工厂，而不是像以前那样露天堆放数个星期，粮食浪费降低到了 20%。

不难想象，未来还将出现农业的真正革命。从前大片荒芜的土地，会通过新的耕种方法或在土壤中增加微量元素，变成广袤的良田。例如，巴西高原的酸土及其邻国秘鲁被铝所污染的土地，过去寸草不生，现在却生长出大量高质量的稻谷。生物科技的进步，在预防动植物疾病和提高粮食产量方面产生了深远的影响。

换句话说，随着世界人口增长速度放缓——在很多地区这种放缓趋势相当明显，粮食的生产却急剧增加。

但是食品进口市场几乎消失了。由于农业的快速发展，西欧已经成了一个重要的食品出口商，越来越为各种过剩的滞销食品（从日常食品到红酒，从麦子到牛肉）感到头痛。根据一些观察家的预测，到了2000年，中国也将成为食品出口国。印度现在已经进入了这个阶段，特别是在小麦和粗粮方面。在所有发达国家中，只有日本还是主要的食品进口国，它有1/3的食品都需要从海外进口。目前，日本大多数的粮食还是从美国进口的。然而，在未来5～10年，韩国、泰国和印度尼西亚（它们正在迅速增加低成本的粮食产量）会成为美国的竞争对手，变成日本重要的粮食供应国。到那时，世界市场唯一的粮食进口国就只剩下苏联，而且它的粮食需求量有可能会增长。然而，世界粮食过剩量极大，是苏联所需的5～8倍，因此单靠苏联的需求不足以抬高世界粮食的价格。相反，为了争夺苏联市场，粮食供应者——美国、阿根廷、澳大利亚、新西兰（过几年后可能还有印度）以及欧洲的激烈竞争，必然导致粮食价格的下降。

几乎所有非农业初级产品，无论是林产品、矿物还是金属，整个世界的需求都处于下降之中——这和罗马俱乐部的预测正好相反。实际上，除了战争时期，20世纪以来每单位经济产出所需的原材料数量一直呈下降趋势。国际货币基金组织最近发布的一项研究[⊖]认为，自1900年以来，这一下降速率为每年1.25%（复合比率）。这意味着，现在生产每单位工业产品所需的原材料，还不到1900年所需的2/5，而且这一下降趋势还在加速发展。日本近年来的发展尤其令人吃惊。1984年，日本每单位工业产品的原材料消耗仅为1973年的60%，而这一切只用了11年时间。

为什么会产生这种下降现象呢？这并不是说工业生产变得不重要了，我们很快就会看到，这种看法虽然常见，却是一种误解，而且没有丝毫的证据。真正发生的事比这重要得多。工业生产正持续稳定地从原材料密集型产品和生产流程，转向密集度低得多的产品和生产流程。造成这一现象的原因

⊖ 原载于1985年5月17日国际货币基金组织的《内部备忘录》，大卫·桑普斯福特（David Sapsford）所撰写的《初级产品实际价格》（*Real Primary Commodity Prices*）。

之一是新型产业，特别是高科技产业的出现。在一块半导体芯片上，原材料成本只占总成本的1%～3%；而在一辆汽车上，原材料成本占40%；在锅碗瓢盆上，则占60%。不过，老工业部门对原材料的需求也在下降，新老产品全都一样。50～100磅[⊖]重的光导纤维，至少能够承载从前1吨铜线传输的电话通信量。

工业产品及其生产过程对密集型原材料需求的下降趋势，也影响到了能源工业，特别是在石油工业上表现得最为突出。生产100磅光纤所需的能量，不到开采、炼制并拉丝生产出1吨铜线所需能量的1/20。同样地，塑料正日益取代汽车车身上的钢材，而塑料所需的原材料成本，包括能源在内，还不到钢的一半。

如果铜的价格翻一番——从历史的标准来看仍然是一个相当低的价格，那我们很快就会动手"开采"世界上最大的铜矿。这可不是智利或犹他州的铜矿，而是埋在大城市街道地下的成百万吨电话线。到那时候，用光纤来代替地下铜缆会变得极为划算。

因此，除非发生大规模的战争，否则相对于制成品（或是高知识服务，如信息、教育或医疗保健）的价格，原材料的价格很难大幅度上扬。

初级产品贸易中的这一显著变化，也给发达国家造成了影响——无论是像美国这类主要的原材料出口国，还是像日本这类主要的原材料进口国。200多年来，美国一直把维护开放的农产品和原材料市场，视为其国际贸易的中心政策。对美国来说，这就意味着"开放的世界经济"和"自由贸易"。但现在这一点还有什么意义吗？或者，美国不得不承认自己的粮食和原材料对外出口市场已经陷入了长期的、不可逆转的衰落之中？同样地，日本把赚取足够的外汇以支付原材料和食品进口作为国家对外贸易政策的基准，这一

⊖ 1磅=0.4536千克。

点是否也还有意义呢？自从120年前对外部世界开放以来，日本举国上下都十分关注原材料和食品对进口的依赖，这也一直是日本政策的主导力量，并且不仅仅局限于经济领域。但现在，日本完全可以根据当今世界的现实情况做出假定：食品和原材料将永久性地供过于求。

因此从逻辑上可以推论出，上述形势的发展将使得日本的某些传统政策更适用于美国——如极端的"重商主义"，忽视国内消费，高度重视资本积累，保护"新生"产业。反过来，美国的一些传统政策也可能更适用于日本，尤其是从注重储蓄和资本积累转向重视消费。但是，与延续上百年的政治信念和使命感断然决裂，这可能吗？不管怎么说，从现在开始，这两个国家制定经济政策的基本原则必然会受到越来越多的抨击，其他发达国家的情况也会如此。

在一些主要的第三世界国家，这些原则会遭到更多的怀疑和审视。这是因为，如果初级产品在发达国家的经济中变得无关紧要，那么传统的发展理论和传统的发展政策就丧失了其存在的基础。所有这些理论和政策都基于这一假设：发展中国家通过出口初级产品——农林产品、矿物和金属，来支付对资本产品的进口。从历史上来看，这种假设也是切实可行的。进而，所有的发展理论（不管它们之间有多大的差异）继续假设：工业发达国家对原材料的购买，至少会与它们工业发展的速度一样快。也就是说，经过一定的时间之后，原材料生产者的信贷风险更低，并且会在贸易中处于较为有利的地位。但现在看来，这一点相当值得怀疑。那么，经济发展应该以什么为基础呢？特别是对于那些人口较少，无法以国内市场为基础发展工业经济的国家来说，到底该以什么作为经济发展的基础呢？而且，我们马上还会看到，这些国家的经济发展将无法再依靠低廉的劳动力成本。

"非工业化"的含义

世界经济的第二个主要变化是制造业的生产与制造业的就业脱钩。在发达国家中，增加制造业生产实际上意味着减少蓝领工人的就业。因此，作为一种"比较成本"和竞争因素来说，劳动力成本已经越来越不重要了。

目前人们对美国的"非工业化"谈得很多。但实际上，从绝对值上来说，美国制造业产量一直在稳步上升，占整个经济的比重也并未下降。从朝鲜战争结束至今，也就是说在30多年里，它一直稳定地维持在美国国民生产总值的23%～24%。在其他各大主要工业国家里，它也同样保持在传统水平上。

甚至在出口上，美国工业也做得并不差。当然，美国现在从日本和德国进口的产品比过去多得多，但出口量也比过去任何时候都要多——尽管在1983～1985年的大部分时间里，我们遇到了严重的不利条件：美元比价过高；工资增长速度比我们的主要竞争国更快；我们的主要工业出口市场，拉丁美洲的几近崩溃。1984年，美元飞涨，而美国的制造品出口却增长了8.3个百分点，1985年又再度增长。1978年，美国制成品在世界出口份额中占17%，到1985年，这个数字上升到20%，联邦德国占18%，日本为16%（这3个国家的出口额占了世界总出口额的一半以上）。

也就是说，被"非工业化"的并不是美国经济，而是美国的劳动力大军。

1973～1985年，美国的制成品总量实际上增长了近40%。但在这一时期，制造业的就业人数却稳步下降。目前美国制造工业里的蓝领工人，较之1975年减少了500万人。

然而，在过去12年里，美国的总就业人数比各国历史上任何和平时期都增长得更快——在1973～1985年，从8200万人增加到了1.1亿人，也就是说，足足增长了1/3。不过，这些增长都是由非制造业带来的，尤其是一些非蓝领的工作。

这种发展趋势本身并不是什么新鲜事。20世纪20年代，美国每3个劳动力中，就有1个是制造业中的蓝领工人；到了50年代，这个比例变成了4个人中有1个；现在则下降到了6个人中才有1个——并且还在继续下降。

尽管这一趋势已经持续了很长时间，但最近的发展速度尤为迅速，甚至已经到了这种地步：至少在和平时期，不管制造业生产的增长率有多大，都无法扭转制造业中蓝领工人数量的长期下降趋势，以及它在整个劳动力中所占比例的下降。

这一发展趋势在所有发达国家中都是相同的，而在日本表现得尤为突出。因此，到2010年，日本和美国等发达国家的制造业就业总人数，很可能比当前发达国家的农业人口还要少——最多只占总人口的1/10。现在，美国制造业的蓝领工人是1800万左右。25年之后，这个数字有可能会变成1000万——至多也不超过1200万。在一些主要的工业中，下降幅度甚至会更为剧烈。比如，25年后的美国汽车工业，即便产量比现在高50%，雇用的工人总数也不会超过现在的1/3。

如果一家公司、一个行业甚至一个国家，在未来25年里不能在极大提高产量的同时大规模削减蓝领职工人数，那就很难维持竞争力，或是保持"发达"的地位，它会很快地衰落下去。在过去的25年里，英国工业一直衰退的原因，很大程度上在于每单位制成品所需的蓝领工人人数，比其他发达国家下降得都慢。然而，英国在发达国家中的失业率也最高，在13%以上。

英国的例子说明经济领域内出现了一个十分关键的新公式：一个国家、一个行业或一家公司，如果不顾自己的国际竞争力，一味保持蓝领制造业岗位（这种做法实际上意味着稳步地减少该类岗位），它很快就会变得既没有生产力，也缺少稳定的就业岗位。保持工业中的蓝领工作岗位，实际上只会增加失业率。

从国家层面上来说,目前只有日本接受了这个公式。日本的策划者,不管是政府中的还是私营企业中的,首先做出决定:在未来 15～20 年,通过削减 25%～40% 的蓝领工作岗位,实现产量翻一番。很多大型的美国公司,如 IBM、通用电气或汽车企业,也都预测到了类似的发展趋势。在这之中似乎存在一个互相矛盾的事实,即一个国家制造业中蓝领工作就业人数减少得越快,它的总失业率就越低。

但这一结论是政治家、劳工领袖或普通大众无法轻易理解或接受的。

让问题变得更为复杂的是,我们同时又经历着制造业经济中若干不同的孤立变化。

第一个变化是知识与资本正在加速取代体力劳动。几十年前,我们说的是"机械化"这个词,现在我们则说"自动化"。与其说这是实质上的变化,倒不如说是一个术语的转变。1909 年,亨利·福特引入装配流水线,在两三年内就把生产一辆汽车所需的工作时数减少了 80%:再完善的自动化也不可能实现这样的效果。但毫无疑问,我们正面临着又一个机器(也就是知识的产物)加速取代人工的时期。

第二个变化是从最初的劳动密集型产业转向以知识密集型为主的产业(从长期的角度来说,它会变得和第一个变化同等重要,甚至更为重要)。在半导体制造业中,70% 以上是知识成本,劳力成本不超过 12%。同样地,在制药产业中,劳力成本只占 10%～15%,而知识——研究、开发和临床测试几乎占到了 50%。与此相反,即便在完全实现自动化的汽车制造厂里,劳力仍占总成本的 20%～25%。

制造业中另一个使人极度迷惑的发展是,规模效应发生了逆转。20 世纪初以来,所有发达国家的趋势一直是制造工厂变得越来越大。"规模经济"一直偏爱它们。同样重要的是,所谓的"管理经济"也很偏爱它们。一直到最近，现代管理似乎都只适用于相当大型的企业单位。

然而在最近 15～20 年里，形势发生了逆转。美国制造工业的萎缩全都发生在大公司，首先动刀裁员的就是钢铁和汽车等巨型企业。小型，特别是中等规模的制造商，则维持住了原有的工作岗位，甚至还有所增加。在市场地位、出口和收益率上，较小的，尤其是中等规模的企业，显然比大型企业干得更出色。其他发达国家也出现了同样的规模效应逆转，连日本也是这样。要知道日本信奉的商业哲学素来是越大越好，最大最好。旧有工业中也出现了这种逆转趋势。最近几年里最赚钱的汽车公司并不是某个汽车巨头，而是德国一家中等规模的制造商——宝马。世界范围内盈利的钢铁公司都是生产特种产品的，如石油钻井管道的中等规模厂商，不管它们是设在美国、瑞典还是日本。

部分地说来，这是创新精神复苏带来的结果，尤其是在美国[ⓐ]。但同样重要的是，在过去的 30 年里，我们已经学会了如何管理小型和中型企业——从而可以利用规模较小带来的优势，比如便于沟通、贴近市场和消费者，弥补了过去小型企业管理上的某些局限性。因此，在美国，以及日本和联邦德国等其他在制造业上领先的国家，经济的驱动力已经从第二次世界大战后支配世界工业经济 30 年之久的巨型公司，转向了中小型企业。这些企业规模虽然较小，但都由专业人员管理，而且大部分都是公开上市的。

现在出现了两种不同类型的"制造业"：一种是以原材料为基础的产业，它在 20 世纪前 3/4 的时间里为经济增长提供了动力；另一种是以信息和知识为基础的产业，如制药、通信、分析仪器和信息处理（如计算机）产业等。现在，基于信息的制造业越发成为经济增长的中心。

这两种制造业的经济特性是不一样的，尤其是它们在国际经济中的地位

ⓐ 有关这一点，请参见我所著的《创新与企业家精神》(1985 年，纽约：哈珀－罗出版社)。

大不相同。基于原材料的产品必须以产品的形式进口或出口，它们会出现在国际贸易差额上。以信息为基础的产业，其产品既可以作为产品进出口，也可以作为服务进出口。

在这方面，图书可算是一个古老的例子。一家主要的科技出版公司，外汇收入占其总收入的 2/3。但该公司基本上并不出口图书，书太重了，它卖的是版权。同样，利润最丰厚的计算机出口销售，在统计数字上显示的倒可能是"进口"。它们在公司总部替一些顶尖的银行、大型跨国公司和日本的贸易公司加工处理来自其世界各地的分公司或客户电传发来的数据，从而收取费用。

在所有发达国家中，知识工作者已经成为劳动力大军的重心，单从数量上来看也是这样。即便是在制造业，用不了 10 年时间，知识工作者的人数也会超过蓝领工人。到了那时，出口知识获取授权费、服务费和各类专利收入，会比出口产品创造更多的工作机会。

正如华盛顿官员们所意识到的那样，要做到这一点必须在贸易政策中大力强调"无形贸易"的重要性，努力破除贸易壁垒，尤其是非关税壁垒对服务贸易的限制，如对信息、金融与保险、零售、特许权以及医疗保健等方面的限制。未来 20 年内，发达国家来自无形贸易的收入，必将超过产品出口带来的收入。过去，人们对无形贸易毫不重视，把它视为"人家的孩子"。而现在，它日益变得重要起来，成为各国关注的中心。

制造业生产与就业的脱钩还带来了另一种影响，究竟是采取优先发展工业生产还是优先照顾就业的产业政策，将成为 20 世纪剩余时间里一个难以抉择的政治议题。在历史上，人们一直将这两种政策看作同一枚硬币的正反两面。可从现在开始，它们越发朝着不同的方向发展，成为两种难以调和的选择。

我们所能指望的最好的政策，也是最有可能成功的政策，大概就是"善意的忽视"——这是过去几年里根政府采取的政策。在发达国家中，美国的失业率基本上是最低的，仅次于日本，这一现象或许并非偶然。当然，我们还需要付出系统的努力，对过剩的蓝领工人进行培训和重新安置——到目前为止，这还是一件谁也不知道该怎么办才会成功的事情。

最后，低廉的劳动力成本在国际贸易中的优势越来越不明显。原因很简单，发达国家的劳动力成本在总成本中所占比例越来越小。而且，自动化生产流程的总成本，比使用廉价劳动力的传统工厂更低，因为自动化消除了那些隐蔽的，但相当高昂的"无效"成本，如质量低下、退货和产品换型被迫停机所产生的成本。

这方面有两个美国电视接收器生产商的例子：一个是摩托罗拉，另一个是美国无线电公司。一开始，这两家企业几乎都被从劳动力成本低廉的国家进口的电视接收器赶出了市场。但采用自动化生产以后，它们在美国制造的产品成功地和外国进口货展开了竞争。同样，卡罗来纳一些高度自动化的纺织厂，能够以廉价产品，和劳动力价格极为低廉的国家（如泰国）的产品展开竞争。与此相反，在半导体生产行业，一些美国公司把劳动密集的工作转移到西非国家，获得了低廉的劳动力成本，可它们的产品成本很高。日本高度自动化的企业，虽然劳动力成本较高，却能轻松地报出比美国公司更低的价格。

因此，资本成本在国际竞争中将变得越发重要。在过去10年内，美国成了资本成本最高的国家——日本则是最低的国家。所以，改变美国的高利率政策以及股份资本的高成本政策，将是美国政策制定者的首要任务。这与美国过去5年里实行的政策截然相反。但要做到这一点，就必须用削减政府赤字而不是维持高利率的做法，来阻止通货膨胀。

对发达国家，尤其是对美国来说，劳动力成本作为一项重要的竞争因素，其地位的稳步下降可能是一种积极的发展趋势。然而对第三世界国家，尤其是那些正在迅速工业化的国家，比如巴西、韩国和墨西哥来说，这是一个非常糟糕的消息。在19世纪迅速工业化的国家中，日本是通过出口价格稳步上涨的原材料——主要是丝绸和茶叶，来完成这一过程的；德国则是通过"蛙跳式"冲入当时的"高科技"产业，主要是依靠电力、化工和光学仪器实现发展的。19世纪第三个快速工业化的国家美国，同时利用上述两条途径发展自己。而对当前试图进入工业化的国家来说，这两条路都走不通了：第一条路因为初级产品贸易条件的恶化而走不通；第二条路也难以实现，因为它要求知识和教育的"基础建设"，这远非一个贫穷国家力所能及（尽管如此，韩国仍在朝此方向努力）。唯一的出路似乎是依靠低廉的劳动力成本来竞争。但这条路也会被堵死吗？

从"实体"经济转向"符号"经济

世界经济的第三个主要变化是，"符号"经济取代"实体"经济，成为推动世界经济前进的动力，并且在很大程度上独立于"实体"经济。所谓"符号"经济，指的是资本流动、汇率和信贷的流通；"实体"经济则指的是产品和服务的流通。这是最为明显但也最难让人理解的一个变化。

现在世界产品贸易量比过去任何时候都要大得多。无形贸易，也就是服务贸易，同样如此。两者的总贸易额大概在每年2.5万亿～3万亿美元。但在伦敦的欧洲美元市场——全世界的金融机构都在这里互相借贷，每个工作日的交易额达到3000亿美元，也即每年75万亿美元，是世界贸易额的25倍以上。

此外还有在世界主要金融中心（大体上是相互独立的）进行的外汇交易活动，即一种货币与另一种货币进行的交换（如美元兑换日元）。这些活动的交易额大约在每天 1500 亿美元上下，每年约为 35 万亿美元，是世界商品和服务贸易额的 12 倍。

虽然这些欧洲美元、日元和瑞士法郎有不少只是从一个人的腰包转移到另一个人的腰包，故此有不少是重复计算的，但这不足以解释国际货币交易量和商品服务交易量为什么会存在如此巨大的差异。合理的解释只有一个：资本流动与贸易金融无关，它独立于后者，并且远远超过了后者。

这种国际——更确切地说是跨国性的现金流动的爆炸式发展，形成原因不止一个。1971 年，从固定汇率到"浮动"汇率的变化，可能带给它最初的推动力（有些讽刺的是，这种做法的本意恰好与此相反），由此引发了货币投机。还有一个主要因素是，1973 年和 1979 年两次"石油危机"之后，流动资金疯狂地涌向阿拉伯石油生产商。但毫无疑问的是，美国政府的巨额赤字也在其中扮演了一个很重要的角色。美国预算这个"黑洞"把各方面的流动资金都吸了进去⊖，并使美国成为世界上一个主要的债务国。当然，人们可以认为，正是预算赤字造成了美国对外贸易和国际收支的赤字。但实际上，贸易和收支赤字是商品和服务的卖方借给买方——也就是美国的一笔贷款。没有这笔贷款，美国政府的行政分支就不可能为预算赤字筹措到资金，或者说，它至少要冒着通货膨胀的风险才可能在不动用这笔贷款的条件下支付预算赤字。

总之，一些主要的国家已经学会使用国际经济手段来解决国内问题。它们对这些手段利用的程度是空前的。比如，美国利用高利率吸引外资，从而避免解决国内赤字问题。日本则不顾国内经济的衰退，用大力推动出口的办法维持就业。这种国际经济的"政治化"，肯定也是资本流动和汇率极易变

⊖ 曾在经济合作与发展组织（OECD）担任了 30 年经济顾问的斯蒂芬·马里斯（Stephen Marris），在其著作《赤字与美元：危机中的世界经济》(*Deficits and the Dollar: The World Economy at Risk*, 华盛顿：国际经济研究所，1985 年 12 月) 中对此问题做过令人信服的论述。

化、极不稳定的原因之一。

不管原因到底是什么，它们导致了一个根本的变化：在世界经济中，产品和服务的实体经济，与货币、信用和资本的符号经济，不再是紧密地结合在一起，而是渐行渐远。

现在通行的国际经济理论仍然是新古典主义，它认为产品和服务的贸易决定了国际资本的流动和外汇汇率。然而，在最近10年或15年间，资本流动和外汇汇率几乎完全独立于对外贸易，甚至与此相背离（如1984/1985年美元升值期间）。

但世界经济也并不符合凯恩斯理论模型——该理论模型认为符号经济决定实体经济。世界经济的动荡与国内经济的波动，这两者之间的联系越发模糊。比如说美国，尽管它的贸易赤字前所未有，但它并没有产生通货紧缩，相反，它是非常勉强才控制住了通货膨胀。虽然美国存在贸易赤字，但它的失业率是所有主要发达国家里最低的，仅次于日本。联邦德国的制成品出口和贸易顺差同日本增长得一样快，但失业率却比美国高。相反，日本的出口成倍增长，并获得了空前的贸易顺差，可其国内经济并未急速发展，而是持续低迷，没有创造任何新的工作机会。

那么结果到底会走向何方呢？经济学家认为，实体经济和符号经济必然会再次联系在一起。但是关于两者再度结合的方式，究竟是"软着陆"还是迎头相撞，经济学家还存在着尖锐的分歧。

软着陆方案——和其他大多数发达国家政府一样，里根政府决心朝着这个方向走，期望美国政府赤字和贸易赤字同步下跌，并在20世纪90年代初实现盈余，至少是达到平衡。届时资本流动和汇率将保持稳定，使主要发达国家的生产进一步增长，就业率走高，通货膨胀降低。

与此截然相反的是"硬着陆"设想。它认为，每一个赤字年度里，美国政府的债务都在不断增加，而且政府预算还必须承担债务产生的利息，这导致赤字进一步扩大。由此一来，外界迟早会丧失对美国和美元的信心，一些权威人士甚至认为这一天很快就会到来。那时外国人会停止向美国贷款，他们会把手里的美元换成其他货币。这种"抛售美元"的结果，将使美元兑换率一落千丈。它还会在美国国内引起严重的信用危机，甚至是"清偿危机"。唯一存在问题的是它将给美国带来什么样的后果：是通货紧缩的大萧条，还是爆发严重的通货膨胀，甚至最可怕的瘟疫"滞胀"——经济紧缩停滞而货币又在膨胀的状态。

然而，还有一种完全不同的"硬着陆"。在这种设想中，日本，而不是美国，要承受一次艰难——相当艰难的硬着陆。主要的债务国美国，欠别人的外债全以美元结算——这种情况在人类和平史上还是第一次碰到。为了摆脱自己的债务，美国不需要拒付欠款，不需要申请延期偿付，也不需要跟人谈判寻求借新债抵旧债。它只需要宣布货币贬值，就能有效地剥夺外国债权人应有的债务权。

这里的"外国债权人"可以解读为日本，现在日本掌握了美国一半的外债。此外，日本在国外的其他财产与债务也都是以美元形式存在的，这主要是因为日本担心政府会失去对日元的控制，一直拒绝让日元成为一种国际贸易结算货币。总共算下来，日本银行现在持有的国际资产，比其他任何国家（包括美国）的银行都要多——整整6400亿美元！美元的贬值会给日本带来沉重的打击，简直等于是直接掠夺了它。

硬着陆还会使日本的贸易和国内经济受到重创。日本绝大部分的出口都是到美国的。如果出现前述的硬着陆，美国很可能在一夜之间转向贸易保护主义：如果我们的失业率居高不下，显然不可能允许大量进口。这将立即在东京、名古屋和广岛引起严重的失业潮，并给日本带来一场真正的萧条。

还有一种硬着陆设想。承受硬着陆的国家，既不是美国也不是日本——也不是任何工业发达国家，而是已经承受了损失的初级产品生产国。实际上，几乎所有的初级原材料都是使用美元交易的，因此美元贬值后它们的价格并不会随之上扬。1985年6月到1986年1月，美元贬值30%，初级产品的价格已经下跌了。这样一来，日本几乎不会受到美元贬值的影响，毕竟，它保持美元平衡只是为了支付原材料的进口，而日本进口的其他产品很少，也没有外债。美国同样不会受到影响，甚至还能受益，因为美元的贬值使它出口的工业产品变得更有竞争力。可对初级产品生产国来说，一方面它们的销售大多以美元结算，另一方面又必须用其他发达国家的货币支付其进口的工业品。美国虽然是世界上最主要的工业产品出口国，但其产品在世界市场上只占1/5，剩下的4/5是其他国家提供的——德国、日本、法国、比利时等。这些国家的产品价格，按美元结算有可能会上涨。这将使原本就处于困境的初级产品生产国的贸易条件进一步恶化。有人估计，初级产品的价格至少会下降10%，这将使南非和津巴布韦的金属矿产，以及加拿大、堪萨斯和巴西的农场遭受沉重的打击。

还有另一种最可能发生的情况——根本就没有什么"着陆"，不管是软的还是硬的。要是经济学家的看法错了怎么办？如果美国的预算赤字和贸易赤字一直持续下去（虽然可能会比近几年低一些）怎么办？只要外国并不仅仅出于经济上的考虑，愿意把钱继续投在美国——比如基于其国内的政治考虑，或是为了逃避比美元贬值更可怕的国内政治风险，那么前述情况就可能发生。

实际上，只有这个设想是有事实依据的，而不仅仅是建立在理论的基础上。确切地说，这种设想已经在变成现实。

1985年6月到1986年2月间，美国政府强行把美元下调了1/3（从1美元兑换250日元调整为1美元兑换180日元）——这是历年来，世界主要货币最大规模的一次贬值，虽然在名义上称之为货币调整。美国的债权人一致支持这次贬值，实际上他们还主动要求美元贬值。更令人惊讶的是，他们还大幅度地增加了对美国的贷款。很显然，国际银行家全都认为，债主借给美国的钱越多，遭受的损失越多，美国的信誉就越高！

造成这种爱丽丝漫游奇境式态度的主要原因在于，美国的最大债权国日本，宁愿持有的美元遭受惨重损失，也不愿造成国内的失业。没有对美国的出口，日本的失业率可能会和西欧一样高，也就是9%～11%，并将主要集中在重工业上。重工业是一个牵涉政治的敏感问题，而且在后来者（如韩国）的竞争之下，日本的重工业本来已变得极为脆弱。

还有一批金额更大的钱，至少几千亿美元，大多是来自拉丁美洲的"外逃资本"，它们已经以美元的形式获得了庇护。单纯的经济刺激，比如较高的利率，是不可能把它们吸引走的。

用外部资金来维持美国的预算赤字和贸易赤字，所需资金相当之大，因此这种情况不过是一种可能性而已。然而，如果政治因素起主导作用，那么符号经济仍将与实体经济脱钩，至少在国际范围内是如此。

不管最终产生哪种设想的结果，国际经济都不可能回到"正常状态"上。

符号经济和实体经济的分离，意味着从现在起，应当在经济理论和商业政策中，把主要货币之间的汇率视为一种重要的"相对优势"因素。

经济理论教导我们，实体经济的"相对优势"因素（相对劳动成本与劳动生产率，相对原材料成本、能源成本、运输成本等）决定汇率。实际上，所有行业也都是按照这一理论制定其政策的。然而，汇率在A国和B国劳动力成本对比中日益成为决定性因素。汇率越来越成为一种重要的相对成本，而且是一种企业完全无法控制的因素。因此，任何希望进入国际经济的公司，都必须意识到自己同时开展着两种业务：既是一种产品的制造商（或是服务的供应商），也是一家金融企业。哪一种也不能忽视。

特别是那些向国外销售的公司——不管是作为出口商,还是通过外国的分支机构,必须从三个方面着手,保护自己免受汇率损失:销售收入、用于生产出口商品的流动资金以及海外投资。不管企业认为本国货币是升值还是贬值,都要做好这些预防措施。从国外采购的企业也应当这样做。甚至于那些在国内市场面临外国产品竞争的纯国内企业,也应当学会预防其主要竞争对手使用外汇给自己带来的风险。如果美国企业在美元升值期(1982～1985年)这样做了的话,它们在国外市场上的地位和外汇收入中大多数损失都是可以避免的。与其说这是上帝的旨意,倒不如说是管理上的失败。显然,股东和一般公众有充分的权利期待管理层在下一次能干得漂亮些。

至于政府的政策,我们可以得出一个结论:不要聪明过了头。利用世界经济的模糊性、不稳定性和不确定性来牟取短期利益,回避一些不讨好的政治抉择,这些做法很诱人,但绝对行不通。实际上,它很可能会导致一场灾难而不是成功——这是迄今为止的三种做法带给我们的教训。

卡特政府人为地压低美元汇率,希望通过提高出口刺激美国经济。美国的出口确实增加了,而且增幅相当可观,但这并未能刺激国内经济,反而引起了萧条,创下了有史以来的高失业率,加速了通货膨胀,这实在是一种糟得不能再糟的结果。

几年以后,里根先生提高了利率,试图阻止通货膨胀,并让美元升值。通货膨胀确实止住了,而且引发大量资本流入美国。但美元升值过高,掀起了外国进口的高潮。结果,里根的政策把旧有重工业最脆弱的部分,如钢铁和汽车暴露给了国外竞争者,它们根本无法以1美元对250日元(或1美元对3联邦德国马克)的汇率和外国对手竞争。而且,这使它们无法获得实现现代化所必需的收入。此外,里根的政策还在一个最糟糕的时机,严重地,甚至是彻底地破坏了美国农产品在世界市场上的竞争地位。更糟糕的是，里根先生耍的"小聪明"破坏了他原先的主要目的：减少美国政府赤字。由于丧失了国外的竞争力，国内工业得不到足够的发展，也就无法带来更高的税收收入。因为国会（以及政府行政分支）能够轻易地，甚至无限制地获得外国资金，于是它们一次又一次地推迟削减赤字。

日本在利用国际符号经济和实体经济脱钩方面，大概也是聪明过了头。它利用币值被低估的日元拼命加大出口，这种政策让人联想起卡特执政时期的美国。但是，和美国先前一样，日本也未能有效刺激国内经济，虽然它的出口大幅度提升，但最近几年日本经济几乎没有什么发展。结果，就像上面谈到过的一样，日本过度依赖于美国这一个客户，这就迫使其在美元上投入巨额资金，这种做法相当危险。每一个有头脑的日本人（当然，包括日本政府和日本中央银行）都知道，这些债权很可能会严重贬值。

显然，上述三个教训告诫我们：政府的世界经济政策，必须让符号经济和实体经济这两者的需求相协调，而不是利用它们之间的不和以利己，才能获得成功。让我们来重复一句古老的格言："经济上别耍小聪明，要简单，要诚实。"但我担心，有些国家的政府大概不会认真听从这个建议。

结　　论

要猜测明天的世界经济到底会变成什么样，现在还为时过早。比如说，主要的发达国家，会屈从于对恐惧的传统反应模式，也就是退回到保护主义，还是把世界经济的变化看作一个机会？

然而，到现在为止，某些主要的议事日程已经非常明朗了。

其中最突出的是确立新的发展概念和新的发展政策，特别是在像墨西哥和巴西这样正在快速工业化的国家。它们不能再指望通过原材料出口来为其发展提供经济支持，比如墨西哥的经济发展不能再依靠石油了。但依靠廉价的劳动力成本，向发达国家出口大量制成品（比如巴西就是这样期望的）的做法也变得不现实起来。如果它们转入生产分工的方式，情况就会好很多，也就是说，利用它们在劳动力上的优势，充当发达国家制造商的转包商，承担那些无法实现自动化的劳动密集型工作，比如一些装配流程，或是一些生产量相对较少的零部件。发达国家已经没有多余的劳动力来从事这类工作了。即便是在最彻底的自动化生产中，这类工作仍然会占工作总量的 15%～20%。

东南亚一些国家（如新加坡）的快速发展，就是通过生产分工实现的。但在拉丁美洲，生产分工仍然是一种政治上很难被接受的做法，甚至遭到了强烈的遣责。例如墨西哥，自从 20 世纪初开始朝现代国家转变以来，就一直试图保持自己的经济独立，减少对其北方邻国的经济依赖，拒绝与之融合。虽然这种政策在整整 80 多年里从未成功过，但这反而强化了它在情感和政治上的感召力。

但是，即便最大限度地利用生产分工，它也无法为一个国家的发展提供足够的收入，尤其是那些比上述华人国家和地区大得多的国家。因此我们需要一种新的模式和新的政策。比如，我们能向印度学到些什么吗？当然，每个人都知道印度存在的问题，而且问题数不胜数，然而很少有人知道，自从独立以后，印度比其他多数第三世界国家发展得都要好：在农业发展和农业产量上增长速度最快，制造业增长率和巴西相当，甚至和韩国也相差无几（印度现在的工业经济仅次于少数发达国家）；一个庞大且具有高度创业精神的中产阶级出现；而最了不起的成就，大概还要数农村教育和医疗方面的巨大进展。印度并没有遵循任何一种现成的模式。印度人不像很多非洲国家那样，通过对农业人口的掠夺来为工业发展提供资本。印度不出口原材料，也不出口廉价劳动生产的产品。但自从 1964 年尼赫鲁（Nehru）去世之后，印度一直鼓励农业发展，支持消费品生产，扶持国内企业家。印度和它所实现的成就，应当得到人们极大的重视。

发达国家也有必要重新考虑它们对第三世界国家的政策——特别是对第三世界国家中最有希望的那一部分，即那些正在迅速工业化的国家。现在已经有了一些开端：美国财政部长贝克最近提出了一些针对初级产品国债务问题的新政策；世界银行最近公布了新的贷款标准，按照这一标准，从现在开始，针对第三世界国家的贷款不再基于个别项目的可靠性，而要根据一个国家整体的发展政策来确定。但这些建议大体上只是在纠正过去的错误，而不是提出新的政策。

其他的主要议事日程必然和国际货币体系有关。自从第二次世界大战末期召开布雷顿森林会议后，国际货币体系一直以美元作为"储备货币"。显然，这种做法现在已经行不通了。储备货币的母国必须愿意让自己的国内政策服从国际经济的需要，比如为了维持汇率的稳定，甘愿承受国内失业率的高涨。但是，一旦遇到困境，美国却拒绝这么做，顺便说一句，凯恩斯在40年前已经预见到了这一点。

如今，要实现储备货币的稳定性，唯有各大主要的贸易国家（至少包括美国、联邦德国和日本）同意在经济、财政和货币政策上保持协调，甚至是服从于一个共同的、超越国家的决策。除非发生世界性的经济危机，否则要实现上述条件简直不可想象。就连在欧洲实行比这简单得多的"欧洲货币单位"（European Currency Unit，ECU），其经历也不怎么令人感到鼓舞；到目前为止，还没有哪个欧洲国家的政府愿意为了欧洲货币单位稍稍退让一步。但除此之外，还有什么别的办法呢？根据最近的分析，现代国家和国际体系都是以管理和稳定货币的尝试作为基础的。难道说我们300多年来的尝试已经走到尽头了吗？

最后，还有一个结论：经济发展的动力已经彻底转到了世界经济方面。

流行的经济理论——不管是凯恩斯主义、货币主义还是供应学派都认为，国家经济，特别是发达大国的经济是独立的，是进行经济分析、制定经济政策的单位。国际经济或许是一项限制条件，但它不是中心环节，更不是什么决定性因素。现在经济学家的这种"宏观经济原理"已经越来越靠不住了。英国和美国这两个发达国家，在经济政策中完全遵循了这一原理，但在最近的30年里，它们的经济状况最糟糕，也最不稳定。联邦德国和日本从未接受宏观经济理论，虽说它们的大学里也会教授这一原理，但它们的决策者——包括政界和商界的决策者都拒绝了它。和美英相反，这两个国家一直根据世界经济的发展规划其经济政策，并且系统地预测世界经济的发展趋势，将其变化当作可供利用的机会。最重要的是，两国都把自己在世界经济中的竞争地位作为制定政策——经济政策、财政政策、货币政策，甚至包括社会政策的先决条件，而往往把国内问题放到次要位置考虑。因此，在过去的30年里，这两个国家在经济和社会方面比英国和美国干得更出色。实际上，它们对世界经济的重视和优先考虑，大概是它们成功的真正"秘密"。

同样地，发达国家成功企业的秘密［日本企业、奔驰和宝马等德国汽车制造商、瑞典的ASEA（瑞典通用电气公司）和爱立信公司、美国的IBM和花旗银行，以及制造业和服务业中很多中等规模的专业公司］都在于利用世界经济变化的机会，并在此基础上制订计划和政策。

从现在起，所有国家（也包括所有企业，特别是大型企业）想要在经济上有所成就，必须认识到：世界经济起着支配作用；国内经济政策只有在加强，至少是不损害该国国际竞争地位的前提下，才能获得成功。

这或许是转变后的世界经济所具有的最重要特征——当然也是最引人注目的特征。

［1986］

CHAPTER 2 | 第 2 章

美国的创业性就业机制

"工作机会都到哪里去啦？"这是过去几年，所有西方工业发达国家经常问到的问题。但对美国来说，人们从没问过另一个同样重要——甚至更为重要的问题：就业机会都是从哪儿来的？在所有的工业发达国家中，重工业就业机会都在不断减少——连日本也是这样。只有美国经济不断创造出新的就业机会，其出现速度比重工业就业机会减少的速度快得多。实际上，新就业机会增长速度之快，在美国和平时期的历史上前所未有。

1965～1984年，美国年龄在16～65岁的人口增长了38%，从1.29亿增加到1.78亿。但同期的工作机会增加了45%，从0.71亿个增加到了1.03亿个。到今年（1984年）秋天，这一数字有可能增长到1.05亿，甚至1.06亿，这意味着自1965年以来，就业机会增长了50%，并且其中一多半都是在1973年秋季能源危机爆发后出现的——而就在这段时间内，接连爆发了"石油冲击"、两次经济衰退，整个重工业接近崩溃。1981～1982年的经济衰退给美国带来了巨大的创伤，但创造新工作的步伐却几乎没有放慢。在这次经济衰退的谷底，1982年秋，虽然失业率创下纪录，但仍比1973年多出1500万个工作机会。

日本过去10年的工作机会增加了10%，从5600万提高到了6100万，只相当于美国增长速度的一半。西欧的工作机会在减少——即便除去周期性失业人数，1984年的工作机会仍比1974年减少了整整300万个。

1984年美国经济带来的工作机会，比15年前最乐观的估计还要多出1000万个。在那时，即便如哥伦比亚大学的伊莱·金兹伯格（Eli Ginzberg）这样严谨而权威的专家，也认为到了20世纪70年代末和80年代初，为了给"婴儿潮"一代提供工作机会，美国联邦政府将不得不成为其"首要的雇主"。但没有依靠政府的任何帮助，我们提供的工作机会也超出了吸收"婴儿潮"所需的一倍半。这是为了适应15年前谁也没有预料到的情况：已婚妇女大量涌进就业市场。那么，这些工作机会到底是从哪里来的呢？

它们并不来自政府和大企业。在长达40年的时间里，一直到20世纪60年代，这两个部门基本上提供了美国经济中所有的新增工作机会。20世纪70年代初之后，政府里的就业机会就停止了增长，其后甚至稍有下降。大企业的工作机会自70年代初之后也一直在减少。光是在过去的5年里，《财富》500强企业（美国最大的制造业公司）就永远地失去了300万个职位。几乎所有的工作机会都是由中小型企业创造的，并且几乎都是由创业型或创新型企业创造的。

"啊哈，"大概每个人都会说，"原来是高科技企业。"但人们都说错了。高科技企业非常重要，它开阔人们的眼界，加快人们的步伐，激起人们的热情，创造人类的未来，但作为现实的创造者，高科技企业的作用还很小，它在过去的10年里最多只创造了10%的新工作机会。显然，我们有理由相信，在1990年以前，它创造工作机会的速度不会大幅提高。

创造新工作机会的主要是"低技术"或"非技术"性企业。例证之一是，《公司》杂志每年都会列出企业年龄在 5 年以上 15 年以下成长速度最快的公众持股公司统计表。由于范围限定在公众持股类公司，该统计表对高科技企业相当有利。然而，在 1982 年的统计中，100 家企业里有 80 家都毫无疑问地属于低技术和非技术性公司：妇女成衣厂、食品连锁店等。此外，在《公司》杂志对 500 家发展最迅速的非公众持股公司（也译作控股公司）的统计中，排在首位的是一家生产家庭健身用品的制造厂。

然而，最具启发性的分析来自麦肯锡咨询公司对中型发展企业（就是那些年销售额在 2500 万～10 亿美元的企业）的研究。该调查发现，这些公司大多和高科技无关，大多是制造商而不是服务性公司。1975～1980 年，这些中型发展公司在销售、利润和就业机会上的增长速度，比《财富》250 强这类大型企业快 3 倍。即便是在 1981～1982 年经济衰退最严重的时期，《财富》250 强企业在一年内裁减了 2% 的就业岗位，中型发展企业却增加了 100 万个就业机会——占全国就业大军的 1%。所有这些公司都拥有一个共同点：它们都是按照系统化的创业精神和目标明确的创新意识组织起来的公司。

近 10 年以来，美国经济的发展动力一直在朝创业型和创新型企业转移，其中大多数是低技术和非技术性企业。在经济上，10 年是一个很长的时间，长得足够用来讨论"结构性变化"。这种变化的原因还不甚清楚。显然，许多受过教育的年轻人的价值观、态度和期望发生了明显的变化。这种变化，与 15 年前我们所许诺的那种"绿化美国"（《绿化美国》是 20 世纪 60 年代末最受欢迎的一本书，该书阐述了"美国梦"的变化）式的转变截然不同。就在那时，真正的变化业已开始。现在很多年轻人都热衷于冒险，热切地渴望在物质上获得成功，因此他们严于律己，像企业家那样长时间地不懈工作。

但钱从哪里来呢？10 年前，我们担心没有足够的钱可用于新的风险投资，现在看来风险资本比风险企业还要多。创新精神激增最重要的一个因素，可能是管理（它也是一种真正的新技术）的突破，即第二次世界大战以来，发展出的有关创业与创新知识的一整套知识体系。

美国的发展，明确地驳斥了以"康德拉季耶夫长波"（该概念以尼古拉·康德拉季耶夫命名）为基础的"零增长理论"。这一理论对过去10年间的经济危机进行了严谨的解释，对未来几十年的经济前景做出了预测，影响范围也最为广泛。

根据长波理论，发达国家的经济每隔50年就会进入一个长时间的停滞期。在康德拉季耶夫周期的上升阶段推动经济发展的技术，在"康德拉季耶夫崩溃"的最后20年里似乎仍能产生巨大的作用。实际上，它们带来了创纪录的高利润和高工资；因为它们业已成熟，不再需要进行大量的投资。

但这种表面上的繁荣与健康，实际上是正在走向衰落的病态；"创纪录"的高利润和高工资已经等于是在变卖资产。等潮流转向"康德拉季耶夫崩溃"的时候，这些成熟的工业就会在一夜之间灰飞烟灭。新的技术早已产生，但在未来20年里，它们还无法带来足够的工作机会，或者吸收足够的资本以支持新的经济增长时期。因此这20年之内就只有"康德拉季耶夫停滞"或"零增长"，所有人——至少是所有政府对此都束手无策，只有干等着，让衰退自己过去。

美国和西欧的重工业似乎正与康德拉季耶夫周期相吻合。日本也好像正朝着同一方向发展，只不过稍晚几年而已。高科技方面的情况也和长波理论相吻合：它产生的新工作机会和吸收的新资本，还不足以抵消重工业的衰退和萎缩。

但美国的创业型和创新型企业创造的新工作机会，和康德拉季耶夫理论的预测完全不一致。或者说，它很类似于1873年之后德国和美国发生的"非典型康德拉季耶夫长波"——这两国经历了25年的经济和社会大动荡，但与此同时，经济也在迅速发展。

约瑟夫·熊彼特（Joseph Schumpeter，1883—1950）在其经典著作《商业周期》（*Business Cycles*）中发现并阐述了这种非典型康德拉季耶夫长波。该书把康德拉季耶夫介绍给了西方，但它同样指出，康德拉季耶夫停滞只发生在1873年后的英国和法国，而康德拉季耶夫的长波理论正是以这一时期为基础的。德国和美国也出现了"经济崩溃"，但几乎立刻就开始了复苏，仅仅5年后两国就进入了迅速发展状态，发展势头一直持续到第一次世界大战。这两个国家出现"非典型"情况，并使它们在19世纪末获得经济增长的原因，正是由于它们都转向了创业型经济。

当今的世界经济存在着巨大的危机。有福利国家失控且看起来完全无法控制的政府赤字危机，以及由此导致的通货膨胀绝症。有世界各地——从第三世界国家到艾奥瓦州的农场的商品生产者的危机。几年来初级产品相对于工业制成品的价格持续走低，比大萧条以来的任何时候都低。根据历史经验，每一次长期的商品低价之后必定随之出现一次工业经济的衰退。毫无疑问，重工业就业岗位的萎缩，以及它们从劳动密集型向资本密集型——自动化的转变，将给我们的体制带来沉重的压力——包括经济、社会和政治上的压力。

但至少对美国来说，康德拉季耶夫的零增长预测，实际上已经被美国经济的现实所否定。重工业在15或20年以前，就达到了康德拉季耶夫波峰，然而在那以后，就业机会增加了50%。

[1984]

第 3 章 | CHAPTER 3

为什么石油输出国组织必将失败

1982 年 12 月，石油输出国组织（OPEC）的成员方召开会议，讨论它们这个卡特尔组织是再维持一年，还是承认它们保持高油价同时维持正常产量的努力业已失败。1982 年，石油输出国组织成员方生产的石油，只相当于 1973 年它们将油价暴涨 4 倍前的 60%，但即便这样，它们也开始感到了降价的压力。实际上，我们几乎可以断言：石油输出国组织正像所有的卡特尔那样处于衰落之中。

要理解石油输出国组织的现状，不妨让我们先来回顾一下卡特尔理论的一些原理。卡特尔理论是 1905 年由一位年轻的德国经济学家罗伯特·利夫曼（Robert Liefmann）在其著作《卡特尔组织》（*Die Kartelle*）中提出的。其后所有的事实都证实了他的理论。

第一条原理是，卡特尔从来都是弱者的产物。发展中的产业不需要组织卡特尔，只有衰落中的产业才会这么做。

最初，人们以为这一原理不适用于石油输出国组织。由于石油的消费量成倍增长，并且必将以更快的速度继续增长，人们认为石油输出国组织可以无限制地抬高油价。

但1973年油价暴涨之后一项又一项的研究表明，很早以前，发达国家对石油的依赖就在下降。在1950～1973年，发达国家每多生产一个单位的产出，其所需的能源每年下降1.5%；而从那以后，下降速度还在加快。

运输业也发生着同样的情况。1960年以来，每多增加一乘客英里数或货运收入英里数，其所需的能源不断下降，因为交通工具逐渐转向了喷气式飞机、微型或小型汽车、柴油公共汽车和卡车机车等。甚至在第三大能源消耗项目，即取暖和空调设备上，虽然1960年以来不断增长，但单位投入所需能源也并未增加。

最重要的也许是，在20世纪的前半个世纪，发达国家能源消耗的增长快于国民生产总值的增长。但从1950年以来，能源消耗的增长开始低于国民生产总值的增长。1982年，发达的工业国家每生产一单位国民生产总值所耗费的石油，比9年前降低了26%。

石油消耗的相对下降意味着，在经济低迷时期，石油产业将比整个经济衰退得更厉害，而在经济复苏期，它的回升速度更慢。

按照卡特尔理论的第二条基本原理，如果一个卡特尔组织成功地将某一商品的价格抬高，则会把同一类别里的其他所有商品的价格压低。

1973年石油输出国组织提高石油价格的时候，人们普遍认为所有其他主要初级产品——农产品、金属和矿物的价格会一同上涨。然而一年以后，所有其他初级产品的价格都开始下降，并且至今仍在下降。

实际上，发达国家目前花在所有初级产品——包括石油上的钱，在可支配收入中所占的比重，比1973年时要低。初级产品生产国所面临的贸易条件比10年前更为不利。初级产品就像是在20世纪30年代初原材料大萧条时期那样，备受人们冷遇。

这一情况还导致了一个令人惊讶的结果，日本这个对石油输出国组织和"石油冲击"最为恐慌的国家，反而成了受益者，而美国成了最大的受害者。日本的石油全靠进口，但这还不到它总进口量的10%，其余进口的全是初级产品，如粮食、棉花、木材、金属、矿物等，而这些产品的价格全部下降了。

与此相反，美国是世界上最大的非石油初级产品出口国，其中主要是农产品。如果不是因为石油输出国组织，它们的价格本来应该高得多。

根据卡特尔理论的原理之三，一旦卡特尔组织中最强的成员——产量最大、成本最低的生产者，为了支持较小和较弱的成员，不得不削减其产量的40%，该卡特尔组织就会立刻解体。即便是一个相当强大的生产者，也不愿意这么做，实际上也不可能削减得比这更多。届时，较弱的成员将不得不违背卡特尔组织规定的价格来维持其产量。最终，各个成员方各行其是，卡特尔组织分崩离析。要不然，最强的成员就会利用它的价格优势，把较弱和较小的成员赶出市场。石油输出国组织很幸运，它的第二大成员方伊朗，由于战争和国内革命，不得不削减了50%的产量。即便如此，最大的成员方沙特阿拉伯，仍需要减产40%以上以防止卡特尔价格联盟的分裂。而那些较弱的成员方，正像卡特尔理论所预计的一样，开始用比石油牌价低15%的折扣价格"私售"石油。

同时，正如卡特尔理论的第四条原理指出的那样，石油输出国组织已经失去了它对石油市场的垄断地位。"任何卡特尔组织，都会在不到10年的时间内，损害其成员所占的市场份额。"利夫曼先生在1905年就得出了这一结论。1973年，石油输出国组织的成员方提供了工业发达国家所需石油的60%。9年后，这一份额跌落到45%（1985年又降到了1/3）。和卡特尔理论所预计的一样，石油输出国组织的市场占有率，正被墨西哥、北海油田和加蓬等后起之秀不断蚕食。

卡特尔理论的第五条也是最后一条原理是，除非卡特尔组织稳定地、有系统地降低产品价格，否则就总会削弱其产品的市场地位。有史以来存在时间最长的卡特尔组织——第一次世界大战前的炸药卡特尔和 1910～1970 年的贝尔电话系统就是这样做的。然而，过去大多数卡特尔组织，如两次世界大战期间的欧洲钢铁卡特尔的经验表明，在未来很长时间内，石油价格高涨将使它加速丢失很多市场，而且即便降价也无法恢复已丢失的市场。

当然，忽视石油输出国组织有别于其他卡特尔的若干特点是很不明智的。最重要的显然是地缘政治上的特点：世界上大多数石油，特别是大多数开采价格和生产成本低廉的石油，往往来自政治上不稳定的地区。发达国家很可能决定使用成本更高但政治上更安全的碳氢化合物能源，比如使用苏联的天然气作为西欧的战略能源储备，或是使用墨西哥的石油作为美国的战略石油储备。但如果决定支付额外的价格作为政治保险，则只会加速石油消费的下降，加速减少对石油的依赖性。

我们不能全然否定能源专家的预测：石油市场有所不同，石油输出国组织和其他卡特尔组织的行为也不一样。对此预测的验证，将伴随着发达国家第一次持久的经济复苏期而到来。那时，我们就会知道，石油消费的增长是和经济增长一样快，还是和卡特尔理论预计的相同：比经济增长慢得多甚至全无起色。

[1982]

1986 年注：1983 年美国经济回暖，检验预言的时刻出现了。正如卡特尔理论所预计的那样，石油消耗的确没有像经济那样迅速回升，实际上几乎毫无起色。只是由于沙特阿拉伯愿意再将其产量削减15%，使之不到其产能的1/4——这种做法只有像沙特阿拉伯那样人口极少的国家才能做到，石油输出国组织才又继续维持了两年，到1985年秋季才解体。即便如此，也未能扭转石油消耗和石油价格的下跌趋势。到1985年秋解体来临之际，石油输出国组织的崩溃比以往任何主要卡特尔组织都更迅猛。

CHAPTER 4 | 第 4 章

变化中的跨国企业

大多数跨国企业的结构和运营方式，基本上还和 125 年前美国和德国创造它们的时候一样，但这种设计正变得越来越过时。

典型的跨国企业一般存在一个母公司，以及多个海外国家的子公司。主要的决策——在世界范围内销售什么产品（或服务）、资本的运作、关键的人事任命都集中在母公司。调研和发展全由母公司在本国进行。但在制造、营销、财务以及人员管理上，子公司享有广泛的自主权，它们由子公司所在国家的本国人进行经营，母公司最多在最高管理层指派一两个"外籍人士"。子公司对外公开宣称的目标是"成为本国的好公民"。对于一家跨国企业来说，最高的赞美莫过于其子公司被所在国看作"自己人"。人们常爱这么吹嘘说："在斯图加特，没人知道我们是一家美国公司。我们的 CEO 是今年当地的商会会长，他当然是个德国人。"

但上述各个设计特点正日渐不合时宜，甚至会对生产造成阻碍。跨国公司过去一直致力于实现地方自主的 4 个领域（制造、营销、财务和人员管理），现在却日益需要进行系统化的决策，而不是让每个子公司自行其是。甚至连"做个好公民"，也在变成一种障碍。

制造业经济正与传统的跨国企业设计模式发生正面冲突。在典型的跨国企业里，一家子公司总是尽量多地生产出它在当地销售的终端产品。"我们在法国销售的拖拉机，90%的零部件都是在法国生产的。"这是一个很典型的说法。但是，对于有效实现所有产品的最大产能来说，即便是像法国这么大的市场（甚至是像美国那么大的市场）也越发显得不够大。尤其是自动化流程，正要求在更广泛的产品和生产过程中实现集中化生产。

世界上生产效率最高的汽车发动机厂，是菲亚特公司位于意大利南部的一家全自动化工厂。若是要充分发挥生产效能，它至少能生产出两倍于菲亚特公司自己能够消化的发动机——这就是菲亚特频频向福特汽车欧洲公司示好，将之视为潜在伴侣的主要原因。但还有很多服务商为了实现真正的竞争力，日益要求专业化和集中化。"我们是欧洲最大的设备租赁商，"一位美国银行家说，"这主要是因为我们在整个欧洲进行统一化经营，而欧洲其他的主要银行都只在一个国家内经营。"

但要将整个欧洲的某个零部件（比如说压缩机）的生产全部集中到法国的一家工厂，这种做法不管从经济角度来说有多合理，都会立即与"做个好公民"的承诺发生抵触。它意味着"抢走"德国、意大利和英国的"工作机会"，德国、意大利和英国的政府和工会必定会拼死相争。它甚至还会遭到这些国家子公司管理层更为强烈的反对。他们认为，这种做法会把自己从主人降为工厂管理者。

在市场营销部门，同样出现了这种要求实现跨国管理、打破决策权地域界限的压力。即便是像联邦德国和法国这样的大国，不管其地域有多广，差异性有多强，也不再足以在每件商品上成为一个单独的市场。一些产品和服务的市场已经全球化，不管消费者所属的国家和文化如何，其价值观、偏好度和购买习惯都一样。而另一些产品的市场则变得越来越零散——这是由生活方式而非地理位置造成的。还有一些产品，要在营销上获得成功，就必须强调产品的异国情调（有时候连服务也是如此，在英国，美式医院获得成功就证明了这一点）。营销决策日益成为一种系统化的决策，在为批发商和消费者提供服务方面尤其如此，这一点在世界各地都变得至关重要。

在财务方面，拥有"自主权"的子公司变成了一种威胁。分散的财务管理决策，是很多美国跨国企业在美元比价过高时经营不善的主要原因。它们大多为此丧失了市场地位，利润也遭受了严重损失。我们当然知道如何最小化货币汇率变动对销售和利润造成的影响（请参见第5章"货币风险管理"）。为了适应资本运动和政府决策，现在的汇率不时会发生大幅波动。因此，汇率波动已经成为一种常态，地方财务管理成为所有国际大企业运营者的心腹大患。现在的财务管理要求将财务运营从所有业务单位，甚至包括母公司手中接管过来，作为独立的系统项目来运作。像埃克森美孚石油和IBM这些跨国经营老手，这么做已经很多年了。

但在如今的世界经济中，资本调拨也必须作为系统决策加以管理。顺便说一句，在跨国管理的这一领域，日本人比西方跨国企业干得出色得多，因为日本把派驻国外的单位当作分支机构，而不是子公司。

在日本的跨国企业里，海外单位的收入和现金流并不是"它们的"，这就像名古屋分公司的收入和现金流并不是名古屋分公司的财产一样。如此一来，日本人就能把收入从一个单位——比如美国分公司或德国分公司里拿出来，甚至从日本的母公司里拿出一部分，用于开发未来有发展前途的市场，比如巴西或者印度。与此相反，西方的跨国企业则希望巴西或印度的分公司用自己的近期收入开发其未来的市场，而在更为成熟的市场所获得的收入也仅用于当地的投资或是红利分配。因此日本人对待世界市场的方式，和美国公司对待美国市场一样，即在新英格兰地区挣得的收入可自由投资到西北部。这导致日本人迅速地占领了未来的市场——从长远的观点来看，这一点对美国（和西方）工业造成的威胁，比日本在美国（西方）国内市场竞争造成的威胁更严重。

由于跨国公司的分公司在制造、营销、财务管理上日益需要成为一个整体系统的组成部分，因此公司的管理层也必须变得具备跨国性质。按照惯例，海外单位为其管理人员提供的职业发展，大致和同等规模的国内公司相当，使其有机会晋升成为"他们"公司的高层管理者。这种高层管理职位所拥有的职权，和国内企业高层管理职位是相差无几的。

"在我 20 年的 CEO 生涯里，"国家收银机公司（NCR）瑞士分公司的前负责人曾经说过，"只有 6 次重要决策，需要我到位于代顿的母公司进行请示。"然而，现在有越来越多的决策需要从整体上加以联合考虑。这一方面意味着，子公司的地方管理层享有的自主权大大缩小，并会认为自己变成了中层管理者。另一方面，他们又必须了解整个系统，而不是只了解自己的分公司和自己国家的情况。

为了吸引到需要的人才，跨国企业日益需要把各地的管理层工作向其发掘的人才开放，而不管他们属于什么国籍，持哪国的护照。同样地，它还必须尽早地、经常性地让有发展前途的年轻人接触整个系统，而不是让他们仅限在本国或子公司所在的地区度过其整个职业生涯。少数跨国企业已经这样做了，IBM 和花旗银行是其中的先行者。例如，花旗银行在美国的信用卡业务，就是由一位在美国北达科他州总部工作的委内瑞拉人负责的。不过这还属于极少见的尝试。

最后，研究和开发必须跨国化，目前几乎完全集中在跨国企业的母国进行。研发工作正越来越多地转移到合格工作人员所在且愿意工作的地方进行。美国最好地维持了其竞争地位的公司和行业，都是那些很早以前就开展跨国研发的公司和行业。例如 IBM 和制药行业，克服了语言、文化和报酬等方面的重重困难，努力地往这个方向发展。因此，它们的成功绝非偶然。

经济现实正迫使跨国企业真正转向一个跨越国界的系统，而每家企业必须面对的政治环境，即每一个主要的国家，却越发转向民族主义、贸易保护主义，甚至更加沙文主义。可是跨国企业没有什么别的选择余地：如果它无法适应跨国化的经济现实，很快就会变成一个效率低下、不经济、官僚主义的"成本中心"，而不是一个"利润中心"。因此，对于正在迅速一体化的世界经济和越发走向分裂的世界政治，跨国企业必须成功地成为它们之间的桥梁。

[1985]

第 5 章 | CHAPTER 5

货币风险管理

有一个屡试不爽的古老经验告诉我们，除非一家企业的主要业务就是货币交易和商品贸易，否则货币和商品投机必然会让它遭受严重损失。可是在当前的世界经济中，货币汇率波动使得最保守的管理者也变成了投机者。

实际上，在货币汇率稳定时期的"保守做法"，已经成为一种赌博行径，而且面临的对手极为强大。对于跨国企业、大量出口的公司、需进口大量零部件和材料的公司，这一点毫无疑问。即便是纯粹的国内制造商也会遇到货币风险。很多美国公司伤心地发现，如果本国货币过度升值，就等于是把自己的市场开放给了国外竞争者。（有关这一点，请参见第 1 章"转变后的世界经济"。）

因此，企业必须学会自我保护，免受几种外汇汇率风险造成的损失：如使用外币销售或采购造成的损失；企业边际利润率对外汇汇率风险的承受能力；销售和市场份额在国外和国内市场中受到的损失。这一类的风险不可能完全避免，但可以将其降到最低程度，至少是加以控制。总之，这些风险可以转变为一种已知的、可以预见的、与其他保险费没什么区别的可控性经营成本。

回避外汇风险最有名、使用得最广泛的保护措施是"套头交易",即在外汇收入已知的条件下卖空,在外汇支出已知的条件下买空。比如,一家生产特种化学产品的美国制造商,2亿美元销售额中50%用于出口,其中5%出口到加拿大,日本、英国、联邦德国、法国和意大利各出口9%。通过卖空与每个国家预期销售额相当的(也就是提前出售,在未来交货)加拿大元、日元、英镑、联邦德国马克、法国法郎和意大利里拉(或是购买可以买卖它们的期权),也就是把未来的外汇收入以固定的汇率兑换成美元,从而消除汇率波动带来的风险。

对于一家需要以大量外币进行支付的企业——比如一家进口原材料或零部件的企业,可以使用同样的套头方法,买空(即在将来再收货)适量的某种货币。其他预期外汇收入和支出(比如外国分支机构的分红)同样也可以通过套头交易来加以保护。

目前,所有主要货币都可以进行套头交易和期权买卖,其中大多数的成本费用都很合理。但要卖空相当于800万美元的意大利里拉,其交易费用相当可观。更重要的是,套头交易只能回避收入和支出的货币风险,它不能保护利润免遭冲击。因此,越来越多的公司开始采取外汇融资的手段。

前文提到的特种化学品公司的全部费用都是用美元支付的。如果某一年美元升值,由于该公司半数的产品都用于出口,那么从外币的角度来看,公司的成本也增加了。如果该公司提高其产品的外汇定价,那么它就要承担销售量下降、利润率下降的风险——甚至可能更糟糕的是,市场地位也受到损害。但如果该公司不提高其产品的外汇定价,它的边际利润就会缩小,利润总额也会缩小。

在一个外汇汇率起伏波动、无法预测的世界里,企业必须学会利用套头手段保护自己的收入和成本。例如，对上述特种化学品公司来说，可以对它所得的货款提出一定的支付要求，也就是 50% 的美元加 50% 外国市场的货币。这样一来，该公司的财务现实和市场现实就得到了统一。又比如一家产品 50% 用于出口的美国公司，可以在纽约股票交易市场上用美元筹措其所需资本，但其所需的其他一切短期资金，都以"欧洲货币单位"——欧洲共同市场所使用的结算货币的形式进行借贷。如果美元升值，等该公司的欧洲货币单位借款到期时，它在美元上获得的利润或许可以抵消其在出口销售方面的货币损失。

同样地，对于纯粹的国内制造商来说，使公司的财务"国际化"，在某种程度上能最妥善地保护自己免受外商基于货币汇率展开竞争的损害——这可能也是唯一的办法。如果一种货币升值过快，从而带给外国竞争者决定性的优势（最近的例子是 1983～1984 年，美元对日元和联邦德国马克比价的快速上扬），国内制造商可以借入外国竞争者的货币，或是卖空该货币。这样公司在买回自己所欠外国货币的时候，就能以本国货币的形式获得利润，从而降低其国内产品的定价，对付以汇率为基础展开的竞争。

不管怎么说，这总归是一种复杂而危险的游戏，它游走在"套头交易"和"投机买卖"之间的细钢丝上。因此，进行这种冒险的金额一定要严格加以限制，从事冒险的时间也要尽量短暂。这一策略的成功应用者，一次性买空或卖空的时间从不超过 90 天。在卡特执政时期，通货膨胀，美元贬值，联邦德国的很多制造商正是利用这一策略，避免国内市场被美国打入。虽然这一策略可能是投机，但另一种策略，即什么也不做，仍然可能是投机。

由于货币汇率波动是当前经济现实的一部分，公司务必需要将之视为另一种成本，虽然它比劳动力成本或资本成本变化更快，更难以预计，但本质上并没有太大不同。

这一点还意味着，企业，特别是与世界经济结为一体的企业，必须把自己当作两种截然不同的部分加以管理：一部分是企业的核心业务，它永远地固定在一个国家或几个国家中；一部分是外围业务，它能够根据主要成本——劳动力、资本、汇率的变化和差异而转移，甚至是快速转移。

一家生产高技术产品的公司，可以利用其在本国的工厂生产在质量、性能和完整性方面对产品起决定性作用的部件——比如这类零部件占最终产品价值的45%～50%。如果该公司在一个以上的发达国家设有工厂，还可以根据汇率的有利条件，把核心生产业务在这些工厂之间进行转移。剩下的50%～55%属于外围业务，流动性更大，哪里的生产成本最低，就通过短期合同把它安排在哪里——既可以安排在汇率条件有利的发达国家，也可以安排在劳动力成本低廉的第三世界国家。

当今世界经济的汇率波动很大，这就要求管理层，甚至那些单纯的国内企业的管理层，要把公司当成"国际"企业，当成根植于世界经济中的企业那样来管理。我们甚至可以这样说，汇率的不稳定意味着世界上不再有什么美国企业、德国企业或法国企业，只有美国人、德国人或法国人管理的世界经济企业，至少在制造业、银行业和金融业上是如此。这是15年前从固定汇率转为浮动汇率所带来的最自相矛盾的结果。

当时人们宣称，浮动汇率的一大优势在于，它消除或大大减少了各个经济大国之间比较成本的差异，从而增强了企业的民族性。当时人们还获得保证：浮动汇率能够消除，或大大减少国际短期资本的流动。

人们原来认为，汇率可以根据各国之间的贸易平衡进行自动调整。实际上，经济理论仍然宣称，汇率是由产品与服务贸易的平衡状态所决定的。但与此相反，随着世界经济中四处流动的短期资本累计达到3万亿美元，短期资本流动开始决定汇率，甚至在很大程度上左右着产品与服务的流动。

人们当时还希望，浮动汇率对政府施加了财政上的限制，可以消除，至少是减少政府对汇率的操纵。但显然，如果美国政府不能保持美元的高比价，从而不断推迟结算日的到来，美国政府几年前就不得不面对自己的巨额赤字了。然而，最重要的是，人们曾经期望通过浮动汇率维持货币的稳定性，消除货币币值容易浮动的现象，可它实际产生的结果恰恰与此相反。

当今世界汇率浮动的经济现实，与当初的预计截然不同。但这并不能改变现实情况，在可预见的未来，这个现实还将继续下去。管理者必须学会应对货币波动和货币风险。

[1985]

CHAPTER 6 | 第 6 章

出口市场与国内政策

1982年，我告诉日本人说，里根总统打算停止美国对西伯利亚至西欧一线天然气管道设备的供应。他们全都不相信："这会把重型推土设备的世界领导权，从卡特彼勒公司和美国手里夺走，白白让给小松重工和我们日本人！推土设备是一个有着良好长远发展前途的重工业行业。绝没有哪个政府会这么干！"我说，美国政府在做出决策的时候，绝不会考虑美国这一主要制造业的竞争地位。几个平常极有礼貌的日本人差点就要骂我是个骗子了。但从美国政府的政治立场而言，政府确实没有考虑——也不可能考虑这一点。

同样，美国政府在1981年决定针对通货膨胀采取提高利率的做法时，也没有顾及它会抬高美元的国际价值以及美国产品的价格，从而使美国产品被推出世界市场。

从安德鲁·杰克逊总统执政以来的150多年里，美国政治的"既定"方针就是：美国制造业的竞争地位，不属于政治决策者要考虑的问题范畴。

我们的确有着保护国内市场的长期传统。尽管我们对自由贸易谈过不少冠冕堂皇的话，但保护主义和苹果馅饼一样，是地道的美国货。至少从南北战争以来，美国农产品在世界市场的竞争地位，就一直是制定政策的主要关注点。

但长期以来，人们都认为，制定政策时考虑对制成品出口的影响是不合适的。150年间只有一位总统的想法有所不同：赫伯特·胡佛。至于其余所有的总统，哪怕是最"支持企业发展"的总统，也都忌讳考虑制成品出口，因为这意味着"关心那些肥猫的利润"。

很长一段时间以来，这并没有带来什么损害。那时制成品出口无关紧要，最多只占全美出口量的5%～8%——在主要工业中占的比重就更微不足道了。但最近20年情况有了翻天覆地的变化。政治家和经济学家斥责美国制造商"忽视出口市场"，一篇又一篇的文章苦苦哀求制造工业"学习如何行销海外"。但实际上，美国制造工业的出口量，在其总产出量中所占份额接近日本的两倍；除了联邦德国，美国工业生产的出口份额，超过所有主要的工业国家。

这部分是由于美国跨国公司发展的结果。美国公司的子公司和附属企业不仅没有抢走美国的就业机会，还成为国内制造行业的最好客户。美国制造业出口蓬勃发展还有一部分原因在于，美国企业，尤其是中小型高科技企业，在态度和能力上发生了非常深刻的变化。这种改变产生的结果是，1982年美国工厂里每5个就业机会就有一个是工业品出口带来的。而且1982年对出口商来说还算不上一个好年头，其中部分原因是世界经济衰退，主要原因是美元的估价过高。美国财政部负责国际经济的前助理部长，现为私人企业顾问的弗雷德·伯格斯坦（Fred Bergsten）估计，如果当时美元币值降低10%，美国的出口量能提高整整1/4；出口量也将达到美国制造业总产量的1/4，而且这个总产量将比现在高得多。根据伯格斯坦先生的看法，美元币值过高将使美国制造业丧失更多的工作机会，比钢铁和汽车工业的危机加在一起带来的失业率还高。目前世界市场对美国农民而言比对美国产业工人更为重要：2/5 的农产品销往世界市场，而只有 1/4 或 1/5 的制成品销往世界市场。但即便是在 1982 年这样出口较差的年份，世界市场仍然是美国工厂最大的一个客户。

在这种条件下，把美国国内政策和对美国制成品在出口市场上竞争地位的考虑割裂开来的做法，已经变得不合时宜了。

要把我们对外贸的考虑纳入制定政策的过程中，有三种途径。第一种可以叫作"国际主义态度"——就是要确保慎重地考虑所有决策的影响。从本质上来说，联邦德国就是这样做的，在如今的工业品贸易上，联邦德国的态度最接近自由贸易主义。估计和阐述任何拟议中的政府政策给本国外贸带来的影响，是联邦德国政府经济部的主要工作之一。当然，这并不是说其他方面的考虑都处于从属地位。比如说，依照我的看法，即便里根政府当时预计到高利率政策和停止供应西伯利亚管道设备在经济上带来的影响，他还是会实施这两项政策。至少"国际主义态度"的做法能够保证我们的国际竞争力不会因为疏于考虑而被白白牺牲或损害。

在决策过程中关注竞争力的第二种途径可以叫作"民族主义态度"。它认为，政治决策不应当削弱国家在世界市场上的经济竞争力；相反，政治决策应当在任何可能的时候都能加强国家的经济竞争力。戴高乐将军在法国执政时期基本上采取了这一路线。和所有实力政策的信徒（从黎塞留⊖到亨利·基辛格）一样，戴高乐将军并未把经济问题放在首要地位。"钱这东西，"这位现实的政治家一直相信，"是枪杆子打出来的。"但在每一个重要决策中，戴高乐都仔细寻求能增强——至少是不损害法国在世界经济中的竞

⊖ Duc de Richelieu，法国枢机主教、政治家、路易十三的国务秘书。

争地位的解决方案。

第三种途径可称为"重商主义的态度"：加强本国制造业在世界市场中的竞争力，是制定公共政策时首先要考虑的问题，其他问题一般都处于从属地位。戴高乐将军的两位保守党接班人，蓬皮杜和吉斯卡尔·德斯坦（Giscard d'Estaing）都持这一观点：这是法国自17世纪以来的传统。但如今，真正赞成并实践这一信条的是日本人。

很明显，上述三个立场有重合之处。没有哪个国家能够单独地采取其中一种立场。对每个国家而言，这三种立场也并不是随时都具有同等的可行性。例如，重商主义的立场和强权主义的野心几乎是背道而驰的。这就是为什么戴高乐将军尽管十分尊重法国的传统，却始终没有采取重商主义的原因。而且，只有第一种途径，即国际主义态度，才能适用于自由市场经济，满足美国的需要与政治现实。即便是这种政策也彻底地背离了美国的政治传统，它要求对制定政策的过程和我们的制度安排（如国会）进行彻底的改革。

然而，我们必须认识到，保护我们的经济竞争力是政策制定者理应关心的问题，它需要被纳入制定政治决策的过程。在制造业工人中，有1/5甚至1/4的人要以工业产品出口为生，因此保护主义已经起不到保护作用了。它只会加剧工业的衰退，带来失业。但如果像美国这样一个重要的国家丧失了在世界市场中的竞争力，它就必定越来越倾向于保护主义，而不管它对生产存在多大的阻碍作用。因此，我们应当立刻打破150年来的习惯、观念和传统，在我们的政治决策过程中关注我国制成品的出口竞争力。

[1983]

CHAPTER 7 | 第 7 章

欧洲在高科技上的企图心

近几年来,高科技企业在欧洲风靡一时。法国专门设立了一个权力极大的部门,让政府把鼓励兴建高科技企业放在首要位置上。联邦德国按照美国的模式成立了风险投资公司,并且开始谈论建设自己的硅谷。他们甚至自创了一个新词——"企业家文化"(Unternehmer-Kultur),忙着撰写学术论文,召开有关的讨论会。甚至连英国也建议政府资助半导体、生物技术或电信等领域的新兴高科技企业。

自然,欧洲人重视自己和日美竞争者之间日益增大的高科技差距,这是完全正确的。一个国家没有自己的高科技产业能力,不可能成为世界领先的国家。然而,欧洲人以为,高科技企业可以凭借自己迅猛发展起来,无须根植于创业型经济的土壤里。这种观点是全然的误解。

原因之一是政治。高科技本身创造的是属于未来的——而不是当前的工作机会。为了向不断增长的劳动力提供新的工作机会,一个国家需要大量的"低技术"或"非技术"性企业——可欧洲人并不想要这些东西。在美国,《财富》1000强企业和政府机构雇用的员工人数，在过去15～20年里减少了500万人次，然而总就业人数却从1965年的7100万增加到了1.06亿。这一期间，高科技只提供了大约500万个工作机会，也就是说，不超过重工业企业和政府机构失去的工作机会。美国经济中所有额外的工作机会（3500万）是由大量中等技术、低技术和非技术企业提供的：外科手术器械、家庭健身器械、跑步鞋制造商、金融服务企业、玩具制造厂、"民族风情"餐厅和低价航班。

如果创业活动仅限于高科技范围——欧洲人正试图这么做，随着重工业的减产和自动化，失业率会持续增加。没有哪个政府（特别是民主政府），有可能继续让这些属于过去的境况不佳的巨人，顺从于前途并不确定的高科技企业。很快，政治现实就会迫使政府放弃对高科技的支持，把国家所有的资源用于保护、资助和挽救现存的企业，特别是那些有着强大工会组织的重工业企业。要求政府这样做的压力，正迅速积累起来。

由于在这一问题上的分歧，法国共产党于1983年退出了政府。弗朗索瓦·密特朗总统自己所属的社会党，特别是其内部强有力且呼声很高的左翼，也对总统的高科技政策甚感不满。此外，该政策还越发遭到许多大企业雇主的反感。实际上，法国的右派在1986年的议会选举中就试图重新夺回多数权，制定了一个与密特朗政府的工业政策完全相反的政治纲领，要求法国优先考虑现存工业的就业问题，抛弃对高科技企业的支持。

在联邦德国，要求支持老企业以维持就业、停止对新兴企业提供信贷和资本的呼声也越发高涨。银行一直受到来自其主要客户——现有企业的某种压力，希望它们不要再为任何可能的竞争者提供资金，而在联邦德国，银行是投资和借贷的主要渠道，甚至是唯一的渠道。即使在英国，玛格丽特·撒切尔首相也受到越来越大的压力——特别是来自她所属的保守党下院议员的压力，这些人害怕在下次选举中失去席位——要求她忘掉所有关于鼓励高科技企业的宏伟计划，转而扶植衰落中的传统工业。

如果没有一个广阔的创业型经济土壤，高科技企业就行不通。之所以造成这种状况，还有另一个更微妙但也可能更重要的原因：缺乏必要的社会支持。高科技企业就像是高山之巅，它必须坐落在大山之上：这座大山就是遍布在整个经济和社会中的中等技术、低端技术和非技术性创业企业。

在美国，每年要成立60万家企业，是20世纪五六十年代繁荣期的7倍。但这其中只有1.5%的企业——也就是一年1万家，是高科技企业。剩下的59万家新办企业，包括从非技术性企业（如新办外国饭店或垃圾收集和处理服务企业）到诸如特种非金属铸件的小型自动化铸造厂等中等技术企业。然而，要是没有这些企业，高科技投资就会胎死腹中。比如说，它们将无法吸引到高素质的工人。

如果没有创业型经济环境，科学家或工程师就会选择在"大公司"工作的安全和地位（在欧洲，他们仍然如此）。高科技企业同样需要会计师、销售员和管理者，而他们同样不愿意在新办的小型高科技或非高科技企业里工作，除非这一做法得到整个社会的普遍接受，甚至成为人们首选的就业方向。30年前，美国的专业人士同样希望到机构健全的大公司或政府工作，寻求他们事业的发展机会，而现在他们却不顾风险和不确定性，进入新办企业工作。正是这一点，使得我们的创业型经济成为可能，并随之带来许多工作机会。

然而这一发展趋势的推动力，并非来自高科技的魅力，它来自无数毫无魅力可言的非技术或中等技术企业所提供的各种工作。这些工作也毫无魅力可言，然而它们富于挑战性，而且有着良好的职业发展机会。它们造就了创业型经济的基石。毫无疑问，高科技满足人们的想象力，而其他的公司为人们提供日常所需。

非技术、低端技术和中等技术企业创造的利润还为高科技企业提供了资金。和大多数人的看法相反，高科技在相当长的时间里基本上是不赚钱的。在长达 30 年的时间里，世界电脑工业从整体上来讲，每年都严重亏损。这种状况一直持续到 20 世纪 70 年代初。当然，IBM 赚了大把的钱，还有少数其他（主要是美国）电脑制造商在 60 年代实现了盈利，但这些利润远远不能抵消大型电子设备制造商——如通用电气、西屋电气、西门子、飞利浦、美国无线电公司等的严重亏损。同样，至少还需要 10 年，生物技术或机器人制造业才能实现盈亏持平，而整个微型计算机工业要实现整体盈利大概也需要这么长时间。在这段时期内，非技术、低端技术和中等技术企业形成源源不断的利润，为高科技企业筹集所需要的资本。没有它们，就难以获得足够的资本。

然而，到目前为止，欧洲以及欧洲政府都还没有认识到这些事实的迹象。情况也许会有所改变。美国的创业大潮差不多是在 15 年前开始的，而在一些最主要的人口发展趋势指标上，欧洲比美国落后 15 年——婴儿出生高峰期、婴儿出生低谷期、大学教育的迅速发展等。

在美国，这些趋势显然是促进创业精神复兴的因素。大量受过良好教育的婴儿潮一代已经占据了好的工作岗位，大公司和政府中的机会越来越短缺，后来参加工作的年轻人愿意，甚至渴望加入小型新办企业工作。而在欧洲，婴儿潮一代才刚刚进入就业市场。

到目前为止，欧洲政府对高科技领域以外的创业者仍然抱有敌意（在法国，人们还瞧不起创业者）。例如，欧洲的税法对他们极为苛刻，严格限制他们融资和贷款。欧洲的社会也不鼓励人们——特别是受过教育的年轻人到政府机构或大公司以外的"粗俗"地方去工作。除非这种情况有所改变——到目前为止还没有什么转变的迹象，否则对高科技创业的沉醉，不仅无法复兴衰退中的欧洲经济，甚至也无法真正发展高科技。它只可能落得和欧洲上一次高科技狂热（即协和式飞机）同样的结局：谈不上什么辉煌结果，却有一大堆赤字；没创造什么就业机会，在技术上也不曾获得领先地位。

[1984]

第8章 | CHAPTER 8

我们能向德国人学习什么

现在没什么人谈起"德国奇迹",特别是德国人自己更是闭口不谈。市面上没有关于德国管理方面的畅销书,也没有"我们能向德国人学习什么"的研讨会。然而近年来德国经济的表现,无论从哪方面来说都和日本同样引人注目,甚至比日本更扎实。

几年前,联邦德国的工业产品出口占世界贸易的13%;1985年,世界工业产品贸易有了大幅度上升,而联邦德国的出口量也同步上升到17%。它紧跟在美国之后,美国的工业品出口占20%。但德国比日本的16%要高一些。而且联邦德国的人口不到美国的1/4,只相当于日本的一半。因此联邦德国的人均工业出口量是美国的四倍,日本的两倍。

联邦德国的工业品出口比日本更为平衡。日本只有一个主要的客户,即美国。美国几乎消化了日本几个主要行业出口总量的一半。可只有一家联邦德国公司——一家相当小的公司保时捷,像日本主要出口商那样对美国客户有着严重的依赖性:半数的保时捷汽车都销往美国。其他联邦德国公司销往美国市场的产品只占自己产量的 1/10 甚至 1/12。很多联邦德国公司对美元严重贬值都感到很头痛。但对很多日本制造商来说，这不啻一场灾难。总而言之，联邦德国公司从未严重地依赖于单独的某个外国客户。

同样地，联邦德国的出口收入并不依赖于少数集中产品，而日本则主要依赖于四种产品：钢铁、汽车、半导体和家用电器。没有哪一种产品的出口占到德国出口总量的 1/12——即便是汽车行业也没有，尽管德国拥有奔驰、宝马和保时捷等著名汽车品牌。与此相反，日本的四大类出口产品，占了日本出口总量的 2/3。在每一种工业产品类别中，总有一家小型或中型专业联邦德国公司，是世界顶尖的供应商。而日本在主要的工业产品类别中，还算不上是世界级供应商。

联邦德国在利用进口复兴国内经济方面，也十分成功。当然，日本的出口防止了国内发生大规模失业。没有出口，日本重工业的失业率将达到两位数——不管是极不景气的钢铁工业还是国内需求停滞的汽车工业。也就是说，即便是日本国内惯用的把冗余员工留在薪水册上而不是干脆裁掉的做法，也无法掩盖这么高的失业率。虽然出口得到了迅速的发展，但是日本的经济和工业就业率在过去五年里一直陷入萧条和停滞。联邦德国的情况刚好相反，其国内经济对机床和叉车等工程类产品的需求，在 1983～1986 年翻了一番，1985 年的工业就业机会也增长了 20 万～30 万个。

最后，除了美国之外，联邦德国是唯一出现创业潮流的发达国家，特别是该国西南角斯图加特周围地区，就相当于美国的"阳光地带"。去年联邦德国出现了 1 万家新办企业，虽然比美国少得多，但已是德国在 20 世纪 70 年代的四倍。

所有这一切成就，都是在低通货膨胀率、低利率的条件下完成的，此外政府赤字还减少了 1/3，贸易顺差和收支盈余也稳步增长。

当然德国也存在问题，甚至是相当严重的问题。德国的失业率虽然比大多数欧洲工业国家要低,并且还在继续下降,但以德国的标准而言还是很高——9%,虽然造成这一情况的主要原因也许是人口因素,并且将得到自我纠正。德国的婴儿出生高峰直到20世纪60年代末才下降,也就是说比美国晚了六七年,比日本晚十多年。因此,从20世纪80年代中期开始会有大量人口进入就业年龄——但这股浪潮已经到顶峰,很快就会减退。在几年之内,德国就业的适龄人口甚至有可能出现短缺,从而出现失业率下降。

德国的另一弱点是高科技。到目前为止,联邦德国只在微生物科技领域算得上是个强劲的竞争者,在电脑、微电子和电信方面都很落后。政府支持的新办高科技公司风险资本项目是否能奏效,还有待观察。迄今为止,德国的长项主要集中在高工程技术方面(如抗高温、抗腐蚀水泵,或自动烤箱等),而不是高科技。

最大的威胁可能来自劳动力成本。联邦德国在工厂自动化上远远落后于美国和日本,因此劳动力成本至关重要。德国的生产力一直和日本不相上下,比美国要好得多。德国的工会虽然很清楚本国对劳动成本竞争力的依赖性,对提高工资的要求一直保持着克制态度,但随着现在企业活动迅速加快,提高工资的压力越来越大,工会好斗的迹象也越来越多。在1986年出现这样的情况实在很不妙。德国马克迅速升值,尤其是对美元的比价上扬,给德国的出口收入和国际竞争地位带来极大损失。如果1987年或1988年德国的经济陷入停滞,很大程度上在于其劳动力成本太高,丧失了竞争力。

尽管如此,联邦德国取得的辉煌成就,还是应当得到比目前更多的重视。我们该如何解释这些成就呢?

这里显然有一些文化上的因素,其中最主要的大概是德国有一套独特的学徒培训制度,这种制度可上溯至150年前。刚参加工作的年轻人,每个星期有三天工作,剩下的两天半到三天在学校学习,如此持续两年或两年以上。这样他们就能既获得实践经验,又掌握理论知识,同时成为熟练工人和训练有素的技师。他们可以把星期六上午在学校学到的知识，应用到星期一的工作中，也可以在星期三实际接触到星期四将要学到的理论。这在很大程度上解释了德国稳步提高生产力的成功原因：它不仅培养了年轻人正确的工作态度，也为他们打下了理论基础。它还使人易于接受变化，其作用相当于"质量控制小组"之于日本，甚至要更大。

但也有政府政策的因素。美国近年来一直在鼓吹供应学派经济学，但主要还是奉行凯恩斯主义。德国政府没有鼓吹，却彻底实践着供应学派经济学，虽然做了很多修正工作。1985年德国削减了80亿美元的收入税——相当于美国削减了320亿美元。政府现在正考虑在1986年和1987年进行更大幅度的削减。若干家政府所有的企业实际上已经"私有化"了，虽然极右势力否决了"私有化"最大的政府所有企业——汉莎航空公司。很多规章被废止，或是放宽了限制。资本市场解除了对小型或中型企业的限制，使它们能够进入产权投资市场。在此以前，该市场基本上是禁止它们入内的。

但德国成功的真正秘密，也许并不在于文化或政府政策因素，而是企业政策。管理层（加上政府和公众舆论的支持）在规划中，把维持企业在世界市场上的竞争地位视为首要任务和高于一切的目标。大多数德国企业的最大客户还是国内市场，这和美国、日本的大多数企业一样，然而，在制定决策时，联邦德国企业的管理层，即便是很小的企业的管理层，也会首先提问：这么做会加强还是削弱我们的世界市场竞争力？这么做符合国际市场发展的方向吗？德国银行家在为企业提供贷款的时候，同样会考虑这类问题。至少到目前为止，这还是德国工会愿意倾听的一种资方观点。

德国人喜欢强调负面因素，他们倾向于仔细回想过去经济中出现的错误。但对于我们这些外人来说，提出这样一个问题或许很有意义：我们能从德国的成就中学到些什么东西吗？

[1986]

第9章 | CHAPTER 9

进入日本市场

对西方人来说，在日本做生意很困难，这一点再明显不过了。但日本人听到西方人这么说，也会感到再困惑不过了。"这怎么可能呢？"他们会惊呼，"看看有多少在日本市场上处于领导地位的西方企业和产品吧：IBM、花旗银行、可口可乐、美国医院供应公司、瑞士巧克力、火星巧克力棒、李维斯牛仔裤和麦当劳汉堡。还有很多较小的外国公司在日本市场上也处于领先地位：比如瑞士专业机器人制造商，或是美国中西部分析仪器的厂家。如果你的产品和服务出色，在日本做生意，只要按日本的方式办事，再没别的了。"

但这正是问题所在。日本的方式或许不是特别困难，但它极为不同。

第一个差别（也是大多数西方人觉得最难掌握的）是，在日本你不是"做"生意。生意不是一种"活动"，而是一种"义务"。当然，采购代理商就是订购货物的，但首先他应当对供货商做出承诺，承诺双方的商贸关系将永远持续下去，至少是维持相当长的一个时期。新来者，不管是日本方面的还是外国的，也必须向采购代理商做出这种承诺。否则，不管商品质量有多好、价格有多便宜，采购商什么也不会买。美国医院供应公司现在在日本受到严格控制的医疗用品市场上占有领导地位，但在20年前它最初进入日本的时候，公司花了5年挨家挨户地推销，才签下第一笔订单。实际上，在日本总是欲速则不达：和你做生意的并不是合适的人。

"终身雇用制"（这是西方最为熟悉的义务形式）对于国外的新来者，越来越算不上什么大问题了。在日本，临时性职业介绍所迅速发展，能向社会提供各类员工，从售货员、秘书到会计，什么都有。有过工作经历的年纪较大的妇女也作为"临时工"重新进入市场。由于自动化生产，大公司已经不再需要蓝领工人，但也不能解雇他们，因为他们享有终身雇用权，这类工人可以外借。此外，还能找到经验丰富、交际广泛的中层经理和专业人士。由于日本公司强制他们在55岁退休，因此这些人便可以到外国公司继续工作。

然而，在所有其他领域，日本越发强调生意的基础是相互义务。这一点在服务业中表现得尤为突出。而汽车、抽水机或冰箱的制造商，只要其产品还存在，就理所当然地承担着供应产品零部件的义务。

因此，试图通过在实体企业上大量投资进入日本市场是不明智的。聪明的办法是在建立日本风格上进行投资：在一些员工及其培训上投资，在服务、市场调查、市场开发和促销上多做努力。

最重要的是，从开始就应当花点投资，让日本人承认你的领导地位。在日本，人们对品牌的忠诚度和别的地方差不多，但其对品牌的认可度却重要得多。如果你问东京的超市为什么要出售瑞士巧克力，他们的回答总是："每个人都知道瑞士巧克力最好。"同样的品牌认可度，造就了"十字牌"精密书写仪器、马萨诸塞州的密理博水处理公司、从事外汇交易的伦敦股票经纪公司维高达（Vickers Da Costa，现为花旗银行子公司）等的成功。它们能获得成功，都是因为首先找准了一个特定的专业市场，接着长期集中力量争取领导地位。

还有大量不容忽视的结构或文化上的差异。其中一条是——西方人很快就能意识到这一点，在一个社会群体内，比如说一家公司的经理层圈子里，级别和年龄必须相称。在这种群体内，年轻人绝不能是年长者的上级。比如，据我所知，没有哪家日本公司的总裁比董事长年龄大。如果一家家族企业的管理层中有非家庭成员，那么通常来说，即便是儿子或继承人，也不可能在40岁之前进入高级管理层。在公务员中，如果有哪个年纪较轻的人被提拔到年纪较长的人之上，年纪较长的那个就会自动提出辞职。但外国公司总是想要（也是十分合理的）从美国或欧洲的总部派遣较年轻的人来领导在日本的子公司或合资公司。这一做法常常导致投资的失败。因为它会让日本人感到迷惑不解，不知道该怎么办才好。对他们来说，级别和年龄相称不是什么组织原则的问题，而是一种道德的问题。

不过问题其实也很好解决，只需要使用日本人自古相传的巧妙对策即可。年纪较轻的人不是"上级"，而是"顾问"，或是"联络官"，他的职位继续保留在母公司，根本不出现在日本子公司的组织机构图上。

另一个差异是经济结构上的。其中最大的差异是制造商或供应商的地位——这是基于财务结构和社会概念的不同所产生的差异。简单地说，日本人认为，制造商或供应商应当给予销售商经济上的资助和各种照应。造成这种现象的原因之一是，日本的销售商，不管是批发商还是零售商，都很难获得信贷支持。创办银行原本是为了吸收公众存款投入制造业——而银行至今仍如此看待自己及其职能。因此人们认为制造商应当为销售自己产品的分销商提供资助。虽然有许多大型的现代销售商，如百货商店和连锁超市，但大量的销售工作还是通过很多不起眼的夫妻店和非常小的地方批发商完成的。

这可以说明为什么在日本商社具有如此的重要性，以及为什么大制造商也依靠它们销售自己的产品。商社首先是专门针对地方批发商或零售商的商业银行，其次是管理地方批发商和零售商，为它们提供库存管理、财会、培训等方面的初级知识。然而，新来者发现，与商社牵上线越来越困难。美国与三菱、住友、伊藤、三井等集团企业建立的早期合资公司发展良好，是因为合资公司马上就可以通过日方自己的商社，获得销售资助和销售服务。而现在这些商社已经在经销与新来者相竞争的产品。

这个问题现在正逐渐缓和，但进展很慢。随着现代分销系统（如超市）的发展，它们逐渐获得了自行筹资和管理的能力，因此也就可以独立于——实际上是敌对于商社。尽管如此，新来者，特别是来自西方的企业，必须认识到，自己要为经销商提供经济支持。这正是可口可乐在日本大获成功的秘密，它使可口可乐在几年内就变成了日本顶尖的软性饮料。制造商还要组织好——通常是自行提供自己产品的服务，因为地方销售商既没有必需的人力，也缺乏必需的管理能力。

此外，人们还希望制造商多多关照他们的销售商，通常也包括供应商。这是一种含蓄的义务。帮助销售商和供应商获得所需的银行贷款，往往是制造商的分内事——这也许并不是要制造商为经销商和供应商的贷款提供法律上的担保，而是要承担起道义上的责任。如果这些经销商、供应商出了麻烦，人们还希望制造商能支持他们，比如，如果经销商的老板死了，帮他的店铺找一个买家；或是为一家小供应商寻求一位主管，诸如此类。

不过，西方人在日本做生意遇到的最大文化冲突，是需要一个"中间人"，并依赖于他。在很大程度上，日本政府是通过不同派系的竞争来行使其职能的，每一个派系都组织成一个部门，比如国际贸易部（通产省）、财政部（大藏省）和日本银行——这是经济领域的三大主要政府机构。每个部门都不断努力地争夺权力、扩展势力范围，并把其他部门视为对手。反过来，每个部门又和社会及经济中的集团结为联盟，比如和某个行业、某个政治派别或是某位有可能入主首相府的政治人物结成同盟。

由于这个原因，即便是非常大的日本公司也不直接和政府打交道。它们利用中间人，通常是某个退休的高级政府官员。他熟门熟路，和现在当权的人是老校友。因此，他能够在酒席上跟他们闲聊，而不是坐在办公室里一本正经地谈判。反过来，它们也能够向这个中间人透露内情，指点他的客户，即企业该如何行动才能达到目的。中间人可以提出极为复杂的问题，并获得坦率而直接的回答。但除非外国投资者与日本人合办企业，否则实在很难找到并结识恰当的中间人。

是的，我的日本朋友说得不错：只要你像日本人那样做生意，在日本做生意就很简单。但我的美国朋友却抱怨在日本做生意难得没谱，这也不假。可他们又能有什么别的办法吗？虽然日本人并不买太多进口货，但他们对设在日本的美国公司生产的商品爱不释手。根据麦肯锡咨询公司的研究，1984年平均每个日本人会花600美元购买美国品牌，而每个美国人在日本品牌上的支出则只有287美元。

[1985]

CHAPTER 10 | 第10章

和日本做生意：
有效的办法

还从没有哪个最主要的债务国像如今的美国这样，它欠外国债权国的债务都是以美元结算的。当今其他主要债务国——巴西、墨西哥、扎伊尔等欠债权国的钱，都是以债主本国货币结算的，主要是美元。20世纪20年代的大债务国德国和其他欧洲大陆国家也是一样。但现在美国欠的外债是以美元结算的。

这给美国带来了巨大的好处，就像这件事本身前所未有一样，其好处之巨大，也实在前所未有。一个债务国将自己的货币贬值，却能在资本和贸易两方面获得好处，这还是有史以来第一次。从历史的角度来看，一个债务国将自己的货币贬值，可以提高自己产品的竞争力，但通常这只能维持很短的时间；在这一时期内，它的出口增加，进口下降，外贸赤字变成外贸盈余——就像卡特执政时期强行下调美元币值所发生的情况一样。但与此同时，该国的国际收支会恶化，因为债务的利息和本金必须用债权国的货币来支付。如果外债数额很高，该国国际收支方面的损失很可能大于外贸方面的收益。这就是为什么1931年德国政府决定实施货币控制，以维持德国马克的人为高币值，而不是使之贬值来推动出口，增加就业机会（但事后看来，这种做法是错误的）。

然而，如果美元的对外价值大幅降低，不仅能改善美国的外贸平衡状况，还能大幅度减轻美国外债对国内经济的压力，降低美国外债的真实价值。

那么，为什么里根政府迟迟不采取行动纠正美元过高的币值，特别是对日元的比值呢？美元过高可能是导致美国工农业产品竞争力下降的一个主要因素，这一观点至少在1983年就得到了普遍接受。然而美国的政策（也就是说美国联邦储备局和财政部）在1985年年底以前始终如一地以维持尽可能高的美元兑换率为目标，而毫不考虑其他经济政策或目标，至少在大多数外国观察家眼中是如此。

显然，答案是因为美国政府机构需要大量的外国借款。日本在1985年这一年里就借给美国500亿～600亿美元的贷款，这笔钱自然是来自它们与美国的贸易顺差。这样一来，日本为美国提供了弥补财政赤字所需的大部分资金。华盛顿面临的情况是，如果不借外债，那要么大幅度削减政府支出，要么向国内举债并提高利率。这样比较起来，外贸赤字给美国就业与长期竞争力带来的负面影响，就算是最微不足道的了。

由于美国所欠外债使用的是美国的货币，外国债权人的权利很容易受到剥夺。这种剥夺，无须采取法律行动，无须违约，无须赖账，它甚至用不着征求债权人的意见，甚至根本用不着告诉他们，只需要将美元贬值。实际上，在1985年6月到1986年2月，美元从1美元兑换250日元的最高价位贬值到1美元兑换180日元之后，美国的日方债主——主要是日本银行、其他主要的日本银行和大型贸易公司，损失了其所持美国财政部债券票面价值的 1/3。而日本在美国的投资，大多数都是以这种持有债券的形式。（有关这一点，可以参见第 1 章"转变后的世界经济"。）

在美国好像没人了解这一点，至少没人对此发表意见。但我所认识的每一个日本决策者——政府官员、银行家、商人、经济学家，都敏锐地察觉到了这一点，而且每个人都深信这种损失是不可避免的。虽然有些日本人，特别是经济学家，担心这一损失会危及日本银行系统的偿付能力，但他们都认为，比起日本所面临的其他选择，这个结果并不算最坏。

从日本的角度来说，没有什么切实可行的办法可以恢复日美之间的贸易平衡。这并不是因为美元币值过高，也不是因为美国工业竞争力太弱或日本的出口太过咄咄逼人，更不是阻碍美国产品进入日本的一系列障碍造成的（即便它们完全被消除——当然人们期待如此，并且早就应该这么做——最多也只能抵消美国 500 亿美元外贸赤字中的 50 亿～60 亿美元）。

两国贸易不平衡的主要原因是世界初级产品，特别是农林产品价格的暴跌。和制成品的价格相比——特别是和日本向美国大量出口的汽车、照相机、家用电器和半导体等高附加值的制成品相比，初级产品的价格处于历史最低水平，甚至比大萧条时代还低。日本是世界上最大的初级产品进口国，也是世界上唯一规模较大的粮食进口国（除苏联之外），因为欧共体现在已经成为粮食出口国，而中国和印度基本上实现了粮食的自给自足。日本是世界上最大的高附加值制成品出口国，与此相反，美国是世界上最大的农林产品出口国。如果据此调整美日贸易——假定初级产品和制成品的价格保持 1973 年的比例，美国对日贸易赤字的 1/3，甚至 2/5 都会消失不见。

然而，两国不管采取什么行动都不可能纠正这一不平衡：在可预见的未来，初级产品将出现世界性的过剩。实际上，唯一能采取的行动（如果美国对日本采取贸易战争，就可能采取这一行动）是，日本不再从美国购买初级产品（如棉花、烟草、大豆、小麦、玉米、木材等）。它们在 12 个月里就能完成这一行动。日本已经从其他国家进口了大量这些产品，而且价格比付给美国的还要低，除非美元对日元的汇率再度大幅下调。

但除了推动进口之外，日本似乎没有其他政治选择（从而必然会冒着极大的损失风险，借钱给美国弥补赤字），否则日本就将面临大量的失业——至少比美国目前7%的失业率高两倍，没有哪届日本政府会愿意冒这个风险。日本国内经济增长缓慢已经持续了五年之久，政府为了复兴经济采取的努力都没有获得太大效果。要求使用通货再膨胀㊀刺激政策的政治压力越来越大。可是日本政府的赤字原本已很高，如果再提高则可能引发通货膨胀。但20世纪70年代中期发生的短暂而严重的通货膨胀，使日本很多有头脑的人，特别是日本银行和大藏省的官员深信，该国对这一可怕社会疾病的抵抗力很低。

出口为日本提供了15%的就业机会。如果日本钢铁工业没有了其主要客户——汽车制造业的出口，它会比美国钢铁工业更不景气。1985年，日本钢铁的开工率不到其产能的60%（处于亏损状态），但要是没有了汽车工业的出口，它会降到40%以下。日本钢铁和汽车工业雇用的蓝领工人，占全日本蓝领工人人数的比例至少是美国的两倍。这一问题又由于日本在第二次世界大战后实行的终身雇用制导致日本工资体系僵化，被解雇的工人无法找到新工作，以及日本缺乏失业保险制度的现实而加剧。毫无疑问，日本的政策制定者情愿借给美国政府的贷款必然在将来遭受严重的损失，也不愿意冒国内失业率大增而引发的政治和社会风险。

这就是美日关系的经济现实。这些现实在很大程度上可以解释，为什么到目前为止，日本并不太在意美国要对日本商品采取报复性贸易保护措施的

㊀ 指一国政府通过向经济大量注入资金，力图使物价已经大幅下滑的经济再次进入通货膨胀状态。从本质上来说，通货再膨胀是政府为避免通货紧缩而刻意采取的措施，办法是通过刺激需求来稳定物价。

威胁。日本认为美国不太可能会做出既损害国内已经十分萧条的农业经济，又迫使政府解决巨额政府赤字的事情。迄今为止，日本人的看法是对的：美国这只没牙的狗只会干叫唤，咬起来不顶事。但这些现实也表明美国政府还不了解自己能做些什么。

日本方面采取行动，消除美国产品和美国公司进入日本市场的贸易壁垒，并不能对两国间的贸易不平衡造成什么实质上的影响。但它也许会产生显著的心理冲击，消除许多有害于两国关系的情绪。但如果像里根总统那样，认为中曾根首相，或其他日本政治领袖会自愿做出让步，显然是对当前经济和政治现实的极大误解。日本政治领导者必须要找个"邪恶的外国人"来顶罪，总要能说出"我是在枪口下才不得不让步的"——尤其在如今，日本政坛动荡，谁也没有可靠的多数党支持。

这些现实的真正意义在于，它告诉我们解决美日贸易的关键，以及美国在世界经济中竞争地位问题的关键，并不在于美元的贬值，也不在于提高美国的生产力或降低劳动力比较成本。提高初级产品的价值能有极大帮助作用，但考虑到初级产品在世界范围内的过量生产和产量过剩，此举几乎是不可能的。美国问题的根源在于美国政府的赤字，以及由此导致的对国外贷款日益增强的依赖性。

[1985]

第 11 章 | CHAPTER 11

敌对性贸易的危险

"为什么我们的出口让西方世界感到那么困扰?"每一个日本来访者都会这么问。"德国的出口更多,它们的贸易顺差也在迅速增长。"但这里有一点不同,只是日本人忽略了它。德国出口的制成品确实比日本多,只有美国的出口比德国高。但德国同时也是世界第二大制成品进口国,还是只有美国的制成品进口量超过德国。相反,日本人却只是拼命卖,他们不买。他们搞的是"敌对性贸易"。

18 世纪最初的世界贸易模型(是亚当·斯密提出的)假设了一种补偿性贸易:温暖而干燥的葡萄牙销售红酒,从寒冷而潮湿的英国换回羊毛。双方都购买自己国家不出产的东西,卖出自己拥有理想生产条件的东西。在这样的交易中,只有赢家,没有输家。

但到了 19 世纪中叶,国际贸易中发展最快的部分变成了发达国家之间展开的"竞争性贸易"。双方都向对方购买同样的、自己也擅长生产的产品。这样一来,美国就同时成了世界上最大的化学品出口国和进口国。按人均计算，瑞士既是世界上最大的机床和纺织机出口国，也是最大的进口国。德国出口的汽车比日本更多（包括卡车和大型公共汽车），但德国每卖出5辆汽车，就会进口3辆。在竞争性贸易里会有输家，比如美国，或德国、英国、瑞士的纺织机制造商，如果其技术较差，生产的产品较贵，就可能被国外竞争者更先进的技术、更便宜的产品赶出市场。但从整体上来说，在竞争性贸易中每个人都有所得：不仅消费者得到了好处，那些互相竞争的产品生产者也被迫集中精力发挥自己的优势，使资源和利润达到最优化。实际上，在竞争性贸易中，某个行业的外国竞争者往往也是这一行业中最好的客户。

但在敌对性贸易中，双方都会受到损害：买家立刻遭受损失，而卖方的损失会出现在未来10多年内。

在敌对性贸易中，卖方国家的产品替代了购买国制造商生产的产品，却不从后者的国家购买任何补偿性产品。这样，买方国家的制造商就无法开辟出可替代的市场，也没有创造出购买力。由于买方国家的制造商没有获得补偿性销售，因此它无法获得所需的资源，加速工厂或生产流程的现代化，或是提高产量，降低成本；所以，在敌对性贸易中，卖方获得了多大程度的成功，它就在多大程度上削弱了买方的产业和经济实力。如果卖方获得了彻底的成功，那它最终将彻底毁掉买方国家的工业。比如，12年前，美国有十多家生产铲车的厂家，现在却一家也没有了——甚至连一条装配线也没有了。在家用电器方面也出现了同样的情况，如磁带录像机以及很多车床和半导体行业都是这样。而这又意味着，买方国家的消费者最终也会受到损害。作为生产者，他的收入下降了，这足以抵消他作为消费者获得的低廉价格的好处。实际上，敌对性贸易的结果（不管人们是多么地无意）非常类似于经济学家和律师所谴责的"掠夺性价格"（predatory pricing）所带来的结果。所谓掠夺性价格，就是把价格定得很低，用以打垮竞争者，建立垄断地位。

可是，在敌对性贸易中，卖方国家最终甚至会比买方国家损失更为惨重，而且它将完全无法避免这种损失。卖方国家在买方国家的报复行动中全无招架之力。它无法采取停止进口的反报复措施：因为它从未进口过。自然，日本是美国农林产品的最佳消费国之一，但尽管美国农场主的政治力量依然很强大，美国初级产品的出口量却在该国总出口量中所占份额越来越小，因此不再是一个决定性因素，而且它们的地位至今仍在稳步下降。毫无疑问，美国完全可以不进口日本的制成品，而且付出的代价微不足道。西欧同样如此。但如果无法向美国出口工业品，日本必将面临一场严重的经济衰退，失业率将高达两位数。

从财政上来说，敌对性贸易的卖方也注定失败，它会完全收不到款。毕竟买方必须要有收入才付得起款，也就是说，买方必须收到自己作为卖方所得的款项，才有能力支付货款。敌对性贸易关系中的卖方，即光卖不买的一方，最终会发现，它给出了自己的商品，但收货人毫不欣赏它这份人情。

日本现在掌握着世界上最大的剩余流动资金，与石油输出国组织曾有的不相上下，并且很快就会超越后者。日本的银行持有6400亿美元的国外资产，而且几乎全都是现金或短期证券（如美国国库券）的形式。这一数字是日本贸易所需的好几倍，可用于支付6年的进口，而无须出口赚一块钱。在经济史上，唯一可堪与之比拟的是第二次世界大战刚结束后的美国贸易顺差，当时美国是世界上唯一经济机能健全的大国。这笔盈余，要么用于进口商品——这是日本人不愿做的；要么捐赠出去，就像美国在马歇尔计划期间做的一样；要么就会被人拿走。当然，日本人还可以继续积累更多的盈余，但这只意味着他们借出了更多永远也得不到偿还的贷款。到最后，坏账只能一笔勾销。

到目前为止，日本是唯一搞敌对性贸易的国家。虽然日本并不是故意要这么做，然而，敌对性贸易是日本传统国际贸易政策的必然结果——顺便提一句，这种方法在日本处于追赶他国的阶段是十分有意义的，直到1965年前后，情况才发生了变化。可是现在日本的邻国韩国，也在推行敌对性贸易政策。

目前，为了纠正敌对性贸易带来的不平衡状态，人们已经采取了一些措施。在未来的若干年里，我们不仅会听到大量"自愿限额"的议论，也会听到不少关于"日本人搞倾销"的言论。日本人，特别是日本的汽车制造商，正迅速把其生产转到美国和西欧境内，以此抵消反日措施。但是（顺便说一下，日本人对此还全无意识）对买方国家来说，这仍然被视为一种掠夺性行为，因为它替代了买方国家的生产商，这些生产商在日本的敌对性贸易中首先遭到了损害，甚至被其搞垮。把生产转到买方国家只不过是一种聊胜于无的做法，除非同时从该国进口。更有效的办法应当是组建"联合生产企业"，买方国家的制造商作为转包商或合伙人为卖方供货——这类似于波音公司把一种新型商务飞机30%～40%的研发和制造工作打包给了日本公司；又比如英国的劳斯莱斯为美国飞机提供发动机，美国制造商再把飞机供给欧洲的航线。然而，到目前为止，日本人一直在抵制"联合生产"方式。他们还可能从美国银行手中接管向发展中国家的"疑难贷款"，从中牟利——纽约和华盛顿正开始讨论这件事，但到目前为止一切都在暗中进行。

然而，除非日本人主动采取措施，消除敌对性贸易带来的最坏结果（迄今为止，没有任何迹象表明他们试图改进这一问题，他们甚至完全不承认这一问题的存在），否则美国很快就会采取政治措施来制止，至少是限制敌对性贸易。西欧已经在保护自己免受敌对性贸易损害方面走了很远，尤其是对日本制造的汽车。美国必然会如法炮制。到目前为止，总统反对任何形式的贸易保护主义。但只要国内经济出现一丁点的低迷，失业率有一丁点的增长，国会就将以压倒性多数票通过贸易保护措施——并且获得广泛的民意支持，而且，保护性提案从来就不会少。

有必要停止，至少是限制敌对性贸易。但这么做也可能会带来极大的危险，给美国的经济和美国的制造业带来更大的损害。目前讨论的提案（比如有人向众议院下属委员会提交了一份议案，要求限制外国制成品的进口，除非其中包含30%～40%的"国产成分"）都没有区分出竞争性贸易和敌对性贸易，它们都是一刀切的贸易保护主义，要求制裁所有的进口制成品。对于那些从我国购买产品的国家而言，此举会严重损害，甚至摧毁我国对其的出口，也就是说，破坏对我国竞争性贸易伙伴的出口。欧洲人立刻会给予报复。而我们所有健康发展的行业——可能占我国经济基础的3/4，都依赖于对欧洲的出口，甚至可以说是以此生存：从飞机、分析仪器，到生物医学、药品、计算机，再到化学品、机器人、电气产品和软件。我们需要的是一种能够对付敌对性贸易这一恶疾，而又不损害健康的竞争性贸易的方法——也许我们可以采取某种贸易限制手段，对那些只向发达国家（包括美国）出口制成品，而进口的同类产品却达不到自己出口价值50%～60%的国家加以限制。

日本人坚称，他们的产品比我们自己的更富吸引力，这并不是他们的错。他们的出口能力强，仅仅是因为他们工作得更努力，在设计、质量、价格或服务方面干得更好。这些说法从总体上来说是对的——在很大程度上，"日本公司"只是西方人臆造的产物。但它和我们正在讨论的问题没什么关系。西方人不可能长久容忍敌对性贸易，虽然它并不是蓄意的，但它带来的结果是在损人利己，而这种做法必定会弄巧成拙。

[1986]

CHAPTER 12 | 第 12 章

当代先知：
熊彼特还是凯恩斯

20 世纪两位最伟大的经济学家，约瑟夫 A. 熊彼特和约翰·梅纳德·凯恩斯，都出生于 100 年前，时间只相差几个月：1883 年 2 月 8 日，熊彼特出生于奥地利的一个小镇；1883 年 6 月 5 日，凯恩斯出生于英国剑桥。（他们去世也仅相隔 4 年——熊彼特在 1950 年 1 月 8 日于美国康涅狄格去世；凯恩斯则在 1946 年 4 月 21 日于南英格兰与世长辞。）为了纪念凯恩斯 100 周年诞辰，人们撰写了大量的著作、文章，举行了无数的研讨会和讲演。而即便有人记得起熊彼特的诞辰，最多也不过召开一个小型学术研讨会罢了。然而，事实越来越清楚，是熊彼特而不是凯恩斯，将在 20 世纪剩下的 10 多年时间里，甚至在未来 30～50 年里，为经济理论和经济政策提供思考基础，指明问题的解决方向。

这两位先驱并不是对手，两个人都向传统的观念提出了挑战。凯恩斯的对手正是熊彼特在学生时代就与之决裂的"奥地利派"，即奥地利学派的新古典主义经济学家。而熊彼特虽然认为凯恩斯的所有答案都是错的，至少是使人误解的，但他的批评仍对其持同情态度。实际上，正是熊彼特为凯恩斯奠定了在美国的地位。当 1936 年凯恩斯的名著《就业、利息和货币通论》(*The General Theory of Employment, Interest and Money*)出版时，时任哈佛大学经济学高级终身教授的熊彼特，让学生们都去读这本书，并告诉他们，凯恩斯的这本书完全超越了自己有关货币的早期论述。

反过来，凯恩斯认为熊彼特是当时极少数几位值得他尊敬的经济学家之一。在他的课堂上，他一次又一次地引用熊彼特在第一次世界大战期间出版的著作，尤其是熊彼特有关"记账货币"的文章，认为该文最先激发了他本人关于货币的思想。凯恩斯最成功的一次政治建议，即有关英国和美国应用征税而不是借贷的方式为第二次世界大战提供资金，更是直接出自熊彼特 1918 年对以借贷方式支撑第一次世界大战将带来灾难性后果的警告。

人们常把熊彼特和凯恩斯的政治立场进行对比，熊彼特被称为"保守派"，凯恩斯则是"激进分子"。反过来说也许倒还真实些。从政治的角度来看，凯恩斯的观点很类似我们现在说的"新保守主义"。他的理论源自他对自由市场的热烈信仰，以及使自由市场不受政治家和政府干扰的强烈愿望。与此相反，熊彼特对自由市场充满怀疑。他认为"明智的垄断"——例如美国贝尔电话系统非常值得推崇，因为它有能力从长远角度进行考虑，而不是迫于短期效果而匆忙行事。熊彼特的多年密友是最激进、最教条主义的欧洲左翼社会党人——奥地利人奥托·鲍尔（Otto Bauer），此人虽然顽固地反对共产主义，但更加反对资本主义。熊彼特自己虽然从来不是社会主义者，却在 1919 年出任了奥地利政府的财政部长。这届政府是奥地利在两次世界大战之间唯一一届由社会党执政的政府。熊彼特坚持认为，马克思给出的每一个答案都有着致命的错误。但他同时也认为，自己是马克思的门徒，比其他经济学家都更尊重马克思。他争辩说，马克思至少提出了正确的问题，而对熊彼特来说，问题永远比答案更重要。

熊彼特和凯恩斯之间的分歧，远不止经济理论或政治观点。两个人看到的经济现实不同，关心的问题不同，对"经济学家"的定义也不同。这些不同之处，对于理解当今的经济世界有着十分重要的意义。

凯恩斯虽然和所有古典经济学决裂，但仍在其框架内进行探索。与其说他没有信仰，倒不如说他是异教徒。对凯恩斯来说，经济学就是李嘉图在1810年建立的均衡经济学理论，这一理论在19世纪占主导地位，它研究的是一个静态的封闭系统。凯恩斯的中心问题，和19世纪经济学家所提出的问题一样："如何使经济保持静态平衡？"

凯恩斯认为，经济学的主要问题是：产品和服务的"实体经济"与货币和信贷的"符号经济"之间的关系；个人和企业与整个国家"宏观经济"的关系；最后，生产（即供给）或消费（即需求）是否能为经济提供发展动力。从这个意义上来讲，凯恩斯和李嘉图、穆勒、"奥地利学派"、阿尔弗雷德·马歇尔是一脉相承的。不管在其他方面有多大的分歧，大多数19世纪的经济学家，包括马克思，对这些问题都给出了同样的答案："实体经济"起支配作用，货币只不过是"事物的表象"；个人和企业的微观经济起决定性作用，政府最多只能调整次要矛盾，最坏的时候甚至会制造混乱；供应起支配作用，需求只是它的一个函数。

凯恩斯提出了同李嘉图、穆勒、马克思、"奥地利学派"和马歇尔相同的问题，却以前所未有的勇气，把上述每一个答案颠倒了过来。在凯恩斯的体系中，货币和信贷的"符号经济"是"实体"的，产品和服务依赖于货币和信贷及其影子。宏观经济——国家经济是一切，个人和企业既无力影响它，更不要说指引了，也没有能力做出有效决策与宏观经济相抗衡。经济现象、资本形成、生产力和就业，都是需求的函数。

现在我们知道，正如熊彼特在50年前就知道的那样，凯恩斯主义对这些问题给出的每一个答案都是错误的。它们仅适用于相当狭窄的领域内的特殊情况。比如，凯恩斯的中心理论认为，货币因素——政府赤字、利率、信贷规模以及货币流通规模，决定了需求和经济状况。正如凯恩斯自己所强调的，它假定货币周转的速度是恒定的，个人和企业没有能力在短期内加以改变。熊彼特在50年前就指出，所有证据都否定了这一假设。实际上，在实践当中，凯恩斯主义的经济政策（无论是正宗的凯恩斯主义，还是对其加以修正的弗里德曼主义）每一次都在毫无迹象和预兆的情况下，被企业和个人的微观经济所打败，货币的流通速度几乎在一夜之间就改变了。

当凯恩斯主义的药方最初付诸实施的时候——在美国实行"新政"的初期，它们似乎很有效。但不久后，1935年前后，消费者和企业突然在短短几个月内大幅降低了货币流通速度，从而导致了当时以政府赤字为基础的经济复苏的流产，并使股市在1937年再度崩溃。然而，最好的例子还要算美国1981～1982年所发生的情况。联邦储备局试图通过控制货币供应量来控制经济，然而消费者和企业立刻将储蓄方式由积蓄变成金融市场上的债券，从长期投资变为流动资产——也就是将货币从低速流通变为高速流通，直到再也没有人说得清楚"货币供应"到底是什么，甚至连这个术语到底是什么意思也搞不清楚了，从而消费者和企业彻底打破了联邦储备局的意图。那些寻求将个体利益最大化，并将自己对经济现实的感知作为行动指引的个人和企业，总能找到方法打败"制度"——要么就像苏联和东欧那样，把整个经济变成一个巨大的黑市；要么就像1981年和1982年的美国那样，罔顾法律、规则和经济学家，把整个金融体系在一夜之间彻底改变。

这并不意味着经济学将倒退回前凯恩斯时代的新古典主义。凯恩斯对新古典主义答案的批评，和熊彼特对凯恩斯的批评一样，是具有权威性的。但由于我们现在知道，个人能够并且必将打败制度，我们已经丧失了凯恩斯当年对经济学的确信，而正是这一点，使凯恩斯成了50年来经济理论和经济政策的北极星。弗里德曼的货币主义和供应学派经济学都是为了努力弥补凯恩斯主义均衡经济学的缺陷，但要恢复那种自圆其说、充满自信的均衡经济学已经不可能了，更不要说恢复那种根据一个因素有预见性地、极有把握地控制经济的理论或政策了——不管这种因素是政府支出、利率、货币供应还是减税。

熊彼特从一开始就很清楚，凯恩斯理论的答案并不比它所取代的前凯恩斯主义的答案更有道理。但他认为这并不重要，重要的是凯恩斯理论提出的问题——以及凯恩斯的前辈所提出的问题并不是重要的问题。对他来说，根本的谬误在于认为健康、"正常"的经济，就是处于静态平衡的经济。熊彼特从学生时代开始，就一直认为现代经济总是处于动态的不均衡之中。熊彼特眼中的经济不是一个闭合的系统，不像牛顿眼中的宇宙和凯恩斯眼中的宏观经济，它永远处于发展和变化当中，从本质上来说，与其说它是机械性的，不如说它是生物性的。如果说凯恩斯是一个"异教徒"，熊彼特就是一个"不信教的人"。

熊彼特是奥地利经济学大师的弟子，当时的维也纳是世界经济理论之都，他终身爱戴自己的老师。但在他的博士论文里——后来成为他最早的一部杰作《经济发展理论》(*The Theory of Economic Development*，该书最初是在1911年以德文出版的，当时熊彼特仅28岁)，他开宗明义地断言，经济学的中心问题不是均衡而是结构性变化。这又引出了熊彼特关于创新者是经济学真正主题的著名理论。

传统经济学认为创新是经济体制之外的事情，凯恩斯也持同样观点。创新和地震、气候或者战争一样，属于"意外事件"的行列。每个人都知道它们对经济有着深远影响，但它们不是经济学的组成部分。与此相反，熊彼特则坚持认为，创新——创业家把资源从旧有的失去活力的生产项目中，转移到新生的更富生产力的生产项目里，是经济学最本质的东西，也是现代经济的精髓。

熊彼特一开始就承认，他的这个概念源自马克思，但他又用这一观点反驳了马克思。熊彼特的《经济发展理论》一书做到了古典经济学家、马克思和凯恩斯都没能做到的事：它给利润赋予了一种经济职能。在创新和变革的经济中，利润不像马克思及其理论所认为的那样，是从工人那里剥夺来的一种"剩余价值"，恰恰相反，它是工人就业和劳动收入的唯一来源。

经济发展理论表明，除了创新者，谁也无法获得真正的"利润"，而创新者的利润总是相当短暂的。但用熊彼特的名言来说，创新也是"创造性破坏"，它让昨天的资本设备和资本投资成了过时货。经济越是往前发展，就越需要资本形成。因此古典经济学家（或是会计师和股票交易所）所认为的"利润"实际上是一种成本，一种在行业内站稳脚跟的成本，一种为未来支付的成本。在这种未来中，什么都不可预测，但有一点是肯定的：今天的盈利行业，必然会变成明天的鸡肋。因此，需要有资本形成和生产力来维持经济系统制造财富的能力，保住目前的工作和创造未来的工作。

到目前为止，熊彼特的"创新者"和他的"创造性破坏"理论，是唯一能解释为什么这个世界上存在"利润"的理论。古典经济学家很清楚，自己的理论无法对利润做出任何合理的解释。实际上，在均衡经济学描述的封闭经济系统下，没有利润存在的空间，没有为利润做出的解释和辩护。然而，如果利润是一种真实的成本，甚至是维持工作、创造工作的唯一方式，那么资本主义就再次成为一种伦理道德的制度。

道德和利润：古典经济学家指出，冒风险的人需要利润作为奖励。但这和贿赂有什么区别？这样一来，岂非无法从道德上为利润辩护了吗？然而，一旦人们离开永恒不变、自我维持、封闭的经济，转入熊彼特动态的、发展的、运动的、变化的经济，所谓的利润就不再是不道德的了，它成了一种道德上的需要。实际上，困扰古典经济学家和凯恩斯的问题就不再成为问题：什么样的经济结构，才能把交给资本家用以维持经济发展的贿赂（即被称为"利润"的那笔没有作用的盈余）最小化？在熊彼特的经济体系中，问题永远是：有足够的利润吗？有没有足够的资本形成，为将来的成本、维持企业生存的成本、"创造性破坏"的成本提供资金？

仅仅这一点，就使熊彼特的经济模型成了供我们今天研究经济政策的唯一出发点。显然，凯恩斯（或是古典经济学家们）把创新视为"外部因素"，处于经济活动的外围，对经济活动影响很小，这种观点不可能再站得住脚（恐怕它从来也不曾真正站住脚过）。经济理论和经济政策的基本问题，尤其是对高度发达的资本主义国家来说，是显而易见的：如何保持资本形成和生产率，以便实现快速的技术变革，保证就业？用于支付未来成本的最低利润率是多少？最重要的是，维持现有工作机会并创造新工作机会所需的最低利润率是多少？

熊彼特并未给出答案，他不太相信答案。但早在70年前，他还非常年轻的时候，就提出了在未来必将成为经济理论和经济政策中心的问题。

接着，在第一次世界大战中，熊彼特比任何人都最先意识到——比凯恩斯整整早了10年，经济现实正在发生变化。他意识到第一次世界大战使所有交战国的经济货币化。一个国家接一个国家，包括他自己那个还相当落后的奥匈帝国，都在大战中成功地调动了整个国家的流动资产，部分措施是通过税收，更主要的是通过借贷。货币和信贷，不再是商品和服务，而成为"实体经济"。

1918 年 7 月，熊彼特在一家德国经济刊物上发表了一篇具有真知灼见的短文（此时，熊彼特在其中成长并且为他所熟知的世界正在走向崩溃），他指出，从现在起，货币和信贷将成为控制经济的杠杆。他所阐述的内容是，无论是古典经济学家所说的产品的供应，还是一些早期不同意见者所说的产品的需求，都不再起控制作用。货币因素——赤字、货币、信贷和税收，才是经济活动和资源分配中的关键。

当然，凯恩斯后来在其《就业、利息和货币通论》一书中阐述了同样的见解，但熊彼特得出的结论与凯恩斯截然不同。凯恩斯得出的结论是：货币和信贷这种符号经济的出现，使得"经济学家之王"，即科学的经济学家，可以通过控制少数简单的货币要素——政府支出、利率、信贷规模或是货币流通量，实现永久的均衡，保持充分的就业、经济繁荣和稳定。但熊彼特的结论是：符号经济作为占主导地位的经济活动的出现，打开了通向暴政的大门，甚至无异于邀请暴政。经济学家声称自己一贯正确，纯属狂妄自大。但最重要的还在于，他看到使用这一权力的不是经济学家，而是政客和将军们。

接着，在同一年，第一次世界大战即将结束的时候，熊彼特发表了《税收国家》[The Tax State，翻译成《财政国家》(The Fiscal State) 似乎更为恰当]。其中的看法，又一次与 15 年后的凯恩斯英雄所见略同（正如凯恩斯本人常常承认的那样：谢谢熊彼特……）：现代国家通过税收和借贷的机制，获得了转移收入的权力，并可通过"转移支付"控制国民生产的分配。对凯恩斯来说，这种权力是一根魔杖，有了它，既能实现社会公正和经济进步，又能达到经济稳定和履行财政责任。而对熊彼特来说（这可能是因为他和凯恩斯不一样，他是马克思和历史的信徒），这种权力实际上会招来政治上的无责任感，因为它消除了一切阻止通货膨胀发生的经济安全措施。在过去，由于国家的税收只能征收国民生产总值的很小一部分，只能借到占国民财富很小一部分的债务，因此通货膨胀能够自我制约。而现在，阻止通货膨胀的唯一屏障，就是政治上的自我约束。而熊彼特对政治家的自我约束能力并不太看好。

第一次世界大战后，作为经济学家的熊彼特对经济理论做出了巨大的贡献。他成为经济周期理论的先驱之一。

然而，在第一次世界大战结束到1950年熊彼特去世的这32年里，他的真正贡献在于他作为政治经济学家所做的一切。1942年，每个人都害怕出现世界范围的通货紧缩，熊彼特发表了他最著名的一本书《资本主义、社会主义与民主》(Capitalism, Socialism and Democracy)，这本书现在仍然，也理应被人们所广泛阅读。在这本书中，熊彼特提出，资本主义必将被自己的成功所毁灭。资本主义孕育出了我们现在称之为"新阶级"的人：官僚阶层、知识分子、教授、律师、记者。这些人都是资本主义经济果实的受益人，甚至可以说是寄生在资本主义之上。然而，他们却都反对财富生产、积蓄、按经济生产率分配资源的价值观。本书问世以来的40年，无可辩驳地证明了熊彼特是一位远见卓识的预言家。

随后，熊彼特继续指出，资本主义必将被它自己帮助创建和维持的民主所毁灭。在民主国家，为了获得人心，政府必须越来越多地将收入从生产者转移到非生产者手中，越来越多地将收入从把它积蓄起来成为未来资本的人手中，转移到消费它的人手中。因此，民主国家的政府必将承受越来越高的通货膨胀压力。熊彼特预言，通货膨胀最终会毁灭民主和资本主义。

当他在1942年这样写的时候，几乎人人都嘲笑他，再也没有比经济繁荣导致通货膨胀这种说法更荒谬的了。可40年后的现在，这个问题已经成为民主政治和自由市场经济的中心问题，与熊彼特的预言完全一致。

20世纪40年代，凯恩斯主义把人们引入他们的"希望之地"，在那里，

"经济学家之王"将通过控制货币、信贷、支出和税收，保证经济的完美均衡、永远稳定。而熊彼特越来越关心的是如何控制和限制公共部门，以维持政治自由和保证经济有能力发展和变化的问题。当死亡把他的生命从书桌旁夺走时，他正在修改几天前在美国经济学会上作为主席所发表的谈话。他所写的最后一句话是："对资本主义发展将陷入停滞的原因，停滞主义者的诊断是错误的；但他们对资本主义将要陷入停滞的诊断有可能是正确的——公共部门有充分的材料可证明这一点。"

凯恩斯最著名的一句论断是："从长远的观点看来，我们都将死去。"这是一句彻底的胡话。当然，从长远的观点看来，我们的确都将死去。但凯恩斯在他还算明智的时候说过，当今政治家的行文，往往建立在过世已久的经济学家的理论之上。凯恩斯曾暗示短期的优化行为将带来长远的未来利益，这完全是谬论。在很大程度上，凯恩斯应当为当代政治、经济和企业极端重视短期利益的倾向负责——相当公平地说，过分注重短期利益已经成为美国政界和商界政策制定者的主要缺点。

熊彼特也十分清楚，政策必须适应短期情况。他付出了很大代价才懂得了这一点——他曾作为刚刚成立的奥地利共和国的财政部长，试图在通货膨胀失去控制前加以制止，但遭到了彻底的失败。他知道自己的失败是因为他的措施在短期内无法得到接受——然而，两年后，一位非经济学家的政治家兼道德神学教授正是采取了这些措施，才制止了通货膨胀，可是这时奥地利的经济和中产阶级已经彻底被摧毁了。

熊彼特还知道，今天的短期措施会带来长期的影响，它们会不可逆转地塑造未来。不考虑短期决策在未来的效应，以及它们在"我们都死了"以后的长期影响，是不负责任的，这会导致错误的决策。熊彼特总是强调，要从长远的角度考虑那些有利的、受人欢迎的、聪明的、天才的短期决策带来的影响，这使他成为当今最伟大的经济学家和最合适的导师。因为现在，那些聪明的、天才的短期经济学，以及聪明的、天才的短期政治学都已经破产了。

从某种意义上来说，凯恩斯和熊彼特再现了西方历史上最著名的两位哲学家的冲突——天才的、聪明的、锋芒毕露的古希腊哲学家巴门尼德，和动作迟缓、面目丑陋却智慧无比的苏格拉底之间的柏拉图式对话。战争期间，没有人比凯恩斯更天才、更聪明。与此相反，熊彼特表现得平淡无奇，但他有大智慧。小聪明蒙混一时，大智慧永垂不朽。

[1983]

2

第二部分

人

THE FRONTIERS OF
MANAGEMENT

第13章　选拔人才的基本原则

第14章　衡量白领工作者的生产率

第15章　一线监督员的没落

第16章　薪水过高的管理者：贪欲的结果

第17章　超龄管理者：保持企业的青春活力

第18章　向职业学院付学费

第19章　工作与人：日益增长的不协调

第20章　素质教育：新的发展领域

第13章 | CHAPTER 13

选拔人才的基本原则

管理者在人事管理和有关人事决策上花去的时间比其他任何事都要多。他们确实应该这么做，因为所有其他的决策，都不如人事决策造成的后果持续时间更长，更难以消除。然而，总的来说，管理者有关晋升和人事安排的决策，还是不尽如人意。据说，他们做出的决策，平均成功率不超过33.3%，最多有1/3的决策是正确的，1/3没什么效果，还有1/3彻底失败。

在管理的其他领域里，我们绝无法容忍如此糟糕的表现。的确如此，我们不需要容忍，也不应该容忍。当然，做人事决策的管理者并不完美，但他们的成功率本来应该接近100%，因为我们对管理的其他领域并不如人事管理了解得这样多。

当然，也有一些管理者的人事决策做得近乎完美。珍珠港事变发生的时候，美国军队里的每一名将领都已经超龄了。虽然当时所有较年轻的军官都没有过实战经验，或是担任过重要的部队指挥官，但等到第二次世界大战结束,美国所拥有的得力军事将领的人数,比历史上任何一支军队都要多。美军总参谋长乔治·马歇尔亲自选拔了每一名军官,虽然不能说每一位都取得了辉煌的成就,但几乎没有一个算得上是完全失败。小阿尔弗雷德·斯隆在执掌通用汽车的40多年时间里,亲自挑选通用汽车的每一名高层管理者——下至制造经理、控制员、工程经理,甚至最小的附属部门的总机械师。按照现在的标准,斯隆的视野和价值观未免偏狭,确实如此,他只关心通用汽车公司的经营表现,但不管怎么说,他在知人善用方面的长期表现是无可指摘的。

基 本 原 则

从来就没有什么一贯正确的识人标准,起码在我们还没抵达天国之门之前是如此。然而,有些管理者严肃地对待人事决定,并认真钻研。

马歇尔和斯隆算得上是两个完全不同的人,但他们在人事问题上,都有意识地遵循了以下一些相同的原则。

(1)如果我把一个人放到某个岗位上,而他干得很不出色,那就是我的失误。我无权指责那个人,这和"彼得原则"(指在等级制度中,每个人都有可能被提升到他所不能胜任的位置)无关。没什么可抱怨的,是我犯了一个错误。

(2)"士兵们有权力获得能干的指挥官"。在恺撒时代,人们就明白这一点。管理者的责任,就是要保证人们在组织中的工作卓有成效。

(3)在管理者做出的所有决策中,人事决策最为重要,因为它们决定了组织的绩效状况。因此,我应当尽量做好这些决策。

(4)做到一个"不要":不要给新来的人安排重大的新任务,这么做会冒很大的风险。把这类任务交给你了解其行为和习惯,并且已在组织内赢得了信任和信誉的人。把高水平的新来者先放到一个成熟的岗位上，这样的岗位目标清晰，也容易获得帮助。

我见过的最糟糕的人事任命，是两家美国公司聘用了两个才华横溢的欧洲人——一家公司总部设在匹兹堡，另一家在芝加哥，去负责它们在欧洲的新公司。汉斯·施密特博士和让·佩里先生（名字是虚构的）刚刚上任的时候，欢呼声铺天盖地，结果一年之后两个人就灰溜溜地离开了公司，一败涂地。

匹兹堡的人都不了解，施密特受过的训练和他的个人气质，决定了他在一个新岗位上要先适应6～9个月，思考、研究、策划，为展开决定性的行动做准备。施密特博士也没有料到，匹兹堡期待他立刻采取行动，并迅速获得结果。同样，芝加哥的人也不了解佩里，他的确可靠而顽强，但也相当容易激动又善变，他会指手画脚，为一些琐事发表长篇大论，探测气球放了一个又一个。尽管这两个人后来都在欧洲的大公司担任CEO，并且大获成功，但他们在原先不熟悉、不了解他们的美国公司里却都兵败如山倒。

与此同时（20世纪60年代末到70年代初），另有两家美国公司首次成功地在欧洲开展了业务。为了开展项目，它们都先向欧洲派去了一位美国管理者。这两个人虽然从未在欧洲工作或生活过，但总公司的人非常熟悉和了解他们，而这两名管理者同样彻底地熟悉自己的公司。同时，这两家美国公司还聘用了六七个年轻的欧洲人，并把他们安排到美国总公司中上层的工作岗位上。几年之后，两家公司都拥有了一个业务稳定的欧洲分公司，以及一个训练有素、经验丰富、扎实可靠的管理团队。

温斯顿·丘吉尔的祖先，伟大的马尔伯勒公爵300多年前就发现："联合作战的主要麻烦在于，要把战争的胜利，甚至个人的生命，交托给这样一个指挥官：人们对他的了解建立在他长期的声望，而不是表现之上。"

在公司里和在军队中一样，没有长期建立起来的个人了解，就无法相互信任，也无法进行有效的沟通。

决策的步骤

要做出有效的人事晋升和人事决策，只有几条基本的原则，要遵循的重要步骤也只有如下几个。

（1）对任命进行周详的考虑。对职务的描述可以长期不变。比如，在一家大型制造公司里，分公司总经理这一职位的描述，在30年前公司实行分权化后就没怎么变过。实际上，罗马天主教主教的职务描述，自从13世纪教会法典初次制定以后就完全没变过。但是工作的任务随时都在变化，而且不可预测。

20世纪40年代初，有一回我对斯隆谈到，在我看来，为了安排一个相当低层的职务——一个很小的附属事业部的销售经理，他在3个条件相同的候选人身上花的挑选时间未免太多了。"看看我们最近几次在同一工作上安排的人选吧。"斯隆回答说。让我吃惊的是，每一次任命的条件都完全不同。

在第二次世界大战中，要安排师长一职，乔治·马歇尔总是先观察未来18个月到两年中，这一职务的工作性质。组建并培训一个师，是一种任务；率领一个师去作战，是另一种任务；接手一个在战斗中严重减员的师并恢复其士气和战斗力，又是一种任务。

在挑选新的地区销售经理时，负责此事的管理者必须首先了解这项职务的核心内容：是由于当前的销售团队都接近退休年龄而招募和培训新销售人员呢？还是由于公司产品在该地区的老行业做得很好，但无法打入新出现的成长型市场，而有必要开辟新的市场呢？还是由于公司的大量销售收入都来自有25年历史之久的老产品，因而需要为公司的新产品建立市场形象？这些完全不同的任务要求不同类型的人。

（2）考虑若干潜在的合格人选。这里最关键的词是"若干"。正式资格是考虑的最低限度，不具备这些资格的候选人自动被刷掉。同样重要的还有，当选人和该项任务必须彼此适合。要做出有效的决策，管理者必须考察3～5个符合资格的候选人。

（3）仔细思考如何考察这些候选人。如果管理者对任务进行了研究，他就能够了解一个新人要完成这一任务，首先需要集中精神做什么事。中心问题并不是"这个或那个候选人能做什么，不能做什么"，而是"每个人具有什么样的能力，这些能力是否适合这个任务"。弱点就是一种限制，它可以将一个候选人排除出去。比如，某人极为适合技术方面的工作，但如果某一任务最看重的是建立团队的能力，而候选人恰恰缺乏这一能力，那么他就不合适。

但有效率的管理者并不会首先从弱点着手。你不能在弱点的基础上衡量表现，只能在长处的基础上这么干。马歇尔和斯隆都是非常严厉的人，但他们都知道，真正的重点是完成任务的能力，如果具备此种能力，公司可以弥补其余的方面；如果根本不具备这一能力，其余方面就毫无价值。

举例来说，如果一个师需要一名能够完成培训任务的长官，马歇尔就会寻找能把新兵变成战士的人。一般来说，每个擅长做这项工作的人，在其他方面都存在严重的缺点。有一个人对战术不太在行，对战略更是一窍不通。另一个人说话不经大脑，又在新闻界弄出了点麻烦。第三个人虚荣、自大、任性，又经常跟上司闹矛盾。这些都没问题，关键是：他能训练新兵吗？如果答案是"是的"——尤其当答案是"他是最好的"，那么这个职位就归他了。

在挑选自己的内阁成员时，富兰克林·罗斯福和哈里·杜鲁门都说过这种话："不要在意个性上的缺点，先告诉我，他们每个人能干点什么。"这两位总统拥有 20 世纪美国历史上最强有力的内阁，实在并非偶然。

（4）和若干曾与这些候选人合作过的人谈谈。管理者一个人的判断没有价值，因为我们所有人都会有第一印象、偏见、喜好和嫌恶。我们需要倾听其他人怎么想。军队挑选将领或天主教挑选主教的时候，大范围的讨论是甄选过程的一个正式步骤。有能力的管理者则私下和人讨论。德意志银行的前总裁赫尔曼·阿贝斯（Hermann Abs）近年来选用的合格管理者比其他任何人都多，正是他亲自选拔的那些高层经理人，带动了德国在第二次世界大战后的"经济奇迹"。他在选拔一个人之前，会找三四个此人的前上司或同事交换意见。

（5）保证被任命者了解自己的工作。被任命者进入新工作 3～4 个月后，他应当开始把注意力放到工作的要求上，而不是前述任务的要求上。管理者有责任把那个人叫进办公室并对他说："你现在已经担任地区销售经理（或者随便什么别的职位）3 个月了，为了在新工作上获得成功，你必须做哪些事呢？仔细想想，1 周或 10 天后用书面形式告诉我。不过我现在就可以告诉你，你目前该做的事，肯定不是你之前做的那些帮你得到了这次晋升的事情。"

如果你没有做过这一步，那别责怪候选人的表现糟糕。怪你自己吧，是你自己没尽到一个管理者的职责。

导致任命失败的一个最重要的原因在于（据我所知，它也是美国管理中最大的浪费）没有彻底考虑清楚，也没有帮助他人彻底考虑清楚新工作的要求。最典型不过的例子是，几个月前，我从前的一个才华横溢的学生带着哭腔打电话给我："1 年前，我得到了生平第一个大好机会，我的公司任命我为工程经理，但现在他们要撤我，可我干得比从前都要好，我设计了 3 种可以获得专利的成功产品。"

我们常常会这样对自己说："我肯定是做对了，要不我就得不到这份新工作。因此，我最好再多干点让我获得晋升的那些事。"这样想很自然。但大多数人并未意识到，一项不同的新工作要求不同的新行为。50多年前，我的一个老板把我提拔到一个比从前重要得多的职位上。4个月后，他批评了我。在他找我之前，我继续做着和以前同样的事情。对他来说，他觉得自己有责任让我了解新工作需要不同的行为、不同的焦点和不同的关系。

高风险决策

即便管理者遵循了以上所有的步骤，仍有可能做出错误的人事决策。大多数这类决策属于不得不做的高风险决策。

比如，为专业性组织（如一个实验室、工程部门或法律事务所）挑选管理者，就具有很高的风险性。专业人士难以接受一个他们不尊重其业务能力的人做自己的领导。因此，在选择工程经理时，选择范围就应该仅限于该部门技术最高的工程师，虽然一个出色的工程师和一个称职的管理者之间并没有什么必然的联系（除非有反面的联系）。同样，把一个表现出色的业务经理提升到总部的人事岗位上，或是把一个人事专家调动到生产线岗位上，这种做法也不合适。从气质上来说，业务工作者常常不适应人事工作的紧张、挫败和人际关系，反之亦然。如果把第一流的地区销售经理提拔到市场调查、销售预测和定价部门，可能会干得糟糕至极。

我们并不知道该如何测试或预知一个人的气质是否适应一个新的环境，只能通过经验来判断这一点。如果把某人从一种工作调动到另一种工作，结果很不成功，那么做出该决策的管理者必须尽快消除这一调动的消极效果。同时管理者必须承认："我犯了错，纠正这个错误是我的工作。"把不适合的人留在他们没法胜任的岗位上，这不叫友善，而是残忍。也没有必要辞掉这个人，一家公司总能为出色的工程师、出色的分析师、出色的销售经理提供合适的位置。最合适的行动（大多数时候都能行得通）是将这位不合适的人调回原先的工作，或是性质类似的岗位上去。

还有的时候，人事决策的失败是由于职位本身的问题。它可能就像150年前一位新英格兰船长形容的那样，是"天煞孤星"。一艘快帆船不管设计得多么漂亮、建造得多么好，只要它开始碰上各种致命的"事故"，船主往往不会重新设计或修复它，而是尽快把它拆掉。

在快速成长或发展的公司里，常常会出现"天煞孤星"式的职位——也就是说，连出色的人也必定会在上面栽跟头的工作。比如，在20世纪60年代和70年代初，美国银行的"国际副总裁"职务，就变成了一颗"天煞孤星"。这曾是一份很轻松的美差。实际上，长期以来，这都是一个银行安置落选者，并期待他们干出一番成绩的职位。可突然之间，一个又一个新上任者在这份工作上折戟沙场。事后看来，这是因为当时国际活动迅速而又毫无征兆地成为各大银行及其商业客户日常业务不可分割的组成部分。这样一来，一份原本轻松的工作，突然变成了一件没人干得了的"非人工作"。

如果一份工作连续让两个从前工作表现很好的人碰了壁，那这个职位就是颗"天煞孤星"。发生这种情况时，一位负责任的领导者不应该再去找什么举世无双的天才，而应该果断地取消这个职位。凡是一般能力出色的人无法胜任的工作，都不适合安排人去干。除非做出某种改变，否则它会像挫败前两个人那样，轻松地把第三个人挑落马下。

做出正确的人事决策，是妥善管理一个组织的根本手段。这些决策可以揭示该组织的管理是否出色，它的价值观是什么，以及它是否严肃地对待自己的工作。无论管理者付出多大努力，想要保住自己决策的秘密——一些人仍在努力地进行这样的尝试，也无法掩藏人事决策，它们太显眼了。

管理者常常无法判断一个战略性行动是否明智，他们也不一定对此感兴趣，"我不知道我们为什么要收购这家在澳大利亚的企业，反正它也碍不着我们在沃思堡的工作"是一种常见的态度。但同一位管理者要是说"乔·史密斯被任命为 XYZ 分公司的主管",他们通常会比高层更了解乔。这些管理者会说:"乔早就应该得到这次升职,选他再合适不过了,那个分公司正需要他这样的人来管理,才能实现迅速发展。"

可要是乔获得这次提拔是因为他擅长政客手腕,每个人都会知道,他们在私下会这么说:"好吧,这就是这家公司的经营之道。"他们会因为上级迫使他们钻营结党而轻视管理层,最终,他们要么甩手而去,要么也变成了耍手腕的人。我们很早就知道,组织里的人会效仿那些得到奖励者的行为。要是奖励落到那些不干实事、阿谀奉承、耍小聪明的人头上,整个组织也会迅速堕落到不干实事、阿谀奉承、耍小聪明的深渊里。

不考虑怎样努力做出正确人事决策的管理者,不但会危及自己的工作表现,还会危害整个组织的声誉和尊严。

[1985]

CHAPTER 14 | 第14章

衡量白领工作者的生产率

在当今美国，白领工作者的人数已经超过了蓝领工人，他们在总工资收入中也占了较大的份额。比如，他们的费用占全国医院总成本的2/3。即便是在传统的蓝领行业，比如汽车制造业，白领工作者的总工资收入也基本上和蓝领职工相等了。但似乎没有多少管理者关心白领职工的生产率问题，他们的借口是："没人知道如何衡量这些东西。"

但实情并非如此。虽然我们现有的测量方法还很粗糙，可它们完全够用。

最有用的一种方法是单位产出量（比如制造的汽车量和医院的病患每日标准收费数）和受薪白领职工（或者叫作白领工人工作并获得薪水的小时数）的比率。这可以测量出一家公司或一个行业的竞争水平。如果一家公司的白领职工生产率低于国内外竞争者，那么不管其产品质量、市场声誉如何，都会处于极为不利的地位。

这一比率还能让我们确认白领职工生产率存在的问题，以及造成这些问题的原因。因为除了产出和白领职工总人数之比，我们通常还能算出总产出和不同类型的白领职工人数之比。它能表明人们有把握实现哪些改进。它并不能得出绝对的、理想的数字，而是一家组织和另一个竞争者之间的比较。可以肯定地说，一家公司能做到的事，另一家公司就算不能做得更好，也有希望赶上。

最后，这种测量方法还能告诉我们，一家公司或一个行业是正在提高白领职工生产率，还是逐渐丧失地盘和竞争地位。

美国生产的小汽车和日本生产的小汽车，其劳动力成本相差1500美元。人们把其中大部分的原因归结到工资水平、利润率、工会条例，而不是生产率方面存在的差异。但日本每百名白领雇员生产的小汽车，比底特律多得多。由此不难找出扯底特律后腿的到底是什么。他们雇用的为经销商和客户服务的白领员工比日本少得多，但他们却雇了太多办事员、科室管理员和科室经理来做记录、报告和控制工作。这是用文件来代替信息。这是一种顽症，但还有药可治。

测量白领员工的生产率，一直是成功盈利的连锁医院的真正"秘密"。"每当我们听说有医院要出售，我们就仔细了解其人员配置、医疗员工队伍和设备情况，"一家连锁医院的CEO解释说，"只要我们发现哪一项不符合标准，我们碰都不会碰它。但在陷入困境的医院里，10家中有7家都是因为白领员工的生产率低下。一旦找出症结所在，要纠正它并不太难。要是我们收购了一家医院，我们希望在12～18个月内，它的白领员工生产率能达到我们连锁医院的平均水平。和我们管理最好的医院相比，这个标准仍然很低，但它通常足以扭亏为盈。"

产出和白领职工人数之比，使我们能在过去和当前状况之间进行比较，并且制定出未来的目标。

对一家正在成长的公司（或一个正处于成长期的行业）来说，了解白领职工生产率在上升还是下降非常重要。在一家快速发展的企业里，在技术和资本设备保持不变的情况下，蓝领职工的人数增加直接和产出量成比例；但是白领职工人数的增长速度，应当比产出量和销售量的增长慢得多，可能只有后者的一半。如果它的增长速度和产出量或销售量一样快，甚至更快，那么这家公司就有很快失去竞争力的危险。白领员工生产效率的下降，通常是未来"成长危机"的第一个警报信号，而且是一个极为可靠的信号。即便是已经赢得了市场地位的公司，它也会丧失竞争力。一家市场地位领先但白领员工生产率低下的企业，最容易遭到竞争对手的攻击。它会招来竞争，却又没有办法保护自己。

实际上，白领员工的生产率和所有生产率一样，应当稳步提高。如果没有提高，那它不久后就会下降。因此，需要制定一个白领员工生产率的提高目标，以及监控它朝着这一方向发展的手段。产出和白领员工人数之比就能提供这方面的信息，虽然并不成熟，但也够用了。

要测量白领员工的生产率，还有三种非常有用的手段，它们的作用和测量老年人的血压和体重差不多，可以提前对身体最常见和最危险的病症做出警告。

第一种方法是统计一种新产品或服务从成功开发到进入市场所需的时间。在激烈竞争的市场中，这可能是决定企业成败的最大因素，而在过去的 10～15 年，美国企业在这方面受到极大的削弱（尤其是美国的制造业）。这一方法还是衡量我们最宝贵的资源，即知识工作者实际工作效率最简单可行的标准。

第二种方法与上面的方法有紧密联系，它统计的是在特定时间内，成功引入的新产品或新服务的数量，特别是与国内外竞争者相比较的情况。这同样是一种衡量白领职工，特别是知识工作者生产率的方法。在过去的 10～15 年，美国的制造商，无论是跟它从前的表现相比，还是跟国外竞争者相比（如日本或德国的汽车生产商或日本索尼等），在这一领域又一次落了下风。与此相反，在这一领域美国竞争力最强的行业——金融服务，与历史纪录和外国竞争者相比，有了极大的发展。

第三种方法是统计一定产出所必需的辅助性工作人员数量，尤其是管理层次的数量。理想的情况是两者，特别是管理层次数，都不应该随着产量上升。在现代企业中，这两者可能还应该下降，因为和制造业的"规模经济"一样，现在又出现了"信息规模经济"。但如果辅助性员工和管理层次数与产出量增长得一样快，甚至更快的话，那么显而易见，这家企业必定无法管理自己的白领员工生产率，很快就会失去竞争力。

以上谈及的方法并不太新鲜，也还不太成熟。1930年前后，西尔斯－罗巴克公司（Sears, Roebuck）引入了这些生产率计算方法，此后，美国大型零售商都能够顺利掌握销售人员服务的客户人数，以及所售出的产品数。这可以解释，为什么除了英国的连锁商店玛莎百货（Marks & Spencer）之外，美国的大型零售商比世界上其他地区的零售商生产率更高。此外，在贝尔实验室，人们随时都记得：科学家和工程师的生产率会进行定期评估。

然而美国大多数的管理层，甚至我们所有的公共舆论，对白领员工的生产率都没有给予足够的重视。提高蓝领工人的生产率当然非常重要，并且早就应该这么做，但这是一种防卫性举动。我们不能寄希望于提高蓝领工人的生产率，和发展中国家数量巨大的年轻而低薪的蓝领职工进行竞争。美国（以及所有其他的发达国家）唯一的竞争优势在于，它拥有资源丰富的、受过多年教育的、有能力从事白领工作的人。在20世纪剩下的时间，甚至21世纪的大部分时间里，白领员工的生产率将决定竞争之战的胜负高下。

[1985]

CHAPTER 15 | 第15章

一线监督员的没落

未来十年内，无论是在工厂还是在办公室里，没有哪份工作的剧烈变动，能够与一线监督员相提并论。但在整个劳动大军里，对这些变化最不欢迎、最没做好准备的，莫过于他们自己了。

使监督员工作发生巨大变化的一个重要因素是自动化。在自动化生产流程中，工人不可能"被监督"。每个工人都要控制好流程，都要理解它，知道该如何为自己负责的机器设定程序并重新启动。自动化使工人从操作员变成了程序员。他需要的是助手，而不是监督员。他需要信息，需要不断接受培训。他需要有人确保零部件和供应品按照顺序及时送到。他需要和生产流程的其他部分保持协调。

大多数普通工人能够毫不费力地接受自动化，但他们的监督员有很大的麻烦。日产公司在横滨郊外的一家汽车装配工厂实行自动化的时候，在培训普通职工熟悉新工作方面并没遇上什么困难，但几乎所有的监督员都不得不调到其他传统的工厂去。至于办公室监管员，则可能面临更大更多的困难。

劳资关系的变化同样会给一些人带来创伤——特别是在蓝领工作中。这些变化会威胁到监督员的权威及其自我形象。引入质量管理体系的公司，曾以为此举会遭到蓝领工人的抵制，实际上却根本没有，倒是监督员的反对意见相当强烈。质量控制小组的整个概念就是机器操作员比其余任何人都更了解这份工作。这样一来，监督员的权威何在呢？

更糟糕的是，在质量控制小组和所有类似的程序中，普通员工得以同其他员工——如质量控制、工业工程、生产计划和维护保养部门直接配合工作。但是对于美国产业界的传统监督员来说，控制与职能人员的接触是其权威和地位的中心所在。目前在生产基层试行的所有其他行业关系变化，都在削弱监督员的权威，减少他们的控制权，并把权力下放给工人：灵活的福利制度、员工共享所有权、生产效率分红、利润分享等。所有这些措施都建立在工人承担责任、负责控制、发表意见上，而不是听命于人。

在办公室这类工作场合，还存在一个额外的问题：日益加大的代沟。办公室监督员一般是年纪较大的员工，他们大多已经错过了晋升的机会，并被过去15～20年的迅猛发展甩到了后面。但这些人管理的员工年纪却越来越轻，受过的教育也越来越好。一家全国性的保险公司最近对员工反常的高跳槽率进行了调查，发现员工辞职的最普遍原因是"我的上司简直是无知透顶"和"我受过使用文字处理机和电脑的训练，可我的上司却想要我们用鹅毛笔"。

可以这么说，传统的监督员不符合时代潮流，会阻碍生产率的发展。

这并不是什么新观点。IBM并不是一家轻举妄动的公司，但25年前，它就在自己的工厂里废除了传统的监督员一职，取而代之以完全不负责监督的经理。IBM的经理既是老师，又是推动者和助手。他在维持纪律上的权力很小，但在推动工人对任务负责、完成工作设计、维持生产标准、促进团队合作方面有着很大的责任。IBM的监督员大多被蓝领工人自己所取代了，工作团队自己指定团队领导,对这些领导来说,管理者既是一种资源,又是一名助手。但在美国的大多数公司里,监督员的角色还和很久以前一样,是上司。只不过在 50 年前工会和强有力的人事部门成立以后,这种权威就所剩无几了。

在过去几年里,很多公司重新开始重视对一线监督员的培训——这么做正是时候。因为我们知道,对新产品流程和新行业关系的培训,必须从一线监督员开始着手。只有监督员获得了充分的培训,我们才能成功地训练工人。例如,凡是质量监控小组取得成功的地方,他们都是先在一线监督员里进行测试,之后才推广到普通员工中。这样一来,质量监控小组就成了监督员自己的项目和工具(就跟在日本一样)。等普通员工也加入进来的时候,监督员已经接受了质量监控小组,并把它视为获得认可和维护地位的一种途径。

同样,一家大型日用品工厂最近普遍实行了弹性津贴制度,获得最终成功的关键仍然是一线监督员以及他们的积极参与。在公司正式开始实行新措施之前,它成立了一个经验丰富的一线监督员小组,并让他们制订了一套详尽的细则方案。该小组和保险公司的精算师一起工作了几个月,制订了多种方案,对不同的程序进行测试,彻底搞清了每种方案涉及的人员,每种方案对不同员工而言,额外津贴或放弃津贴的意思是什么,以及每一套建议方案对一线监督员提出了什么新责任。在这以后,管理层才坐下来和工会磋商劳资关系的指导思想与契约合同方面的重大变动。

一线监督员需要的培训,是对另一种工作角色的培训,而不是对传统监督员职责的强化。为了从变化(科技上的、劳资关系上的和人口统计上的)中获益,我们需要更强大、更自信、更负责任的一线监督员。我们需要像 IBM 在 25 年前所做的那样,明确"管理者"的工作就是培养和调动员工的潜力，即能力、知识和责任感。这么做并不是放纵，恰恰相反，这是严格要求。但这种严格要求，与美国企业（在传统工会合同和工会关系的支持和帮助下）过去对一线监督员的要求非常不同。

在第二次世界大战期间，以及大战刚刚结束后，一线监督员是劳资关系问题的中心环节。有几年，人们认为一线监督员有可能会成立工会保护自己，一方面抵抗来自更高管理层的压力，另一方面不受普通工人工会的威胁。在这一短暂的时期里，管理层对监督员非常关注——关心他们的培训、地位和待遇。可在过去的40年中，大多数美国企业（只有少数例外）已经把一线监督员的存在视为理所当然。但是，在未来的10年里，监督员将再度成为劳资关系的中心环节。实际上，监督员的地位、权威和职责，以及他们的待遇和升迁机会，或许会成为我们在人事管理方面最紧迫的难题。

[1983]

CHAPTER 16 | 第 16 章

薪水过高的管理者：
贪欲的结果

在美国这个国家，除了对少数知识分子，平均主义从来没有什么太大的吸引力。然而，现在一部分企业高层管理者的过高收入，却成了一个全国性问题。

高层管理者的待遇问题，成了1984年劳资谈判中的班柯幽灵（莎士比亚名剧《麦克白》中的人物，他被麦克白下令杀害后以鬼魂显灵，迫使麦克白暴露自己的罪行）。当然，这并不是一个"讨价还价的交易"。如果工会提出这一问题，资方肯定会说这个问题毫不相关，没有讨论的余地。可管理者过高的待遇，显然成了资方限制工人工资增长、防止通货再度膨胀、提高公司竞争力的最大障碍。1982～1983年，很多大公司——特别是重工业企业的工会对工资问题做出了让步和牺牲，可是高层管理者的"总薪金待遇"却紧跟着来了个大幅度增长，这引起了基层工会组织的极大愤慨。就算是有的高层管理者在那几年削减了自己的薪水，后来也都得以恢复，通常还会补上复利。即便工会领导没有指出这一点，工会会员也会指出来。

不仅工会和普通员工对高层管理者高薪待遇愤愤不平，专业工作者和一般管理者也对此表示不满。例如，一家大型国防军工承包商，1983年有接近20名高级工程师和工程经理辞职——其中不少人已经在该公司效力了25年。每个人辞职的理由都一样。有人这么说："去年我们的工资涨幅被限定在3%，说是再高就会引起通货膨胀。可高层管理者的那9个人却给自己增加了红利和额外股票购买权，相当于薪水长了25%～30%。这简直就是欺诈。"毫无疑问，这些辞职的人并不是要反对企业，甚至连自由主义者也算不上。

人们对高层的贪婪和滥用权力的愤怒，很可能会表现在未来的税法中：提高高收入的最高税率，比如大幅增加资本收益税，或是对管理者获得的优先认股权课以重税。实际上，一个古老（被遗忘了30年甚至40年之久）的提议重新浮出水面：对公司付给管理者的免税总待遇（薪水、奖金、退休金、健康保险、认股权等）制定最高限额。

当然，每个人都知道，这些措施并不会为公司增加一分钱的收入；相反，它会增加公司的开支。提议使用这些措施的人，也都同意这些措施可能会给经济带来损失。但他们指出，如果不限制或惩罚管理层的过高收入，带来的损害会更大。因为它刺激了人们对工资的上涨要求，引发通货膨胀，同时引起社会分裂和阶层冲突。持有这一态度的人，并不限于所谓企业界的敌人。在最近召开的管理层研讨会上，对高层经理人免税收入设定最高限额的一位热心支持者，就是一家全国最大企业的保守派税务顾问。

高层管理者，特别是大企业的高层管理者，认为攻击他们收入"过高"是完全站不住脚的。他们会指出，扣除通货膨胀因素，或是与普通员工的总待遇相比，美国企业管理者的收入在过去30年里一直呈下降趋势；而工人工资和津贴的增长幅度，则两倍于通货膨胀率。的确，在大公司里，除了级别相当高的管理者——一般是以分公司总经理为界，普通管理者的收入处于历史最低点。工程主管或工厂经理等中层管理者，过去的收入相当于普通蓝领员工的 3 倍。而现在，钢铁和汽车制造等工会化了的大型生产行业，蓝领工人的总待遇大约是一年 50 000 美元（或是税后 43 000 美元左右，因为蓝领工人的工资待遇中有一半以上是免税或暂缓收税的，如缴纳养老金的部分等），因此，很多中层经理的收入基本上和蓝领工人持平。除了高层管理者，企业内的收入分配已经相当平等了，甚至可以说有点过于平等了。

但真正的问题并不在于所有"管理者的收入"，而是巨型企业中人数很少的一小部分高层管理者（不超过 1000 人）的收入问题。从统计学上来说，这么少的人数几乎可以忽略不计。但这些人的地位显赫，他们冒犯了许多人的正义感，尤其是大多数管理者自身的正义感。一直以来，他们都被视为美国企业和管理界道德和价值观的化身。

没有几个人（可能除了总裁套房里的那几个人就没别人了）认为管理者过高的薪水高得有道理。过高的薪水和公司表现之间没有什么联系。日本人是我们强硬的竞争对手，但他们付给高层管理者的薪水比我们少得多：只相当于美国高层经理人的 1/4，最多不超过蓝领工人的 8 倍。然而他们的公司搞得也并不坏。即便是在美国，同一行业中也存在着明显的不一致。有的公司每年付给高层管理者的钱超过 100 万美元，可公司经营得却很糟糕；而有的公司高层管理者的薪水还不到前者的一半，企业却搞得很不错。

实际上，我们所发现的报酬和绩效之间的唯一联系，表现形式恰好与此相反：80 年前，J. P. 摩根（J. P. Morgan）发现，在摩根公司的客户中，经营糟糕的公司之间只有一个共同点：这些公司最高层管理者的收入比下一等级的人高 130%，而后者又比他们的下一等级高 130%，依此类推。摩根（他并不鄙视大笔金钱，也不是什么"反对资本主义者"）断言，高层管理者过高的薪水，瓦解了公司的管理团队。这会使公司里级别较高的人，把自己的高层管理者看作对手，而不是同事——就像前面说的那家军工企业一样。这扼杀了人们的集体观念，使之一味地追求自身利益而不愿努力工作。

解决这一问题的一个方法是，在管理者薪水和员工福利之间建立起清晰明确的联系。特别是在重工业里，一些企业的管理层正试图通过员工股票所有权或参与分红等方式，在员工福利和公司表现之间建立联系。作为对此措施的补充，还可以把高层管理者的红利和就业保障联系起来。当然，这种方法有着显而易见的缺陷，它鼓励高层管理者维持较高的员工人数——自然也就维持了较高的成本，但它至少防止出现员工最深恶痛绝的情况：在企业大规模裁减蓝领员工和一般文职人员的同时，高层管理者的薪水却大幅度增长。

还有一个更简单的方法，即把每个雇员——包括CEO的税后总收入，限制在普通职工税后总收入的一定倍数之内。这种做法的实际效果并不大，在大多数公司里效果为零，但它造成的心理冲击是相当可观的。比如，把这一倍数确定在20倍，则高层管理者的最高收入为85万美元，那它大概只能影响所有美国企业中的500多名管理者。如果把倍数设定在15倍——税后的最高收入为65万美元左右，也最多只能影响1000多个人。这类倍数显然容易被人们接受，而且不少调查显示，高层管理者的薪水比很多工人想象的要低得多：工薪阶层普遍猜测，高层管理者"比我挣的多50倍"。

"但在大型企业里，"高层管理者会说，"巨额报酬是必不可少的，因为在我们的文化里，地位等级都是通过收入来表示的。每个级别的经理都必须比他的下级挣得多——而如果你是在通用汽车，或是埃克森美孚，或者美国钢铁公司，管理层次高达20个，那么，如果蓝领工人每年挣5万美元，最高层管理者的总收入也会高达100多万美元。再说，这种高收入很大程度上是象征意义的：山姆大叔会从上面切掉很大一块。"等级制度确实对高层管理者的收入问题做出了合乎逻辑的解释，不像"贪婪"一说那么苍白无力。

但要是大型公司高层管理者的高薪水真的只是身份的标志，而不是"真正的钱"（普通员工绝不会这么认为），那何不将它看作象征呢？比如，环球公司（Universal International）的董事长和总裁为什么一定要挣到普通员工多少倍的薪水呢？为什么公司不把多出来的钱以他的名义捐给他选择的慈善基金呢？

毫无疑问，还有其他——也许是更好的办法，能使高层管理者获得足够高的薪水，鼓励、刺激他们的工作积极性，同时在高层管理者和公司其他员工的收入间保持平等。在未来几年间，人们会设计出一些解决办法，工会和政治家将对此进行探索。

[1983]

1986年注：1985年管理者收入过高真的成了工资谈判中的一个问题。克莱斯勒公司的董事长李·艾科卡（Lee Iacocca）裁减了蓝领工人30%的工资收入，同年却为自己发放了数百万美元的红利。工会以此为主要理由，拒绝对工资、福利和劳动条件做出任何让步，迫使克莱斯勒签署了一份劳动力成本极高的合同。如果未来几年美国汽车市场继续萎缩，如此之高的劳动力成本必将使该公司破产。

第 17 章 | CHAPTER 17

超龄管理者：
保持企业的青春活力

大多数公司，尤其是大型企业，仍认为 65 岁是经理和主管人员的正常退休年龄。但越来越多的人，尤其是中层管理人员和从事高度专业化工作的人，会提前退休，有些人甚至 52 岁就退休了。还有更多的人（这类人为数更多，增长也更为迅猛）开始行使合法权利，以期把退休年龄推迟到 70 岁（只有少数拿着大笔退休金的决策层管理者例外）。而对于联邦雇员和加利福尼亚州的职工（不享受可观退休金的非决策层管理者）来说，在任何年龄搞强制退休都为法律所禁止。因此，雇主必须为上了年纪的管理者做出谨慎的退休安排，否则他会发现，他最想挽留的人提前退休走了，而他竭力想辞退的人却留到了 70 岁，甚至 70 岁以上。

到目前为止，雇主都是根据个别情况来处理这些问题。他们仍然认为自己有权力自由决定 50 来岁的管理者的去留问题，或是能够轻易地将 65 岁以上的管理者辞掉。但实际上，这肯定会被员工告上法庭，指控公司搞"年龄歧视"。

"我们还从来没被下属的经理或专业人员指控为搞年龄歧视，"一家大型保险公司的人事部副总裁最近这样对我说，"但这只不过是因为，一旦有人暗示他要这么做，我们就立刻撤销原来的决定——最近几年里我们已经屈服了至少30次了。"

实际上，对管理者退休问题的安排，应该从他们还是中年的时候就开始着手。因为现在法律为了避免企业对年龄大的职工搞歧视，对"老年"的起始年龄做出了规定，为42岁。在这个岁数以上，针对个人的任何决定（一项新的任务或没有任务，一次晋升或没有晋升，甚至一次平行调动）都可能会招致年龄歧视的指控。除非雇主有清晰、完备的书面政策，保证按照员工表现及其评价平等地对待所有员工。

在过去几年里，有很多人提前退休并非出于自愿，而是削减员工的结果。但更多的人是自愿退休的，而且这么做的人越来越多。其中相当一部分人是真的要退休，至少是打算真正退休，特别是那些身体不太好的人。可更多的人退休只是为了去做点别的事，比如开办自己的小企业。

美国退休人员协会（American Association of Retired Persons）的刊物《现代文明》（*Modern Maturity*，美国发行量第三大的杂志）刊载着大量名义"退休"和"拿着退休金"的人，成功开辟第二职业、成功创办企业的动人故事。这些并未真正退休的退休者里，有不少人是在等着自己的孩子长大、退休金足够用，然后就提出辞职；还有很多人——人事部门的一些人认为这种情况占了绝大多数，本来是愿意继续待下去的，但他们感到自己的天赋没有得到充分的发挥，或是认为自己已经升到顶了。其中一些人的看法是对的，应该鼓励他们尽早退休。也有一些人提前退休是因为觉得公司不再需要自己，这种看法完全错了，可惜没有人告诉他们。

公司需要在主管和经理40多岁的时候，就对他们进行系统化分析。公司真正希望哪些人留下来一直干到退休，也就是说，希望他们再在公司干

20 年甚至 25 年？哪些人已经干到了顶峰，或是接近顶峰，不太可能有进一步的发展，也不太可能做出更多贡献？哪些人（也是最关键的一类人）生产效率高、有价值，但仅限于一个相对狭窄的专业领域内？

对于 40 多岁就到了职业顶峰的人，我们知道该怎么办。公司应当帮助他们在其他地方找一份工作，并且要在他们还容易安置的时候就这么做，也就是在他们四十八九岁的时候。如果让他们再待 10 年，只会阻碍年轻人的发展。其他的人，也就是应该鼓励他们留下来而不是提前退休的人，处理起来比较困难。除非有什么东西能挽留他们，否则他们就有可能走掉。然而，正是这类人，为了尽快去小企业工作，为了开办自己的事业，或是开始从事咨询服务，最容易觉得提前退休十分便利，具有很大的诱惑性。这些人往往希望继续现在从事的工作，希望保持现有的地位，却感到公司不再欣赏他们、需要他们和尊敬他们。他们最需要职业发展规划，尤其是在他们感到被抛弃、感到自己是公司多余的人之前：也就是说，在他们四十七八岁之前，要为其制定好职业发展规划。

现在就是动手的时候了。到 1990 年，婴儿潮第一波出生的人，大多已经到了 40 岁，现在的年轻主管将步入中年。雇主，特别是大型企业雇主，会突然发现自己的管理阶层挺起了"大肚子"。公司里会出现大量仍然还年轻的人，经过了不少年的快速提升，突然走到了职业的尽头。到那时，雇主应当拿出一套行得通的政策，辨别哪些人应该留下，哪些人应该退休。

同时，雇主还应当准备一套处理 60 岁以上的管理者和专业人员的政策。到 20 世纪 80 年代末，在 1929 年之后的第一波大规模就业风潮（也就是 50 年代初）中开始从事管理和专业生涯的人，大多达到或超过了 60 岁。然而，和他们的前辈不一样，5 年后他们不会自动消失。45 岁左右或 50 岁就开始从事"第二职业"的人，知道在 20 年后该怎样发展"第三职业"。但对那些此前从没这么做过的人，在 63 岁或 65 岁才走出公司大门然后重新开始，是非常困难而令人沮丧的。

应当最先明确提出并坚决执行的一条基本原则是，60岁以上的人应当不再肩负主要的管理职责。这是一条对任何人来说都相当明智的原则，而不仅仅是针对管理人员。如果想避免管理者制定了决策，若干年后公司因为这项决策陷入麻烦——这种事情经常发生，需要该管理者帮忙的时候，他却已经退休了的情况出现，那么最明智的做法是，当初他就该退出这类决策。年纪较大的管理者应当转而从事那些可以一个人完成的工作，而不是当别人的"上司"。他应当专注于从事自己擅长的工作，如咨询、教导、制定标准、解决冲突，而不是从事"管理者"的工作。日本人就有一种"顾问"的职务，他们工作得非常有效率，有时候可以一直干到80多岁。

一家美国大银行的老主管经理，就是一个很好的例子。63岁以前，他一直是该银行亚太分部的主管，他把这个部门搞得很好，非常赚钱。接着，10年后，他退出了实际业务，变成了银行对第三世界国家贷款问题的政策制定者、战略家和顾问。现在他的同事要求他再干几年，但他不必再出差和参与谈判。他的例子说明，秘密在于要找出一个人的专长，并设法将它们发挥出来。

这么做岂非太麻烦吗？的确麻烦，但没有别的办法。雇主在对待上了年纪的主管时，越来越频繁地被夹在磨石和磨盘中央。磨石就是法律，法律规定雇主必须证明自己对42岁以上雇员的人事决定（任何有关人的决定）不存在年龄歧视。

与此同时，到下个世纪——2015年左右，届时婴儿潮第一波出生的人都到了65岁上下，雇主还将一直受到来自比这批人年轻的员工的沉重压力。

美国的婴儿出生高峰到1961年"生育低谷"出现之后才结束。因此，婴儿潮的最后一批人现在才刚从研究生院和专业学校毕业。10年之内，即

1960年出生的人到35岁之前，我们将拥有大量年轻的管理者和专业人士。在那之后的10年，我们又会拥有大量"黄金岁月"的人，即35～45岁的管理者和专业人士。这些人都受过高等教育，雄心勃勃，希望像前任一样获得迅速的晋升。如果公司无法满足这些"磨盘"——这批较年轻的员工的愿望，就有可能失去最宝贵的人力资源；有雄心的人会辞职而去，留下来的人则消极怠工。

因此，我们需要制定出有关政策，既满足法律的强制性要求，即让上了年纪的管理者继续工作，又为年轻人创造足够的升迁机会。同时，为了让企业健康发展，对老年人和年轻人，都应当以表现、挑战精神和生产能力作为关注重点。

[1984]

CHAPTER 18 | 第 18 章

向职业学院付学费

到目前为止,最好的投资是到职业学院去学习。不管它是工程学院还是医科学院,法律学院还是图书馆学院,商业学院还是建筑学院,总之从这种学院毕业会极大地提高一个人一生的收入水平,所获得的收入将等于原始投资——也就是所交学费的好几倍。

当然,并不是所有职业学院都能带回同样的经济回报。但即便是"产出量"最低的学院(比如教育学院、社会工作学院和图书馆科学学院),也能够使毕业生的收入大大高于美国中等收入水平。然而,无论是公立学校还是私立学校,筹集职业教育经费都越来越困难。

职业学院的学费比文科院校学费的增长速度快得多,而且很多职业学院的学费在未来还将出现大规模增长。然而,这些学院(不仅仅是工程学院和商科研究生院)的教师工资毫无竞争力,导致人才大量流失。并且,由于高等教育经费越来越少,赞助者(包括政府和私人捐助者)必将削减对职业学院(培养"精英"和"有钱人"的学校)的资金支持,把重点转向针对"大众"的文科大学。

很早以前，波士顿大学校长约翰 R. 西尔伯（John R. Silber）就建议消除富裕的大学毕业生和贫困的母校之间的差距，解决办法是设立一个贷款项目，资助学生支付学费，学生毕业后 5～10 年内还清贷款。

这一提议的问题在于，它可能会阻止大量有才华的申请者入学。在事业的初始阶段就陷入大笔债务是相当可怕的，特别是对那些来自低收入家庭的学生更是如此。

这种贷款项目还将对那些选择为公众服务而不是赚大钱的毕业生造成歧视——比如，一位医生打算从事研究工作，或者到非洲当义务医生，而不是到派克大街去做整形外科医生；或者一名律师，打算做公共辩护人而不是公司兼并专家。

然而，如果把职业教育看作一项投资，问题就简单多了。投资是由其创造的额外价值来偿还的。

要资助职业教育——甚至是让它走向富裕，只需要从它创造的额外价值（也就是说毕业生终身收入能力的提高）里返回一部分给学校即可。

对于那些选择去非洲当义务医生的人来说，这种做法不会变成负担，他的债务为零。这对成了成功整形医生、大笔捞钱的那位同学也不是什么负担，他付得起。职业教育带来的增加价值中的很小一部分——毕业生超过中等收入水平以上部分的 5%，就足以资助职业学院，并使之获得财务独立。我们甚至还能用这种办法资助文理科的研究生院——这是美国大学里财务状况最糟糕的部分。可以这么说，文理科研究生院是职业学院的"研究与开发部"。裁减研究与开发工作，转向可以"出售"副产品赚钱的部门，是一种短视的管理行为。

然而，我们很多大学正是这么做的。它们裁减文理科研究生院的预算，转向靠培养博士就能支撑得起的教育项目。而这些博士，大部分是为各学院未开设专业的教育工作而培训的。研究生院的主要"产品"是知识和想象力,对这一工作应当给予充分的支持,不管是有大量博士生还是只有几个博士生。

如果我们用毕业生终身收入能力的增加部分为职业学院提供资金,再把职业学院的收入,比如说 1/10 投入到文理科研究生学院,我敢肯定,我们的研究和学术工作(除了最为昂贵的领域)都将拥有一个极为稳定的财政基础。我们会获得财政独立,使得来自政府和企业界的科研补助金重新成为蛋糕上的糖衣,而不是蛋糕本身。

但我们该怎样组织这项工作呢?途径之一——一条简单而又危险的途径,是通过税收系统来收缴资金。

让我们假设,每个职业院校的毕业生都将获得一个不同的社会保险号码。只需要在年度纳税申报表上多添几条线,让纳税人从自己的纳税收入里扣除等于中等家庭收入水平的部分,将其差额乘以 5%,把结果加到应缴税额上。

这并不比自由职业者计算社会保险税更复杂,而该税已经成为"1040 号"申报表的一部分。

要使这 5% 的费用作为慈善捐款而计入免税部分,无须修改税法——从法律上来说,这笔费用确实属于慈善性质的付款。

不过,我更倾向于设立一个独立的非政府机构,暂时就叫它"教育信贷公司"吧。它将是一种合作机构,大学将收款权委托给它,由该合作机构负责收缴。

当然,这么做的主要好处在于,此项收款权很快(5 年之内,最多 10 年)就能成为可在银行兑换的票据,可以在金融市场上出售,或是再次出借。这样专业院校就能提前获得现金流,这笔现金流的多少,取决于保险精算师的预期值和过去收缴债务的经验。更重要的是,这种合作机构能够让学校及其收入免受政府染指。

60年前，卡内基基金会为"教师保险与年金协会"（Teachers Insurance and Annuity Association）提供了担保（在我看来，此举保证了美国私立高等教育能继续存活下去）。我认为，如今美国的各大基金会要是能仿效卡内基当年的壮举，为教育信贷公司提供财务担保，必将是它们为社会做出的最大贡献。

如果学校要求学生为5%的收入增加值提供担保，甚至规定这笔钱不会取消，一定会收缴，这会不会让申请者望而却步呢？

要是一家没什么名气的职业院校首先采纳了这一方案，它肯定会吓跑申请人。但如果是一家名牌学院——比如哈佛医学院、宾夕法尼亚大学的沃顿学院，闻讯而来的申请者只会越来越多。因为大量的事实表明，很多有能力的申请者是被职业学院高昂且不断上涨的学费给拦在校门外的。如果他们可以在有能力之后再支付学费——也就是直到他们获得了职业教育带来的高收入之后，他们必将踊跃入学。

职业学院必须找到途径，使自己从毕业生增加的收入里获得回报，否则，它们很快就会发现，过高的学费只有少数富家子弟才付得起，但这部分收入仍然不足以维持教学设备、图书馆、实验室和研究工作等各项开支。

[1982]

CHAPTER 19 | 第 19 章

工作与人：
日益增长的不协调

现在很流行把人事部改名叫人力资源部，但实际上，很少有雇主，甚至人力资源部管理者本身，意识到我们需要的并不仅仅是一个更好的人事部。在工作和求职者之间，出现了日益显著的不协调。

工作和求职者都在变化，但却朝着不同的，往往是相反的方向前进。因此，工作机会越发不适应求职者。反过来，求职者的资格、期待和价值观也变得和工作机会大相径庭。

这里说到的工作，大多数人仍然认为是"苦力活儿"，也就是制造业里的蓝领工作。即便是在原来的老工业重镇之外的地区，蓝领工人的失业率也相当之高，因此工资被压得很低。然而一些最缺人手、薪酬最好的蓝领工作却越来越难找到合适的人来做。从前需要"熟练劳动力"完成的工作，现在越来越多地需要由"技术专家"来完成，这些人掌握了一些有关的理论知识，比如能够安装信息系统、设定机器人或自动原材料运输设备的程序。制造业里增长速度最快的就业机会，正是这类工作。但我们并不太清楚，原来老生产线上的大批职工,是否能够通过再教育的方式转向这类工作。在过去,医院是需要这类员工的主要领域,但它们培训传统蓝领职工的尝试失败了。护理员必需的背景、培训、期待和资格,都与传统劳工完全不同。而工厂所需的技术专家,需要拥有比护理员更强的吸收新知识的能力——因此也就需要更坚实的理论基础,这是只专注于狭窄专业领域的护理员所不能比拟的。

工作及其内容的改变,也造成了管理上的不协调。技术是一个因素。我们知道如何培训员工从事工程和化学一类的技术工作,但我们不知道该如何把"科技素质"教给管理者,也就是说要理解技术及其发展,了解它带来的机会,以及它对产品、生产过程、市场、组织结构和人力方面造成的影响。"科技素质"正日益成为管理者必需的修养,特别是对中低层管理者来说尤其如此。

不仅个人的工作在发生改变,组织结构的变化同样很大。技术仍然是一个因素。由于可供使用的信息越来越多,企业所需的管理层减少了,但却需要更多的各类专家。经济和社会环境的变化,也在推动企业朝同样的方向发展。20年前,从总体上来说,高水平的专家基本上仅限于从事研究和数据处理这类工作。如今,即便是一家中等规模的公司,也可能会需要一名环境专家、一名助理财务员——专门管理现金流动,设法保护公司免遭外汇损失,以及另一名助理财务员——专门负责代价不菲的福利计划。

然而,管理专业的学员却完全没有准备好走上专家的事业道路,他们仍然渴望从事管理工作;且企业的价值观、职业发展机会和奖励机制等组织结构,仍然看重管理岗位,而不是专业工作。虽然早在30年前就有少数公司(其中最著名的是通用电气公司)率先在管理者和专业工作者中推行"平行式"资质认可和晋升制度,但由于缺乏严谨的科学性,此项制度并没有真正发挥什么作用。

　　管理公司外汇风险或福利计划的助理财务员，认为自己的发展前途就是调出专业岗位，走上综合管理职位。然而，综合管理领域的晋升机会却越来越少。

　　在文职人员的职位上，也出现了类似的因素，并会造成同样的后果。比如，电子邮件的出现淘汰了大部分传统秘书的技能，而秘书可能会发现，从前属于上司的一部分工作，现在变成了自己的职责。即便是把这种情况看作提升的秘书，也不见得为这种变化做好了准备。

　　人口结构和年龄结构的变化，可能会给工作和求职者之间的不协调造成更大的影响，至少是更为明显的影响。50岁以下的已婚妇女重返就业大军的情况，已经变得和男性同样普遍，因此其人数不太可能进一步增加。但目前劳动力中相当多的妇女——大多数是1970年妇女就业高潮以后参加工作的，已经到了三十四五岁的年纪。在这个年纪，她们必须想好到底要不要生第2个孩子。除了极少数升入主管职位的妇女，大多数人既想要事业，也想要家庭。

　　大多数有了第1个孩子的已婚妇女都留在工作岗位上。因此，即便是她们有了第2个孩子，也往往不会完全退出就业大军。但有很大一部分妇女会转入兼职工作，直到第2个孩子升入3年级。一些雇主为此做好了安排，他们设计一些长期的兼职工作，交给女性员工完成。但大多数雇主并没有这么做。即便是那些提供兼职工作机会的公司，也通常没有考虑到长期兼职工作的员工在福利、晋升机会、退休金等方面有哪些要求。妇女权益问题是20世纪70年代末的伟大事业，而兼职妇女员工的权益问题，则将成为20世纪80年代末90年代初的伟大事业。

　　另一个主要因素是，婴儿潮一代进入了中年。很多公司加快速度让50多岁的人提前退休，以便为大量婴儿潮一代腾出空间——他们现在年纪最大的人已经快要 40 岁了，他们需要升入重要岗位。但生育低谷时期出生的人，年纪最大的才 25 岁，正初次进入管理岗位。他们需要和只比他们年纪稍长的前任获得同样的晋升和快速发展机会，但这种愿望是不现实的。

婴儿潮一代加入就业大军的时候，在管理职位上存在一个真空地带，但现在新来的人发现，上升空间全都挤满了人。大多数婴儿潮一代已经飞快地进入了管理岗位，并将在当前位置再待 30 年甚至更长时间。因此，在现实情况和人们的完美心理期待之间存在着巨大的差距。要调整这种差距，我们不仅仅要改变人们的心理期待，还必须重新设计管理和专业工作，让哪怕是最能干的人，在干了 5 年或更多年之后，仍能不断受到工作的挑战。换句话说，我们将把责任越来越多地交托给职位较低的人。最重要的是，我们还必须找到除了晋升之外的奖励和认可办法——更多的钱、更多的红利、额外的假期，也许再来个最高荣誉"总经理嘉奖令"，诸如此类。然而，与此同时，整整一代认为晋升才是唯一"真正"满足的人已经成长了起来，如果不能每隔一两年获得一次晋升，他们就觉得是"失败者"。

创业精神，特别是现存企业中的创业精神也在不断涌现。现有的企业越来越需要学习创新，以及如何在当前条件下发扬创业精神。我们知道该怎么做，周围就有很多例子。公司内外各个级别上的员工都做好了成为创新者和创业家的准备。然而，除了少数例外的创业型企业（美国的强生、宝洁、3M 公司，英国的玛莎百货等），现存的大多数企业，特别是小企业，仍然只知道管理工作，只看重管理表现，只有管理结构、管理工具和管理指标。

为了吸引和挽留创业型人才，不断鼓励创新和创业精神，公司必须创建新的结构，安排新的关系，制定新的政策，安排管理补充报酬、福利和奖励，以适应创业精神这一非常特殊的现实情况。

为了克服工作和求职者之间日益加大的差距，雇主（特别是大型公司）必须首先思考和预测未来几年工作的要求。到目前为止，规划一般意味着预测未来几年中市场对产品和服务的需求，分析技术发展趋势，预测二者所需的资金。现在，规划必须越来越多地预测人的需求与欲望，并根据产品、服务、技术发展和资金需要预测工作与人口发展趋势。在规划中，我们越来越有必要提出这样的问题：我们的目标，利用了求职者的发展趋势，以及人们的心理期待、追求、素质和价值观吗？还是彼此互相背离？未来最成功的规划可能都是从劳动力的供应趋势和发展着手的，而不是根据财务目标或市场预测。

同时，公司还需要改善和强化培训制度。美国企业已经是该国规模最大的学校，但大多数企业只有"培训计划"而不是"培训方针"。只有少数企业把培训的重点放在公司未来五年的需要上，或是放在雇员的理想上。更少有企业了解花了那么多钱和精力在培训上，能为自己带来什么，更不要说通过培训应当得到什么了。然而企业的培训开支可能已经和雇员的医疗保健费相差无几了，甚至更多。

最后，在提到"劳动力市场"这个概念的时候，雇主必须尽快改变他们原来的看法。求职者越来越变成企业的"顾客"，工作机遇和工作特点必须满足他们的要求。过去，雇主认为劳动力市场是相同的，仅能做粗略的划分：比如年龄和性别，体力劳动者和文职工作者，管理者和专业员工。然而现有劳动力正日益分化成大量的不同市场，每个人都能自由地从一个市场跳到另一个市场。因此，雇主也必须了解，工作将成为按照特殊买家的要求设计的产品，并以此向他们宣传和销售。

[1985]

第 20 章 | CHAPTER 20

素质教育：
新的发展领域

美国的学校肯定会有所改进——彻底的改进，并且很快就会进行。

我们还不知道它们改进的速度到底有多快，但兴许会快得出乎所有人的意料。这些变化将怎样发生，没有人完全了解。但是对知识和技能的经济奖励，在长达半个世纪的稳步下降后，正在急剧上升——而对缺乏知识和技能的惩罚，也在以同样的速度加剧。

人们通常认为，20 世纪的工作要求变得更严格了，其实只有少数工作是这样的。一般来说，只有那些素来就需要高知识含量的工作才是这样，比如医生或工程师。很多其他的工作，只是提高了对学历的要求，但在知识和技能要求上没有发生任何实质性的变化。比如，从前求职者只需要具有高中文凭，现在却需要四年本科学历，而工作本身并没有什么明显的变化。但有一类就业者，也是 20 世纪以来待遇最好的一类就业者——制造业中的低技术体力劳动者，无论是知识还是学历要求都没有发生变化。半个世纪以前，这类就业者只要获得了知识或技能，就能得到很高的经济报酬，但现在这种报酬急剧下降，甚至几乎完全没有了。

75年前，一名产业工人要连续工作3年整，才能挣到750美元，买下当时价格低得出奇的福特T型车。每年工资250美元，是这名工人一年的全部收入——而且必须是在每天工作10小时，每个星期工作6天，每年工作50个星期以上的条件下才挣得到。除此之外没有任何"福利"——没有社会保险，没有退休金，没有集体人寿保险，没有健康保险，没有病假工资，没有失业救济金，没有工人抚恤金，加班或在周末工作当然也没有任何额外报酬。

这批体力劳动者的直系后代，大型制造业（钢铁、汽车、机电设备、橡胶、化工）里加入了工会的蓝领工人，每年的最低收入是5万美元（约有一半都是"福利"），是现在一辆低档小汽车价格的9倍之多。这尚未反映出工人实际收入水平的进步，因为现在的蓝领工人每天只工作8小时，每星期只工作5天，每年工作的总时间只相当于75年前蓝领工人的1/3。以汽车价格作为衡量标准，蓝领工人每小时的收入翻了40～50倍。虽然制造业半熟练劳动力的平均工资，比工会化的大型制造企业低得多（前者的时薪只有15美元，而美国钢铁公司给出的时薪为25美元），但即便如此，其年实际收入仍超过3万美元，等于5辆新车，每小时的收入在75年里增加了20倍。

发达国家里，低技术工人在经济地位上的这一根本性变化，是20世纪社会变化的中心环节。这一变化在社会发展史上是前所未有的。它在相当大的程度上，反映了过去100年生产力的突飞猛进。虽然我们通常将之称为"劳动生产力的发展"，但它的实现，完全是依靠更多的资本投资、更精良的机器和工具，以及更有效的管理。劳动者，特别是技术低、知识低的劳动者，享受到了生产力发展带来的一切成果，甚至更多。

毫无疑问，这是人类的一大壮举。今天的工人不必再像1907年的工人那样长时间地艰苦工作，他们工作的时间比从前短，劳动强度和事故发生率也比从前要小得多。最重要的是，他们的工作并不需要拥有更多的知识和技能。实际上"半熟练工"只是一个委婉的说法，大多数生产线上的工作都可以在3个星期内学会，很难称得上有什么技术要求。用锄头和铁锹挖条沟，也需要比这更长的时间才能变得熟练。

我们经济中的大多数其他职业，实际收入的上升水平要慢得多。实际上，一份工作要求的技能或知识越多，它的实际收入增长得就越慢。20世纪初，商店里的销售员和蓝领工人的收入水平一样，可能还要多一些，可现在销售员的收入只相当于蓝领工人的1/3到一半。医生和律师的实际收入原来至少相当于蓝领工人的5倍，而现在医生和律师的平均"总收入"，还不到高度工会化的钢铁和汽车业蓝领工人收入的2倍。过去，在待遇最好的大城市里，教师的实际收入是蓝领工人的3倍，而现在，即便考虑到教师的工作日更少、假期更长、退休金更高等因素，他们挣的钱也比加入工会的蓝领工人少得多。

收入差距的缩小在制造业表现得最为明显。熟练工人（如机械师和电工）和半熟练工人的收入差距降到了25%以下；而在75年前，前者的收入至少是后者的3倍以上。当时福特汽车有一则著名的广告说："T型车的价格，不超过一名好技工的年收入。"1910年前后，大学毕业生的收入在每周20美元左右，3倍于体力劳动者的薪水，而现在大学生的起薪比体力劳动者要低。

即便是工商业的天之骄子，著名商科院校毕业的MBA，也往往要在工作五年后，才能使总收入超过只培训了30天的非熟练蓝领工人。

就算不是一个坚定的平均主义者，也能认识到这些发展大部分是有益的，它初步实现了社会的公正性。但它的副作用是（人们没有意识到也没有预见到），知识和技能不断贬值，极大地削弱了维持学校教育水平的积极性。

75年前，学校基本上是摆脱贫困和不安全感的唯一途径，也是过上富裕生活、赢得自我尊敬和他人尊敬的唯一出路。当然，知识和技能并不能保证获得成功,但是没有知识和技能,就注定要失败。从那以后,社会各方对学校施加了巨大的压力,要求其维持教育水准和教育质量。人们常常谈到,在20世纪的最初25年里,贫困的犹太移民对纽约市的学校提出了严格的要求。然而很少有人意识到,正是这些要求,把1890年或1900年时还默默无闻,甚至糟糕透顶的学校,变成了教育界的高压锅。纽约的犹太作家对此进行了生动的描述。

艾奥瓦州的农庄,或是明尼苏达州的瑞典移民区,也向学校施加了同样的压力,原因同上。"你只管告诉我们谁是捣蛋鬼或是不想学习的孩子,我们会来管教他。"从新英格兰来的18岁女教师刚刚到达牧场上只有一间教室的学校,当地居民就这样对她说,而且这些居民说到做到。

当然,要求知识和技能——至少是要求高学历的工作,仍然更受社会的尊重。除了经济之外,影响学校教学的还有很多其他因素。然而,自从第二次世界大战之后,知识和技能不再是摆脱经济困境的唯一道路。大学教授仍然认为儿子辍学去装配线上班很丢脸,但儿子跟父亲过得同样舒坦。蓝领工人看到的情况是,在玻璃厂当机器操作员的长子,和从州立大学毕业的小儿子挣得一样多,而且挣钱要早得多。这样一比较,这名工人自然更愿意选一家重在"照顾"而不是"严格要求"的学校。

但这类状况已经结束了。即便经济复苏恢复了所有蓝领职工的就业岗位,薪水和福利也极为优厚,这种状况也走到了尽头。就业的方向转向了经济快速发展领域的知识性工作,带来了新技术的大规模发展,工人投入工作的知识和技术成为生产力发展的决定性因素。最终,生产力必然决定支付能力和真实的收入水平。

这就是为什么我们能够信心十足地说,美国的学校必将迅速得以改进。

[1983]

3

第三部分

管理

THE FRONTIERS OF
MANAGEMENT

第 21 章　管理：成功所带来的问题

第 22 章　控制参谋工作

第 23 章　精简中层管理

第 24 章　以信息为基础的组织

第 25 章　工会变得过时了吗

第 26 章　工会的灵活性：为什么现在必不可少

第 27 章　管理是一门人文学科

第 21 章 | CHAPTER 21

管理：成功所带来的问题

管理学上保守得最好的一个秘密是，最先系统应用管理理论和管理原则的，并不是工商企业，而是公共机构。在美国，最早系统化并有意识应用管理原则，且充分意识到这是在应用管理原则的，是特迪·罗斯福总统的战争部长伊莱休·鲁特（Elihu Root）对美国军队进行的改组。几年以后，1908年，出现了首位"城市管理者"（在弗吉尼亚州的斯汤顿市）。这是有意识地应用当时刚出现的管理原则，把"政策"（由选举产生并在政治上负责的市议会制定）和"管理"（由非政治的专业人员负责，并且只针对管理）分离开来的结果。同时，城市管理者也是第一个被叫作"管理者"的高级行政主管；而在商界，这一称呼尚不为人知。例如，弗雷德里克 W. 泰勒在著名的 1911 年美国国会听证会上所做的证词中，从未使用过这一术语，而是称之为"所有者及其助手"。当泰勒被要求列举出一家真正实践"科学管理"的组织时，他没有提到任何一家企业，而是以梅奥医院（Mayo Clinic，美国最著名的医疗机构）为例。

30年后,城市管理者卢瑟·古利克(Luther Gulick)将管理和管理原则应用到一个在新政期间发展得无法控制的联邦政府组织里。又过了10多年,也就是1950～1951年,类似的管理概念和原理才被一家企业系统化地应用到一项类似的任务上:改组通用电气公司,其迅速发展使原先设计的纯粹功能性组织结构变得不相适应。

现在,工商界之外应用管理的地方,可能和工商界一样多——甚至更多。美国当前最具管理意识的机构应当算军队,紧随其后的是医院系统。40年前,当时才刚诞生的管理咨询师认为,只有企业可能会成为自己的客户。而现在,一家典型的管理咨询公司有一半的客户都是非企业界的:政府机构、军队、学校和综合性大学、医院、博物馆、职业协会,以及像童子军、红十字会一类的社会团体。

具有工商管理高级学位的人,即具有MBA学位的人,越来越成为城市管理、艺术馆、联邦政府管理和预算机构的首选录用者。

然而大多数人在听到或看到"管理"这个词的时候,想到的仍然是"工商管理"。管理书籍往往比其他非小说类畅销书卖得更多,但它们的书评一般只出现在商业版上。一所接一所的"工商研究院"被重新命名为"管理学院",可颁发的学位依然是MBA——工商管理硕士。管理类书籍,不管是用于大学教育的教材,还是针对一般读者的读物,主要探讨的还是商业问题,并使用商业案例作为分析材料。

当人们谈及"管理"的时候,我们想到的是"工商管理",对此有一个很简单的解释。工商企业并不是首先应用管理原理进行管理的机构。现代大学和现代军队,比企业界早半个世纪就开始这么做了,它们在拿破仑战争以后不久就出现了。实际上,现代机构中最早出现的"CEO",就是后拿破仑时代普鲁士军队的参谋总长,这一职务是在1820～1840年发展起来的。无论是在精神上还是在结构上,当时的新式大学和军队都和其前身有着显著不同。但这两者，通过使用原有的头衔、习惯和仪式，特别是通过维持该机构及其领导阶层的社会地位，有意地掩盖了这些区别。

然而，新型工商企业在 19 世纪六七十年代出现之后，没有人会把它看作传统的旧式"商号"——两个老弟兄和一个职员，就构成了这种商号的"账房"。查尔斯·狄更斯（Charles Dickens）在 1850～1860 年出版的通俗小说，以及其他很多 19 世纪的小说，甚至到 1906 年托马斯·曼（Thomas Mann）出版的《布登勃洛克一家》（Buddenbrooks），都对此做了极为出色的描写。

举例来说，新型企业——美国南北战争之后发展起来的长途铁路公司，在欧洲大陆上建立的通用银行，以及 20 世纪初 J. P. 摩根成立的美国钢铁托拉斯企业，不是由"所有者"经营的。实际上，它们根本没有什么"所有者"，它们有的是"股东"。从法律上来说，不管新式大学或新式军队的性质和职能发生了多大变化，在机构制度上仍然和原先是一样的。但为了适应新的工商企业，人们不得不创造出一种全新的、截然不同的法人，称为"股份企业"。还有一个更为精确的法文术语——"Société Anonyme"，即匿名的集体所有企业，它不是由单独的哪个人所有，而且任何人都可以对其投资。在股份制企业里，股份成为一种对红利而非对财产的要求权。股份所有权必须同企业的控制权和管理权相分离，而且要易于分离。在新型的股份制企业里，资本是由大量，甚至是相当大量的外部人员所提供的，他们每个人只持有相当少量的股份，没有一个人会对经营该企业感兴趣——如果用一种全新的说法来说，他们没有必要对经营企业承担任何责任。

这种新型的股份企业、匿名的集体所有企业、有限公司，不能像新式大学、新式医院那样用"改革"来进行解释。很明显，这是一种真正的创新。这种创新很快就创造出了新的工作机会——最初，是为迅速成长的城市无产阶级带来了新工作，但同样也日益为受过教育的人带来了新工作。不久它开始在整个经济中占支配地位。在旧式机构里可以用不同的程序、不同的规则或不同的条例来解释的，在新式机构里很快就变成了一种新的功能（管理）和一种新型的工作。于是这就引来了人们的研究、注意和争论。

但更为特别和没有先例的，是这一新生事物在社会中的地位。这是数千年来首次出现的新型自治机构，同时首次在社会中创造出独立于全国中央政府的权力中心。在19世纪，人们认为这是对"历史法则"的一种进攻、一种背离，甚至是一种亵渎（20世纪的政治学者依然如此认为）。

1860年前后，当时最著名的一位政治学者，英国的亨利·梅因（Henry Maine，英国资产阶级法律史学家）爵士，在其著作《古代法》（*Ancient Law*）一书中，创造出一个形容历史进步的著名短语——从地位到契约。很少有其他说法像这个短语那么流行，广为人们所接受。

然而，正在梅因爵士宣称历史的规律要求消除社会中的一切自治权力中心的时候，工商企业出现了。显然，它从一开始就是社会中的一种权力中心，并且是完全自治的。

可以理解，对很多同时代的人来说，工商企业完全违背了历史的发展，预示着一个巨大的阴谋。美国第一位伟大的社会历史学家亨利·亚当斯（Henry Adams）显然就是这样看的。他在格兰特总统当政期间所写的最重要的一本小说《民主》（*Democracy*）中，把这种新的经济权力描述得极为腐败，同时也污染了政治发展过程、政府和社会。几十年以后，亨利的弟弟布鲁克斯·亚当斯（Brooks Adams），在美国有史以来最流行的一本政治著作《民主教条的衰退》（*The Degeneration of the Democratic Dogma*）中进一步阐述了这一论点。

同样地，威斯康星州的经济学家约翰·康芒斯（John R. Commons，威斯康星州进步运动⊖背后的智囊，他倡导的若干"改革"，很快成为后来新政中实施的社会和政治创新措施，最后一点也不可忽视，他被公认为是美国的"工联主义"之父）也持有相同的观点。他谴责工商企业是律师的阴谋，他们故意曲解宪法第十四项修正案，使得企业具有了和自然人同样的"法人"身份。

在大西洋对岸的德国，沃尔特·拉特瑙［Walter Rathenau，他本人曾成功地担任过一家新式大型股份企业的主要执行管理者（1922年，他在新成立的魏玛共和国任职外交部长时，被纳粹分子暗杀，成为纳粹恐怖活动最早的一名牺牲者）］同样认为企业这种新生事物，彻底违背了当时流行的政治和社会理论，而且还是一种严峻的社会问题。

在日本，19世纪70年代通过建立工商企业而在政府中创造了辉煌成果的涩泽荣一，也认为工商企业是一种全新而富有挑战性的事物。他尝试通过向企业灌输儒家伦理来驯服它；日本在第二次世界大战后发展起来的大型企业在很大程度上都是按照涩泽荣一的想法来设立的。

在世界上的其他地方，新型企业一样被看作一种激进而危险的创新。比如，在奥地利，基督教社会党（这一政党至今仍是欧洲大陆的主要政治党派）的创始人卡尔·卢埃格尔（Karl Lueger），在1897年被选为维也纳市长，他的竞选纲领是，保卫诚实可敬的小企业主——店主和手工匠人，抵抗邪恶而非法的股份公司。几年后，一位默默无闻的意大利记者，贝尼托·墨索里

⊖ 19世纪末，美国垄断资本主义时代后，社会面临着一系列空前的危机：政治腐败猖獗、市场秩序混乱、劳资冲突剧烈、贫富差距悬殊、社会道德失序。以劳工、平民党人、妇女、城市中产阶级改良派和知识分子为主的进步主义者，组成以利益群体为基础的改革力量，利用公民社会和政治参与的机制，启用美国宪政中"社会公正"和"公共福利"的传统原则，推动政府制度改革，迫使各级政府承担起管制自由放任的市场经济、保障公民基本权利的责任，以保证所有公民群体都能更为公平、均等地分享工业经济的"进步"所带来的成果。进步运动扩大了美国联邦和各州政府的功能，改变了联邦政府的权力结构和运作模式。这一切都为美国制度在20世纪的变革奠定了基础。——译者注

尼（Benito Mussolini），因为强烈抨击"没有灵魂的股份公司"，而在全国声名鹊起。

这样一来，很自然地，大概也是不可避免地，一提到管理，不管是恶意的还是友好的，人们都会联想到工商企业。不管有多少其他机构在应用管理，工商企业始终是最明显、最突出、最引人争议的新目标。因此，它对管理来说具有相当重大的意义。

不过，现在距离管理在19世纪70年代的早期大型企业中兴起，已经有100多年了。人们认识到，管理适用于每一种社会机构。在过去的100多年间，每一种主要的社会职能，都为管理得当的大型组织所承担。1870年的医院只是穷人跑来等死的地方，而到了1950年，医院已经成为一种最复杂的组织，需要极为出色的管理才能正常运作。如今发达国家的工会组织是由领取薪水的专业管理人员管理的，而不是名义上担任领导的政客。在1900年，即便是规模很大的大学（当时最大的大学也只有5000名学生），机构仍然非常简单，最多只有一两百名教员，每位教授只讲授自己的专业；而现在大学变得越来越复杂——包括大学本科生、研究生和博士生，拥有研究机构，并从政府和工商企业获得科研补助金，此外还有一个日益庞大的行政管理机构。在现代军队中，最根本的问题是，哪些范围需要管理，哪些范围管理会妨碍领导——很明显，管理赢得了最后的胜利。

因此，把管理和工商企业视为一体的看法，已经变得过时了。即使我们的教科书和研究仍然着重关注管理在企业界的发展情况——一般来说，以"管理"为名的杂志（如英国的《今日管理》或是德国的《管理杂志》），其主要关注对象（即便不是唯一的关注对象）还是工商企业，但管理确实已成为当代社会普遍的一种通用职能。

现代社会已经变成了一个"组织的社会"。政治和社会理论家仍然被视为标准的"个人"，即独立地存在于社会中，不属于或受雇于任何机构，和政府直接相对的个人，他们已经成为极少数。发达国家社会中的绝大多数人，都是组织的雇员。他们从组织的集体收入中获得生活来源，认为自己的事业发展机会和成功主要来自组织提供的机会；他们的社会地位主要是由其在组织中的级别决定的。个人积蓄少量财产越来越多地是通过退休金来实现的——尤其是在美国。也就是说，必须成为组织的成员，才有机会获得财富。

反过来，每一个组织的职能都依赖于管理。管理使组织免于成为乌合之众。它是一种有效的、能使组织一体化的、赋予组织生命力的器官。

在一个组织的社会中，进行管理成为重要的社会职能，而管理层则成为建设性的、决定性的、特定的社会器官。

新多元主义

在我们大学的政治系和法学院，仍然在讲授有关"自由国家"的理论。根据这一理论，所有组织起来的权力，都属于中央政府。然而，一个组织化社会却是一个多元化的社会，它向传统的教义提出了公开挑战，因为它包含了多种组织和权力中心，而且每一个组织和权力中心都有一个管理层，并且必须加以管理。工商企业只是其中的一种，此外还有工会、农业组织、医疗保健机构和学校，更不要说各种媒体了。实际上，连政府也日益成为各种近乎自治的权力中心的多元化集合体。这些权力中心，与美国宪法规定的政府分支机构是极为不同的。以行政机构为例，美国历史上最后一任对行政机构加以有效控制的总统，是50年前的富兰克林 D. 罗斯福总统；在英国是温斯顿·丘吉尔首相；在苏联是斯大林。自从他们以后，所有主要国家的行政机构都变成了拥有自主权力的常设机构。军队的情况也在朝此方向演变。

在19世纪，"自由国家"必须承认政党的存在，虽然它并不太情愿这么做，而且还满是猜疑。但政党的目的受到政府的控制。可以这么说，政党是政府机制上的齿轮，不可能独立于政府而存在。如果没有政府，政党根本没有存在的依据。

激励新多元主义机构的，并不是这类目的。

旧式多元主义机构，如欧洲中世纪或日本中世纪（如世袭的王公、封建领主、自由城市、工匠行会、主教管区和修道院）的机构，本身就是政府。每个机构都想从政府那里获得尽量多的权力；每个机构都征收赋税和关税；每个机构都力图获得制定法律、建立法院、行使法律的权力；每个机构都试图授予骑士、贵族以特权或自由民头衔；每个机构都想要获得它最垂涎三尺的权力——自己发行货币的权力。

但如今的多元化机构，其目的是非政府性的：制造、销售产品或服务，保障就业和工资，救治病患，教育青少年，等等。这些机构的存在目的，只是为了从事一种与政府做的工作不同的事业，或者说，让政府不必再去做它做过的事情。

旧式多元主义机构把自己看作完整的社会。即便是手工业行会，例如佛罗伦萨极有权势的毛纺业行会，也主要是为了控制其成员而组织起来的。当然，纺织工需要通过把织好的货物卖给其他人收取报酬。然而，行会用尽一切力量把成员同外界的经济影响隔离开来，它们严格规定成员该生产什么样的产品、生产多少、如何进行生产、产品的价格是多少以及由谁来销售。每一个行会都把成员集中到城市中的一个区域，并在该区域进行政府式的控制。每一个行会都会立刻建立自己的教堂，信奉自己的守护神。每一个行会都会设立自己的学校，现在伦敦都还有"手工裁缝学校"。每一个行会都会对成员加入进行严格控制。如果旧式多元主义机构不得不处理对外关系，它们会通过正式的协定、结盟、争执甚至是战争等"外交手段"来处理。总之，外面的人就是外国人。

新多元主义机构的目的就是对外接触。它们是为了"顾客"或"市场"而存在的。医院的成就不在于使护士感到满意，而是治愈病人。企业的成就不在于让工人快活——尽管它也会努力实现这一点，而是使购买产品的顾客满意。

同旧式多元主义机构不同，所有的新多元主义机构都是目的单一的机构。它们是用于满足一种特殊社会需求的社会工具，比如制造或销售汽车、提供电话服务、治愈病患、教会儿童阅读，或是为失业工人提供救济款。然而，为了实现这一单一的专门贡献，它们本身需要相当程度的自治权。它们需要以一种能够永久存在，或至少是能长期存在的方式加以组织。它们需要处理大量的社会资源，如土地资源、原材料资源、经济资源，最重要的是人力资源，特别是受过高等教育和训练的人——这是一种最稀缺的资源。它们还需要对人拥有一定的权力，一种强制性权力。人们很容易忘记，就在不太遥远的从前，只有奴隶、仆人和罪犯才不得不按他人的规定工作。

这类机构拥有——也必须拥有发放或撤销社会荣誉和经济奖励的权力。不管使用什么样的方法选拔或提升人才——由上级任命、由同事选举，甚至是采取职务轮换的方式，总之，这都是一种对个人做出决定的权力，而不是由其本身来决定。这种权力的依据，是和组织目标有关（而不是和个人目标有关）的非个人化标准。因此，不管该机构设立伊始要满足的特殊社会目标是什么，个人必须服从以这种价值观为体系的权力。

在机构中行使这一权力的机能，我们就称之为"管理"。

这是全新而史无前例的，我们至今都还没有适合它的政治或社会理论。

这种新多元主义立刻产生出一个问题，如果社会由一些只关心特别目标而不关心大众利益的权力中心构成，那么谁来关心公众利益呢？

多元社会中的每个机构都认为自己的目标是中心，最为重要。实际上，它也只可能这样做。比如，如果学校或大学不把教学和研究看作能够创造良好社会和良好公民的关键,就无法行使职能。如果一个人不认为健康具有绝对重要的价值,他就不会选择进入医院或护理行业工作。正如无数次失败的合并和收购所证明的那样,除非管理层相信公司所提供的产品或服务,除非它尊重公司的客户及其价值观,否则就无法很好地经营该公司。

通用汽车公司的董事长查尔斯 E. 威尔逊（Charles E. Wilson,后为艾森豪威尔总统的国防部长）并没有说过"对通用汽车公司有益的事,就是对美国有益的事"这样的话,他实际上说的是:"对美国有益的事,就是对通用汽车公司有益的事;反之亦然。"威尔逊的话被错误地引用,这件事无关紧要。重要的是,每个人都相信他不但说了那句被弄错的话,而且也实实在在地信奉那句话。实际上,如果一个人不相信对通用汽车公司（或是对哈佛大学、济慈医院、土建工人协会、海军陆战队）有益的事必对国家有益,不认为自己的工作是一项"使命"（即使并不神圣,对社会来说也至关重要）,他就不可能经营好通用汽车公司,或是哈佛大学、济慈医院、土建工人协会、海军陆战队等。

然而,上述每一种使命都只是公共利益的一个方面——它非常重要,不可或缺,但仍然只是一种相对利益而非绝对利益。同样地,它必须被加以限制,与其他考虑相权衡,并且常常要服从于其他考虑。不管怎么说,公共利益必须在各种专门利益的冲撞和喧嚣中凸显出来。

旧式多元主义从未能解决这一问题。这就可以解释为什么镇压多元主义成为"进步的事业",为什么近代（指 16 世纪至 19 世纪）的伦理学家异口同声地支持这么做。

新多元主义能做得更好些吗?当然,镇压多元化机构是解决方法之一。这是极权主义给出的答案,并且确实触及了问题的实质。极权主义国家,不管是法西斯还是纳粹,都使所有的机构屈从于国家,使之成为国家（或是拥有最高权力的政党）的扩展。这种做法拯救了现代政治理论中的"国家",

却牺牲了个人的自由、思想的自由和表达的自由，并对权力完全失去了控制。国家（或政党）确实是唯一的权力中心，符合传统理论的观点，但它只有以赤裸裸的恐怖行为为基础，才能维持对权力的垄断。而即便付出如此高昂的代价，仍无法真正行得通。正如我们现在所知，所有极权政权的经历都完全相同，不管其自称是"左"还是"右"，在极权统治的背后，多元化机构依然存在。要剥夺它们的自治权力，除非让整个社会和它们一同陷入停顿。极权主义已经证明，现代社会必然是"组织的社会"，也就是多元化的社会。唯一的选择是，到底是维护个人的自由，还是剥夺并摧毁个人的自由——虽然这么做只有一个目的，就是为了赤裸裸的权力。

和极权主义方式相对的，是美国的方式。在所有现代国家中，只有美国从未彻底接受过"自由国家"的理论。美国很早就以一种多元化政治理论，即约翰 C. 卡尔霍恩（John C. Calhoun，美国政治领袖，历任众议员、陆军部长、副总统、参议员和国务卿）的"并存多数"价值观，反对过"自由国家"理论。卡尔霍恩的理论形成于 19 世纪 30 年代到 40 年代，他提出各个州应当实行多元主义，以防止美国因为奴隶制度走向分裂。虽然"并存多数"理论没能阻止南北战争的爆发，但 30 年后，现代共和党及现代美国政治理论的创始人马克·汉纳（Mark Hanna）提出主要利益集团（农民、工人和工商业者）"并存多数"，重新阐述了卡尔霍恩的多元主义。这三大利益集团中的每一阶层，都能有效行使大多数否决权。它绝不能将自己的意愿强加给别人，但它也必须能够防止他人把意愿强加到自己头上。又过了 30 年，富兰克林 D. 罗斯福以这种理念，作为新政的基本政治信条。在罗斯福的体制中，政府成了仲裁人，它的工作是保证任一利益集团都不会变得过于强大。罗斯福当政时期，"资本"（后来使用的是"企业"这个词，再后来用的是"管理层"）显得太强大了，于是就把农民和工人组织起来抵消企业的权力。没过几年，劳工的力量似乎又太强大了，于是又把农民和企业组织起来抵消和平衡劳工的力量，等等。

每个利益集团都可以不顾公共利益，自由地追求自己的目标，人们甚至还希望它这么做。在第二次世界大战最黑暗的日子里，也就是1943年，美国军队仍然缺乏武器和弹药，此时芝加哥产业工会联合会（即美国现代工联主义的前身）的创始人、煤矿工人联合会最强有力的领袖约翰 L. 刘易斯（John L. Lewis）却号召发动一场煤矿大罢工，以便工人能获得更高的工资，对全国的工资控制公然表示反对。罗斯福总统公开抨击此举危及了国家的生存。刘易斯反驳道："（罗斯福）拿着美国总统的薪水，就要考虑国家的生存。我拿着（煤矿工人联合会领袖的）薪水，就要考虑煤矿工人的利益。"虽然报纸猛烈地批评刘易斯，可公众舆论却显然认为，刘易斯不过是大声说出了罗斯福政府一直在实践的事实。大众给予刘易斯足够的支持，使他得以在罢工中取得胜利。

这个例子表明美国的多元主义理论尚不完善。实际上，和旧式多元主义一样，美国的多元主义催生了众多的利益集团和压力集团，使得政府难以施展拳脚，更不要说谋求公众利益了。

1984～1985年，几乎每个美国人都认为应该对税收体制进行重大改革，替代日趋复杂且不合理的现行税法，降低税率，取消若干免税权。但实际上，根本不可能制定这样的税法。每一项免税权都已成为既得利益集团拼死维护的神圣事业。即便有些利益集团只代表几百个或是几千个投票人的利益，它们也能——实际上也确实阻碍了税务改革。

还有别的出路吗？到目前为止，似乎只有日本人能够将一个由组织构成的社会与对公众利益的追求调和起来。政府要求日本的主要利益集团，以"怎样做对国家有利"为出发点考虑问题，要求它们从符合国家利益的公共政策出发谋求自身利益。

然而，即便是日本，能否长期维持这一方法，也是令人怀疑的。它反映的是日本过去的一种看法，认为日本孤立地生活在一个充满敌意和反对者的世界中——因此所有日本人，不管他们的直接利益是什么，都必须团结起来，以免被各个击破。在日本取得成功之后，这种态度还能维持下去吗？而且在西方，人们认为利益集团就该代表自己的利益，这种方法能行得通吗？

可能有人会这样问：这是一个管理的问题吗？它不是一个政治的问题、政府的问题，或者政治哲学的问题吗？但是，如果管理无法解决这一问题，那么不可避免地会用到政治手段。举例来说，如果美国的卫生保健机构、医院和医护专业人士不解决螺旋上升的医疗费用问题，政府就会对此加以限制，比如限定老年人就医的医疗保险费用。很明显，这种规定完全不是关心卫生保健，而很可能对它有害。这种办法的设计目的是解决政府及其雇员短期内的财政困难，也就是说，是用一种表面上有区别但同样片面的方法，代替医疗保健利益集团以自我为中心的片面方法。

如果新多元主义机构的管理层无法在公众利益和对其立身之本的特殊使命的追求之间达成统一，那么上述情况必将成为现实。

管理的合法性

权力必须具有合法性，否则，它就只有力量而无威信，只有强权而无正义。为了具有合法性，权力必须以某种来自外界的、超越其本身的东西作为基础。在服从该权力的人们的心目中，即便这种东西并不是一种绝对真理，至少也要具备真正的价值——是君权神授也好，是使徒传统也好；是神职机构也好，是现代科学的必然法则也好；是被统治者同意的、通过普选方式获得的也好，还是像在很多现代国家中那样，玩一套水平很高的魔术也好。如果权力本身就是目的，它就会变得专制，既不合法，又很残暴。

不管是什么样的组织，管理层必须拥有开展工作的权力。从这个角度考虑，天主教教会、大学、医院、工会和工商企业根本没有什么太大差异。由于每一个机构的管理部门必须拥有权力，因此它就必须具备合法性。

如此一来我们碰到了一个难题。在我们这个由组织所构成的社会中，人们大体上认为，重要机构的管理层是具有合法性的，唯一的例外就是工商企业的管理层。大多数人认为，工商企业是必需的、可以接受的。实际上，社会对一家大型企业或某一行业生存问题的关心，远远多过对其他任何机构的关心。如果一家重要的企业遇到麻烦，就会产生一种危机，人们会用尽一切努力去拯救这家企业。与此同时，企业的管理层会遭到普遍的怀疑，企业行使任何管理权，都会被指责为篡权，各方都会呼吁立法机构或司法部门采取行动，限制管理权甚至将其完全取缔。

对这个现象的常见解释是，大型工商企业比其他任何机构所具有的权力都更大。但这根本站不住脚。工商企业的权力不仅要受到来自各方的制约——如政府、政府规章、工会等，而且，即便是有钱的大型工商企业所具有的权力，和大学相比起来也微不足道。现在，除了最低下的工作，想要获得任何职位，都必须有大学文凭。虽然大学及其管理层常常遭到批评，但很少有人会质疑它们权力的合法性。

西欧和美国大批量生产行业中最大的工会组织，肯定比该国或该行业里任何个别企业所具有的权力都更大。实际上，第二次世界大战结束后，英国和欧洲大陆的大型工会组织，已成为社会中最有权力的机构，有时甚至比国家政府的权力还大。在这期间，工会在行使权力的时候表现得相当自私自利，甚至不负责任。但在美国和西欧，即便是最尖锐的批评者，也很少质疑工会权力的合法性。

另一个解释——也是目前流行的一种观点认为，所有其他组织的管理层都是利他主义的，而企业则只关注利润，因此都是为了自己，是为了追求物质利益。但即便接受大多数人的看法，认为不追求利润是高尚的，追求利润是可疑的，甚至是罪孽深重的，也很难用"利润损害企业管理层合法性"来作为解释。在所有的西方国家，企业所有者，也就是真正的资本家及其利润的合法性，从来没有人提出怀疑，而专业管理层的合法性却无法被人接受，虽然专业管理层是为别人而不是为自己获取利润——如今，它的主要受益人是员工的养老基金。

再来说说日本的情况。第二次世界大战以后，其他任何国家，甚至法国和瑞典都不像日本那样，知识分子对"利润"怀有极大的敌视态度，至少一直到1975年都是这样。日本大学里的左翼知识分子甚至要求将日本的大型企业国有化，但即便是其中最纯粹的马克思主义者，也不曾质疑过企业管理层的必要性或合法性。

答案显然存在于日本管理层自身以及它在社会中所代表的形象上。按照日本法律的规定，管理层是为股东服务的，这和美国、欧洲的法律相同。但日本人把这一点看作纯粹的假设。现实情况是，日本一些大型企业管理层（即便是像丰田汽车这样由家族所有、家族管理的企业也是如此）的指导方针是，管理层只是企业本身的一种职能。管理层为经营企业服务，它把企业的若干构成要素结合到一起（首先是雇员，接着是客户，然后是债权人，最后是供应商），成为一种共同利益。股东只是债权人中的一个特殊部分，而不是企业为之存在的"所有人"。日本企业的表现证明，它们并不仅是作为慈善机构来经营的，而且知道该如何获取经济效益。实际上，日本经济的真正权力属于日本银行，它们密切注意企业的经济效益，迅速介入表现不佳或糟糕的企业管理层，比西方上市公司的董事会出手更快。日本人通过终身雇用制将经营中的企业及其价值观制度化。不过在终身雇用制中，首先要保证雇员的工作和收入——除非危及企业本身的生存问题。

日本模式也存在许多非常现实的问题，特别是在技术和经济发生快速的结构性变化，迫切需要劳动力自由流动的时候。即便如此，日本的例子仍能说明，为什么管理的合法性在西方成了问题。西方企业的管理层（特别是美国企业的管理层），还不曾真正面对现实：我们的社会已经变成了一个由组织构成的社会，管理是其中最关键的职能。

30多年以前，人们开始认真地研究管理问题，当时通用电气公司的CEO拉尔夫·科迪纳（Ralph Cordiner）曾试图重新定义企业高级管理层的责任。他说，企业的管理层是"谋求股东、雇员、客户、供应商和工人团体（这些群体，我们现在叫作'利益相关者'或'选民'）最佳权衡利益的受托人"。这句话被当成一句口号，很快流行起来。无数的美国企业把它写进了公司宗旨当中。但科迪纳先生和其他拥护这句话的董事长与总裁都没有像日本人那样做：使管理者的职业制度化。他们根本没有认真思考过这些不同利益相关者的最佳权衡利益到底是什么意思，也没有想过如何根据这一目标来判断企业的表现，如何使它成为一种义务和责任。这个宗旨有良好的意图，但良好的意图不足以使权力具有合法性。实际上，以良好的意愿作为权力的基础，是开明专制的特点，而开明专制从来行不通。

"开明专制"这个词是18世纪诞生的（最支持这一做法、最热心宣传它的大概要数伏尔泰了），当时，人们不再普遍认为君权神授是权力合法性的基础。在18世纪的开明专制君主中，奥地利国王约瑟夫二世（1765～1790年在位）具有最良好的意图，被看作进步和开明的典型代表。他所倡导的每一项改革，都迈向了正确的方向——废除酷刑；对新教徒、犹太教徒甚至无神论者实行宗教宽容；在每一个乡村实行免费普及教育，设立公共医院；废除农奴制；编订法律，等等。然而，他的臣民，特别是在他的帝国最先进的地区——奥属尼德兰地区的人民，纷纷起来反抗他的统治。几年以后，法国大革命爆发，欧洲的开明专制一个接一个地垮台了。他们根本没有什么支持者。

由于拉尔夫·科迪纳及其同时代的管理者，从未试图将制度化的安排作为管理权力的基础，因此他们的主张很快就变成了开明专制。到了 20 世纪五六十年代，它又变成了"公司资本主义"。一套开明的"专业"管理层班子在企业里拥有绝对权力，只受自己的控制，除非发生重大灾难，否则它不会被撤换。它为自己辩护说，"股票所有权"太过分散，股东无法再进行干涉，更不要说对企业加以控制了。

但这不过是一种妄自尊大：自大而可耻的骄傲，总是会招致失败。在股票公开上市的大型企业宣布管理层独立后不到 10 年，"公司资本主义"就开始走向崩溃。原因之一是，股票所有权再度集中化，被退休基金掌握到手里。

接着，通货膨胀扭曲了市场价值——它总是会这样，因此原本以预期收入作为基础的股票价格，变得远远低于其票面价值和清算价值。结果导致近年来恶意收购的浪潮席卷全美，现在甚至还波及了欧洲。这股浪潮的潜台词是，企业存在只是为了让股东获得利益，而且是短期的、即时的利益。

到目前为止，除了华尔街和华尔街的律师，人们普遍认为恶意收购是有害的，也是美国在世界经济中丧失竞争力的一大原因。无论如何，必须尽早阻止恶意收购（有关这一问题，请参见第 28 章"恶意收购及其危害性"）。可能一次"大崩盘"会遏制这股潮流，投机带来的繁荣最终总会崩溃。也可能是采取这样的改革：把普通股分成不同的类型，公司外部人所持的股票，只具有部分投票权，或是根本不给予公开发行的普通股投票权。[这个建议来自纽约花旗银行的名誉董事长沃尔特·瑞斯顿（Walter Wriston）。]

不管恶意收购潮最终是怎么结束的，毫无疑问的是，管理层合法性的问题必须得以解决。我们知道解决这一问题的办法需要符合某些规范要求。企业的经济效益必须有恰当的保证，比如要保护企业的市场地位，维持产品或服务的质量，以及企业作为创新者的表现。还要强调和控制企业在财政上的表现。如果说收购潮教会了我们什么，那就是企业管理层在财政上的表现不得低于一般标准。

不同的利益相关者也必须被纳入管理过程。(比如,把公司的退休金计划作为公司员工利益的代表。对公司员工来说,退休金计划就是自己的受托管理人。)同样,还要维持企业制造财富和就业岗位的能力,也就是说,企业的持续经营,需要纳入我们的法律和制度安排当中。这应该并不是太困难。毕竟,我们在90年前,就在破产法中对保护企业的持续经营做出了规定。破产法规定,在考虑其他各项要求权——包括债务人的要求权之前,必须优先考虑企业的持续经营问题。但不管具体的条件如何,企业管理必须获得合法性,它的权力必须建立在外界的某种正当理由之上,并且必须获得"宪法"的认可,而这一点,是目前还很缺乏的。

同管理层的合法性问题密切相关的是管理层的报酬问题。

为了具有合法性,管理者必须被人们视为"专业人士"。专业人士的待遇素来很高,也理应很高,但如果所得报酬超过了专业责任和职业标准,就会被认为不符合职业道德。这意味着必须对管理者的收入加以限制。像克莱斯勒公司的CEO几年前做的那样,在公司的艰难时刻,所有其他员工的薪水都下调30%,自己却拿走几百万美元的奖金,这种做法显然不够专业。如果本身只是雇员而不是所有者,拿的薪水和奖金却远远高于自己的同事(即管理层的其他成员),这也肯定不是什么专业之举。自己的薪水和奖金超乎常规,引起全社会的紧张、嫉妒和愤恨,自然也不是专业做法。实际上,管理层的巨额收入,在经济上并不存在什么正当的理由。德国和日本的高层管理者,干得和美国高层管理者一样出色——从结果上来看,也许更为出色,然而他们的收入,往往最多只相当于美国同行业、同规模企业高级主管所得的一半。

此外还有其他一些方面的工作要做:大型工商企业高层管理者的准备、考验、挑选和继任,高级管理层的结构,高层管理者的绩效标准,以及用于监控高层管理者的制度安排和执行方式。

在西方，由于人们尚未完全了解企业管理成功的意义，因此它的合法性也就未能得到普遍接受。公司主管，甚至是大型企业的主管，大多都毫无名气。如果他们想把自己搞得像个贵族，那只会自取其辱。和我们其他人一样，他们也不过是花钱雇来的人手。等他们退了休，搬出总裁套房，他们即便是在自己原先的公司里也会变得"无足轻重"。但他们在位的时候，他们就代表公司。从个人来说，他们面目模糊，从集体来说，他们构成了一个管理集团。因此，他们的行为被视作代表。对普通人而言不过是一点小小的个人过失，但要是放在领导身上，就成了该受谴责、辜负众望的大错。这不仅仅是因为领导的地位显赫，也是因为以身作则就是领导的职责所在。

还有一个重大问题，也就是现在被称作管理层"社会责任"的问题。尽管有很多不同的看法，但这其实不仅是企业的社会责任，也是所有机构的社会责任——否则，我们就不可能对美国医院提出玩忽职守的诉讼，或是控告美国大专院校中存在种族歧视。但是，在一个由组织构成的社会里，企业必然属于重要的机构，因此也就有必要确定它的社会责任是什么以及不是什么。

和其他机构一样，企业当然要为自己的影响负责，毕竟，为自己的影响负责乃是一条最古老的法律原则。和其他机构一样，如果企业对自己的影响放任不管，使之超出了其社会目的（如生产产品和提供服务）所必需和固有的限度，那么就是违背了自己的责任。一旦超出这些限度，就构成了侵权，也就是说违反了法律。

有些问题并不是由企业的影响或其他活动造成的，但它是严重的社会弊病。对于这种问题该怎么处理呢？很明显，这并不是企业的责任，也不是任何组织的责任。在力所不能及的时候采取行动，绝不是负责，而是不负责。20世纪60年代的时候，纽约市的某位前市长呼吁："通用电气和纽约的其他大企业，要帮助解决黑人社区问题，保证每一个领取福利金的黑人母亲都能在家里拥有一个丈夫和孩子的父亲。"他的做法不仅荒谬，也是在要求企业做不负责任的事。

此外，如果某项"责任"会妨碍或损害管理层行使自己的首要职责——企业的经济效益，那么它不必承担这种"责任"。承担这种"责任"，同样是不负责任。

除了这些警告之外，还有一些我们连真正的问题都没完全弄清楚的"无人地带"。比如纽约的问题并不是企业造成的，而大多是公共政策造成的。企业曾经对这些政策反复提出过警告，进行过抵抗。其中主要是房租控制政策，它往往会破坏穷人真正需要的住房，也就是那些像样的、维修得当的老房子；还有蛊惑人心的福利政策；以及同样蛊惑人心的劳资关系政策。然而，20世纪60年代末70年代初，当纽约处于自我毁灭的边缘之时，纽约一些主要企业的少数高层管理者，如纽约港务局的奥斯汀·托宾（Austin Tobin）、大通曼哈顿银行的戴维·洛克菲勒（David Rockefeller）、花旗银行的沃尔特·瑞斯顿和威廉·斯潘塞（William Spencer）、拉扎德投资公司的私人银行家费利克斯·罗哈廷（Felix Rohatyn）、辉瑞制药公司的高层管理者，以及若干其他人，动员企业界扭转纽约的衰落趋势，帮助它走向复兴。对于那些他们做不到的事，比如黑人街区的问题，他们并没有"承担起责任"。他们选择的是自己最擅长的方向：发起并领导了壮观的城市建设活动。这是自100多年前拿破仑三世创建新巴黎、弗朗西斯·约瑟夫创建新维也纳以来，在世界各大主要城市中展开的最激动人心的建设活动。虽然黑人街区的问题以及与此有关的街道犯罪等弊端依然存在，但整个城市恢复了活力。

这一切的发生，并不是因为这些企业及其管理层（除了纽约港务局）需要纽约。他们本可以像很多同行——如IBM、通用电气、联合碳化物公司做的那样，搬出纽约。这些企业及其管理层这么做的原因是，纽约市需要他们——他们最终也因此受益，因为一个企业（其他任何机构也都一样）在一个健康的社会环境中，肯定比在一个不健康的社会环境中生存得更好。

我们能从中学到些什么吗？显然，这是一个挑战。

总之，对大型企业的管理层来说，要获得充分的合法性，就必须接受这样一个现实：只有承担起一种社会的"公众"职能，它才能继续保持"私营性质"。

作为财产权的工作职位

1985年，一家规模相当大的日本公司，突然发现自己面临着一群来自美国和英国的"袭击者"恶意收购的威胁——这在日本近代历史上还是头一遭。公司的管理层宣称，企业的真正所有者，也是唯一有权决定是否成交的，不是股东，而是雇员。这自然稍有夸张。前面我们已经说过，大型日本企业的真正所有者是银行。但是在一家大型日本公司里，雇员的工作权是压倒一切的首要权利，这确实是事实——除非企业遭到威胁自身生存的严重危机。

在西方人听来，日本公司的声明显得很奇怪。但实际上，美国（以及整个西方）也越发倾向于在企业里优先保障雇员的利益，并且还不像日本那样仅限于大公司。不管规模大小，在企业总收入中，雇员所占的份额，基本上一直超过所有者获得的部分：前者是后者的4倍（即所有者所得占税后利润的7%，雇员的工资和薪水占25%）到12倍（即所有者所得占税后利润的5%，雇员的工资和薪水占60%）。养老基金大大增加了"工资基金"占企业总收入的份额，在效益不太好的年份，养老基金有可能占去所有利润，甚至更多。目前美国的法律还规定，在公司清算结业时，养老基金优先于股东及其财产权。这比日本法律和传统给予日本工人的权益还要更进一步。

最重要的是，以美国为首的整个西方世界，正在迅速地将员工个人的工作，变成一种新的产权。自相矛盾的是，这种转变发生的时候，也正是股东短期权力处于绝对优先位置，并由恶意接管所体现出来的时候。

在美国，这种转变的承载形式，并不是通过工会合同，也不像很多欧洲国家那样依靠对解雇费的法律规定。美国的承载形式是诉讼。这种诉讼最初出现，是员工控告企业由于雇员的种族、性别、年龄和残疾等原因，在雇用、解雇、晋升、工资或工作安排上存在歧视。但这些诉讼指控的对象，越来越不仅仅针对歧视，而更针对违反了"适当的程序"。他们要求雇主必须按照事先的约定和客观的标准，通过既定的程序（包括公正的评价和申诉的权利）来对待员工的工作、减少或剥夺其工作及工作成果，满足员工对工资和晋升的期待。但在法律史上，这些特征正是财产的特点。实际上，在西方法律传统中，只有所谓的"财产权"才具有这些特征。

几乎每一场类似的官司，胜诉的都是原告，输的都是雇主。然而，只有很少的管理层意识到了这一点。

这种发展是可以预料到的，实际上，也是不可避免的。它既不"新鲜"也不"激进"。在西方社会中，凡能使人利用社会的生产资源——从而以此谋生、发挥社会职能、获得社会地位、取得充分经济独立的东西，都会变成一种"财产权"。工作职位正是如此，特别是管理者、专业人士等知识性工作者的职位。

我们还把土地叫作"不动"产。因为一直到最近，只有土地能使大多数人（95%以上）获得"财产"所给予的东西：利用并控制社会的生产资源；以此谋生、发挥社会职能、获得社会地位；有机会获得一种"产业"（estate，这个词最初的本意就是占有土地），从而得到经济上的独立。

然而，在当今的发达国家中，绝大多数人——90%～95%的人，都是通过受雇于组织，也就是说通过自己的工作，来利用或控制生产资源，以此谋生、发挥社会职能、获得社会地位。对于受过高等教育的人来说，这实际上也是唯一的途径。95%甚至更多的受过大学教育的人，将作为组织的雇员，度过整个职业生涯。现代组织是第一个，到目前为止也是唯一的地方，能够让我们安置大量受过高等教育的人从事生产工作，并根据其应用的知识付给报酬。

此外，对于绝大多数美国人来说，就业岗位上的退休金是他们获得"产业"，也就是少许经济独立的唯一方式。在美国家庭中，主要养家挣钱的人（不管是蓝领还是白领）到45岁的时候，他的退休金往往是家庭里最大的一笔财产，其价值远远超过家庭或个人所有的其他财产，比如汽车等。

因此，工作必然会成为一种财产权——问题只在于采取什么样的形式，进展速度有多快。

上述通过诉讼途径促成此种转变的情况，虽然是"地道的美国特产"，但并不健全。管理层仍有机会在这一发展中采取主动，将工作变为新的财产权，从而同等地对待员工、企业和整个经济。我们需要维持工作的灵活性。我们要使企业能够雇用新人，增加就业人数。这就意味着我们绝不能走上欧洲的老路，把绞索套在自己的脖子上：许多欧洲大陆国家规定的解雇费相当之高，导致公司根本不愿再雇用人手。比利时和荷兰的失业率高得出奇，基本上都是由该国严厉的解雇法造成的。但不管我们采取什么方式使工作成为一种新的财产权，每一个雇主，即每一家组织都必须满足若干要求。首先，对于每一个担任某项工作的人，无论其种族、肤色、性别或年龄，都必须使用客观而平等的绩效标准。其次，为了满足人们对适当程序的要求，必须由某个真正公正无私的人按照上述绩效标准做出评价。最后，适当的程序中应当具备申诉权——这种申诉权，在"独裁主义"的IBM公司，早在半个多世纪前就有了。

工作演变成一种"财产权"，它改变了个人在组织里的地位。它还将同样地，甚至更强烈地改变组织在社会中的地位。因为它将使现在仍然模糊的事实变得清晰起来：在一个由组织构成的社会中，组织并管理良好的机构正日益成为个人获取机会、实现成就、履行义务的渠道。

结　　论

传统上认为是管理的"领域"，如管理学院、管理刊物以及管理者自己的实践当中，还有大量重要的工作摆在前头。但主要的挑战还是来自新的方面，它们远远超出了我们一般定义的"管理领域"。实际上，有人会认为我讨论的内容完全不属于管理范畴，而属于政治理论、社会理论以及公众法律的范畴。

确切地说，管理的成功并没有改变管理的"工作"，但它极大地改变了管理的"意义"。它的成功，让管理成为我们这个由组织所构成的社会中通用的、普遍的职能和独特机构。同样地，管理会不可避免地"影响公众的利益"。探索这一问题对管理理论和管理实践的意义，将构成未来50年里的"管理课题"。

［1986］

第 22 章 | CHAPTER 22

控制参谋工作

在大多数美国组织里,企业的服务性员工(从事分析、计划、提供知识、设计政策、给予建议的人)正在以极快的速度增长。他们在非营利部门的增长,甚至比在企业里还快。自从 20 世纪 50 年代以来,在很多大型制造企业,参谋员工的增长速度,比生产、工程、会计、调研、销售和客户服务等部门的"业务"员工快 5~10 倍。实际上,所有外国批评家都认为,参谋人员不受限制的增长和过大的权力,是美国产业界的一大弱点,也是导致其效益不佳的主要原因。

美国从前并没有如此严重的参谋人员膨胀现象。20 世纪 50 年代,很多外国人,特别是日本人,来到美国学习公司应该如何有效利用员工。美国曾经有很多经验,外国访客将其带回国并应用于实践,但不少美国公司显然是忘记了。重温这些经验或许不无裨益。首先,参谋人员应当把精力集中到那些将持续很多年的重要任务上。如果一项工作必须要完成,却不太重要,就应当交给业务部门的业务人员操办。如果一项工作很重要,但持续时间不长——比如充足公司的管理层，那么最好作为一次性的任务来处理，可以找外界的咨询人士，最好是成立一个特别工作小组。这两种工作人员，只要任务结束，就能立刻遣散。但如果是由组织内部的"咨询"参谋者来做这一工作，他就会立刻建立自己的王国，开始寻找可以"改组"的地方，这必定会造成损害。

参谋工作应当仅限于少量具有高度重要性的任务上。这一原则经常被美国企业，特别是大型企业所违背。据我所知，某个人事部门，30年前刚刚成立的时候，只有4个科室，而现在它下属28个科室，每个科室都在钻研"政策""项目""程序""指南"和"培训课程"。还有一家公司的营销服务部设有14个科室。

服务性参谋部门的膨胀，使之效率低下。更糟的是，它还降低了提供成果的实际业务人员的效率。每一个服务性参谋部门，不管是工薪管理、销售预测、库存管理，都坚信自己所做的是企业中最重要的事情。它们都忙着自己该做的事——制定政策和程序。它们都期待业务人员，从一线监督员到CEO，给予自己充分的时间和足够的重视。

除非严格控制参谋员工的人数，否则他们会越来越多地吞噬掉业务人员最宝贵的资源——时间。我喜欢用一个简单的测试方法：如果所有的参谋工作——从策划到现金流分析再到新的公共关系政策，每月都要占用任何一个级别上的业务人员总工作时间的4天以上，就应对参谋员工加以精简，除非是处于重大的危机当中。

这意味着，每当参谋员工着手从事一项新任务，就应当取消一项旧任务。"很好，你想要进行生产率研究，"不妨这样对人事副总裁说，"那你打算取消现在手头上的哪项工作呢？"

有效率的参谋员工工作要求精确的目标和目的、明确的工作对象和完成期限。"我们希望在3年内减少一半的旷工"，或是"从现在开始的两年内，我们希望充分了解市场细分情况,将我们的生产线数量至少减少1/3"。类似这样的目标能给参谋工作带来生产效率。"处理员工的行为"或是"研究消费者动机"这种含糊的目标则无法做到这一点。

重要的是,每隔3年左右,每个参谋部门都应当坐下来探讨一下:"过去的3年里,你们做出了哪些贡献,给公司带来了真正的变化?"企业、医院或政府部门的参谋工作重点并不在于提高知识,它唯一的存在目的是提高业务员工和整个组织的表现。

为参谋人员制定规章,和为参谋工作制定规章同样重要。除非某人已经成功地完成了若干业务工作——最好是在多个职能领域中,否则绝不要将他安置到参谋岗位上。因为如果参谋人员缺乏实务工作经验,他们就会瞧不起业务工作。业务工作在"策划者"眼中总是显得极为容易。除非参谋员工已经证明了自己的业务工作能力,否则他们在业务工作者当中就缺乏威信,会被看作"空头理论家"。

这是一条非常基础的规则,即便是19世纪最推崇参谋工作的普鲁士军队也严格遵守它。一个军官必须在军事指挥岗位上获得过两次提升(从少尉升到中尉,再升到上尉),才能参加总参谋部的考核。

但现在,我们却把刚从商业学校或法律学校毕业的年轻人放到相当重要的参谋工作岗位上,担任分析师、策划者或是参谋咨询师。这种情况,在政府里比企业中更常见。他们傲慢自大,不受业务工作部门的欢迎,这必定会导致他们的工作全无效果。与此相反,在日本,不管是在企业还是在政府中,人们要进入任何参谋工作岗位,都必须在3~4个业务岗位上成功工作过7年——甚至更长一些,10年。

除了极少数例外,参谋工作不应当成为一个人的终身"职业",而只是其职业生涯的一部分。在参谋工作岗位上工作了5~7年后,人们应当回到业务岗位上，并在5年，甚至更长的时间里不再回到参谋岗位。否则，他们很快就会变成"幕后黑手""暗中操纵人""垂帘听政者"，就像普鲁士军队里那些挑拨离间的天才参谋长一样。从定义上看，参谋工作拥有巨大的权威，也就是知识的权威，但它并没有什么责任，它的工作是建议、策划、预测，而不是做决策、参与执行和得到结果。没有责任的权威必然走向腐败，这是一句古老的政治格言。

　　最重要的是，参谋工作的真正成果越有效率，就越能提高业务工作者的生产率。参谋人员应当支持而不是替代业务人员。

〔1982〕

第 23 章 | CHAPTER 23

精简中层管理

30 年前《哈佛商业评论》上的一篇被广为引用的文章曾问道:"中层管理过时了吗?"它给出了一个极为肯定的回答。但在过去的几十年里,中层管理并没有消失,也没有缩减,而是大大地膨胀了。在很多公司里,一线监督员到高级管理层之间的"中间层",增长速度比销售额要快三四倍,而这里的销售额,还没有按通货膨胀率加以调整。

这种增长并不仅限于大型企业,中小企业的中层管理增长得更快,30 年前,很多公司除了所有者一家人之外,根本没有其他"管理层"。而且这种情况并不仅限于企业界,政府、军队和大量非营利组织中间管理层的增长也相当迅猛。30 年前,一家拥有 250 个床位的社区医院只有一个院长(一般是由从医疗第一线退休的医师担任)、一个护理主任,而现在它已经拥有三四个副院长、一位审计员、半打"主任"——化验室主任、X 光室主任、理疗主任、膳食主任、数据处理主任等。我还知道有一所文科大学,20 世纪 50 年代时仅有一位校长、一位系主任、一位学生助理主任(他同时还要处理学生入学工作），以及一位负责图书管理的主管办事员。而现在，学生人数翻了一倍，从 500 人增长到了 1000 人，行政管理人员则翻了 5 倍，副校长 3 人，主任 4 人，还有 17 名助理主任和助理副校长。

这些增长中有一些是健康的。30 年前，由于连续 25 年的低出生率和 20 年（自 1929 年开始）的低就业率与低晋升率，导致中层管理人员工作负担过大，年龄偏大。显然，随着人口和经济的高速发展，从那以后所有机构都已急剧扩张。这些增长中有一部分来自外界的压力。一家社区医院里有 3 名新任的副院长，有一人全职处理劳资关系，一人负责处理与政府规章有关的事务。企业变得越来越复杂，有了很多新的绩效要求。《哈佛商业评论》认为中层管理者会被电脑所淘汰，事实却与此相反，电脑带来了大量新的中层管理工作岗位。

但是，这种增长里的大部分，甚至是很大一部分是单纯的膨胀。近 30 年来，管理职位的膨胀比通货膨胀更为严重。例如，在 20 世纪 50 年代的文科大学，只要 5 名秘书就能完成得相当好的工作，现在由 7～8 名主任、助理主任、助理副校长来完成。当时一家大型银行信用卡部的负责人只有"主管"头衔，最多是"经理"，而现在则变成了高级副总裁。以前很多大公司只有一名高级副总裁。在军队、州及地方政府里，职位的膨胀情况更为严重。

人口因素加速了中层管理工作和职位的发展，特别是在过去十年内，婴儿潮一代进入了管理工作队伍之后更是如此。随着年轻人的大量涌入，必须提升组织里年纪较大的人，以便给前者腾出空间。受过高等教育的年轻人起薪较高，年纪较大的人的工资也必须相应提高，并授予适当的工作职衔。

因此，如今的中层管理队伍人浮于事，臃肿不堪（并不只有美国是这样，欧洲的情况更糟糕）。这减缓了决策过程，并使组织越发难以适应变化。

即便是在身居高位、职衔显赫的人里，也很少有人需要直接面对挑战，拿出成果。在军队里，后勤服务部门变得比战斗部队还庞大，而且雇用的人手也更多。大大小小的很多企业也变得同样官僚化，饱受中层管理部分太过臃肿之苦。

然而，到 20 世纪 80 年代末，进入职业学校的将是生育低谷期出生的孩子，不再是生育高峰期出生的孩子，因此年轻人的数量将急剧减少。到这十年结束的时候，年轻的后备管理者，将比过去几年下降 30%。届时，纠正中层管理部门臃肿的问题，不仅会变得更为容易，也会变得日益重要。如果维持当前中层管理工作的水平——更不要说继续扩张下去，只会导致管理层的工资进一步抬高，管理层的职衔更为膨胀。因此，现在就应当着手给中层管理部门减肥。

方法之一是自然减员。由于员工的退休、死亡、辞职而造成职位空缺时，不要自动去填补这一空缺，也不要去"研究"它，就让这个工作空缺 6～8 个月，看看有什么样的结果：除非大多数人都强烈要求填补这一职位，否则就把它直接取消。有少数尝试过这一方法的公司汇报说：6 个月后，半数"空缺职位"都消失了。一所正在使用同一方法的大学，也汇报了相同的结果。

最重要的是，要利用自然减员的方法，减少管理的"层数"。在过去 30 年里，管理级别比中层管理职位增长得还要快。在一所规模很大的目前正试图减少管理人员的大学里，管理级别比管理职位的增长速度快两倍（而管理职位的增长速度又比学生人数的增长快两倍）。在很多大型企业或研究机构里，都能发现类似，甚或更糟的情况。然而，每多出一个管理级别，就带来更多的僵化，使决策过程变得更慢。信息论里有一条规律：信息的每一次"中转"（也就是多一个"级别"），都会使传递的信息量减半而噪声加倍。管理层次应该比管理人数的增加慢得多，甚至完全不增加。

这种管理增长的正当理由已经消失，我们不再需要这样做：把一些还没准备好的新手匆匆忙忙地提拔起来，还没等他们在当前的岗位上待够时间、精通业务，就又要再次把他们提拔上去。随着管理者的年龄结构迅速改变（到20世纪90年代，中层管理者的平均年龄将达到40岁以上；而在80年代初，中层管理者大多不过30出头），"一步登天"式的管理者将被有多年工作经验的人所取代。实际上，我们很可能要重新遵循古老的原理，除非人们对新工作已经足够了解，能在没有监督的情况下很快胜任它，否则就不会把他们提升上去。由于下属能够负责对上沟通和自我控制，"管理幅度"有望得到充分扩展。届时，一旦自然减员造成某一管理层次上的空缺，就能顺理成章地废除这一级别。

精简中层管理的第二个方法是用工作扩大化代替晋升。在过去的30年里，特别是最近10～15年，我们迫于无奈，只能强调晋升。这是因为，到20世纪60年代时，大多数组织里的高级管理者都年事已高，而由于1925～1950年的出生率偏低，该时期内的雇用率和晋升率更低，因此高层管理者周围根本没有足够的中层管理者可供替代，更不要说为快速发展提供足够的管理人员了。所以，20世纪60年代以来，只要年轻人稍微显得"有点希望"，就会立刻被提升。

但近期以来，上升空间已经被挤满了。比如，在一家大型商业银行里，对于一位有才华而且急于获得提升的31岁的副总裁来说，要是领导他的高级副总裁才38岁，执行副总裁46岁，总裁也才50岁，那他的提升机会能有多大呢？又或者举个大学里的例子，助理主任29岁，主任34岁，教务长45岁，院长46岁，那么这位助理主任的提升机会又能有多大呢？让这些年轻的经理和主管（以及他们更年轻的下属）满意和有成就感的唯一可行途径是，让工作变得更重要、更富挑战性、要求更高、更有自主权，更多地使用职位间的横向调动，而不是晋升，来作为对工作表现出色的奖励。

20年前，我们在考察管理人员表现的时候会问："他们为提升做好准备了吗？"而现在我们需要换个问题："他们为在现有工作中增加更多内容、更多挑战、更多责任做好准备了吗？"

[1983]

CHAPTER 24 | 第 24 章

以信息为基础的组织

在很大程度上,所谓"未来的办公室"仍然还是一种设想,但未来的组织正在迅速变为现实——一种以信息作为主轴和中心支柱的组织结构。很多企业 [比如美国的花旗银行、加拿大跨国拖拉机制造商梅西 – 弗格森(Massey-Ferguson),以及日本的一些大型贸易公司] 都正忙着围绕信息流改造自己的管理结构。一旦我们要进入真正的自动化生产——就像通用电气公司在位于宾夕法尼亚州伊利的机车工厂所做的那样,我们就必须对企业的管理结构进行重新构造和设计,使之成为一个以信息为基础的组织。

一个以信息为基础的组织,其组织结构图看上去和传统的组织并没有什么两样,可是这种组织的行为却大不相同,并且要求其成员也有不一样的行为。

以信息为基础的组织结构是扁平的,管理级别比传统组织所需要的更少。一家大型跨国制造商围绕信息及信息流重新构建组织结构的时候,发现可以取消7～12级管理层。同样地，在位于日本横滨郊外的日产汽车自动装配工厂里，以及在美国伊利的通用电气机车厂里，大多数介于一线监督员和工厂经理之间的传统管理级别都消失了。

人们发现，这些管理级别并不是权力级别、决策级别，甚至不是监督级别，而是中转信息的级别，它们的功能类似电话线路上的信号放大器，收集、放大、重新整理并继续传送信息——这些任务，非人工的"信息系统"能完成得更好。这一点特别适合那些做"协调"工作而非"执行"工作的管理层次——如团队主管、助理或地区销售经理等层次。那些继续保留在以信息为基础的组织里的管理级别，会发现其工作变得范围更广、要求更高、责任更大。尤其是对自动化工厂的一线管理员而言，更是如此。

以信息为基础的组织结构，让著名的"管理幅度"原理不再成立。根据这一原理，向上级汇报工作的下级，其人数是严格限制的，最多不超过五六名。它的位置被一条新原理所取代——我称之为"沟通幅度"：向上司汇报工作的下级人数，只取决于下属是否愿意承担向上、向下、向周围人沟通的责任。它将表明，"控制"就是获取信息的能力。一套信息系统能比向上司汇报做得更好，提供更迅速、更精确的信息。

以信息为基础的组织实际上并不需要先进的信息技术，它要求的只是愿意去问：谁，在什么时候，在什么地点，需要得到什么样的信息？200多年以前，在印度的英国人没什么高技术，只有羽毛笔，但是他们正确地提出了这些问题，从而造就了世界上最扁平的组织结构，四层管理级别配备了不到1000名英国人——其中大多数是20来岁的年轻人和"中低管理层"，却有效地统治了一个次大陆。

当一家公司围绕现代信息技术来构建组织时，它必须提出这些问题。这样一来，那些主要职责是传递信息而不是开展业务的管理职位和级别就可以取消。

然而，与此同时，以信息为基础的组织结构允许，甚至往往是需要，在各个领域中拥有更多不同专业知识的"独奏者"——从技术和调查人员到专门照顾特殊顾客群体的职业服务工作者。比如，花旗银行最近在纽约的总部任命了一位高级副总裁，专门负责为银行重要的日本客户提供服务，满足他们在全球各地的财务需求。这个人显然并不是花旗银行日本分行的"老板"，但他也不是"服务型"的参谋人员。很明显，他是"一线"工作者。他是个"独奏者"，人们希望他像钢琴家独自演奏贝多芬协奏曲那样发挥职能。他，和他周围的"管弦乐队"，也就是银行的其他部分，唯有在双方都知道"乐谱"的情况下才能一同演奏。信息，而不是权力，使得他们能够相互支持和配合。

自动化制造工厂同样发现自己需要大量质量保证专家。这些人尽管很有资历，但没有级别，他们不在指挥链上。然而，一旦工厂在任何流程中遇到质量问题，他们就要起到"紧急出场"的超级老板的作用。

以信息为基础的组织系统还允许程度更大的多样性。比如，它可以在同一个公司结构中，既包括主要负责最优化现有情况的纯粹管理单位，也包括负责淘汰现有事物、开创不同未来的创业型单位。

传统的组织基本上是依赖于命令权的，命令由上而下；而以信息为基础的组织则依赖责任感，信息流是环状的，从上至下，又从下至上。因此，在以信息为基础的组织里，只有每个人和每个单位都为其目标、首要事项、相互关系和沟通承担起自己的责任，组织才能发挥作用。每个人都必须提出问题：公司对我的期望是什么？它希望我做出什么样的表现和贡献？在组织里，谁必须知道和了解我试图做的事，以便我们双方都能完成工作？在组织里，我要依赖谁去获得什么样的信息、知识和专业技能？而谁又要从我这里获得什么样的信息、知识和专业技能？我必须为谁提供支持，又向谁去获取我所需的支持？

传统的商业组织是按照军队的模式建立的；而以信息为基础的组织，则更类似于交响乐队，所有乐器都按照同一乐谱演奏，但每个乐器演奏的部分不同。它们一同演奏，但几乎很少齐奏。乐队里有很多小提琴，但第一小提琴并不是管乐手的上司，实际上它也不是其他小提琴的上司。同一支管弦乐队，在一个晚上的短短时间内，可以演奏五首曲子，每首曲子的风格、乐谱和独奏部分都截然不同。

在管弦乐队里，乐谱已经预先发给了乐手和指挥；而在企业里，乐谱要边演奏边写。在以信息为基础的组织里，为了了解乐谱是什么，每个人都必须依照事先同意且明确理解的目标进行管理。目标管理和自我控制，是以信息为基础的组织结构一体化的必要原则。

因此，以信息为基础的组织还要求高度的自我约束。反过来，自我约束又实现了快速决策和快速响应。它带来了极大的灵活性和多样性。

只有相互了解、有共同的价值观，最重要的还有相互尊重，才能使组织获得这些优越性。这可能会排除大型公司里以财务为基础的多样化经营。如果每个乐手都必须知道乐谱，那么就必须有一种通用的语言，一个共同的团结核心。经验告诉我们，唯有一个共同的市场（比如针对医疗保健供应商，或针对家庭主妇）或一套通用的技术才能满足上述要求。典型的多样化经营企业是以财务为主要控制手段的，即便是在传统的以命令为基础的体制里，这种公司也从不比其创始人活得更长久，不管是哈罗德·吉宁（Harold Geneen）的国际电话电信公司（ITT），还是查尔斯·布卢多恩（Charles Bluhdorn）的西海湾公司（Gulf & Western），都没有躲过这一下场。但如果组织以信息为基础，以财务控制为唯一共同语言的多样化经营，也必然会像巴别塔⊖那样彻底崩溃。

⊖ 《圣经》中记载，古代巴比伦人想建造一座通天的高塔，上帝变乱他们的语言，使之互不相通，结果塔没有修成，而人类分散到世界各地。——译者注

以信息为基础的组织绝不是自由散漫的：它讲求纪律。它要求果断有力的领导，第一流管弦乐队的指挥，全都是严格要求的完美主义者。然而，要成为一个第一流的指挥家，他必须具备能使乐队最后一排最不起眼的乐手认真演奏的本事，因为整个乐队的演奏效果，取决于每一个乐器的周密配合。换句话说，尊重个人表现，又要求企业从一线监督员到高层管理者，都具有自我约束能力和强烈的责任感，这就是以信息为基础的组织所需要的领导。

[1985]

第 25 章 | CHAPTER 25

工会变得过时了吗

在 1982 年这短短一年的时间里，3 位著名的美国工会领导都来找我进行咨询。一位是一家大型政府雇员工会的主席，一位是原材料生产业某大型工会的主席，还有一位是大规模制造业某一地区工会的领导。他们每个人都有各自关心的问题。然而，每个人都提出同样的问题，而且是来之后很快就提了出来：在美国，工会还能发挥作用吗？还是已经过时了？

这 3 个人都认为，要让工会保持正当性，继续被当作美国劳动人民的发言人、代表者和保卫者，就必须采取一些与其过往的传统、承诺和口号完全不同的立场和行动。

"我们最自豪的一点是，"大规模制造业工会的领导者说，"我们这个行业的工资水平，比美国制造业的平均工资水平要高 30% ~ 40%，但如果把这部分高出来的工资和福利用于工厂的现代化，我们行业的失业率还会这么高吗？它几乎接近大萧条时代的水平了。据我所知，我们工会领导层的每一个同事都在思考这个问题，但没人敢公开说出来——要是他这么做了，10

分钟之内就会被赶出工会。"

10年前，甚至5年前，任何向工会领导提到"资本构成"或"生产率"问题的人，都会被当作"资本家的走狗"给赶出去。至少，人们觉得这和工会毫不相关，是"管理层拿了钱，该解决的事"。但现在，工会内外很少有人会否定，即便是在短期内，工人的福利也取决于资本构成和生产率的观点。资本构成和生产率在很大程度上决定了工作岗位有多少，工人的职业保障情况如何，以及工人的工资报酬如何。

然而，关注资本构成和生产率，就等于是承认企业利益和员工利益是一致的——而这会被当成否定工会存在的理由。到目前为止，还没有哪位工会领导者试图在工会的思考、政策和行动中，重视资本构成和生产率问题，即关心工人的工作问题。

工会领导面临的第二个挑战是，在所有发达国家中，工会可能无法继续维持它在20世纪所达到的独特地位。用传统的术语来说，工会成为一种享有诸多豁免权（比如在税务、反托拉斯和损害诉讼等方面享有豁免权）和法律特权（类似早前普鲁士军队或法国大革命前教会所享有的特权）的"特殊阶层"。其他所有的非政府机构，都不曾获得工会所拥有的合法性。我们承认和保护工会的"罢工权"，也就是说，我们将"公民抗命权"赋予了一个社会集团。

造成这一情况的原因在于，工会不仅仅要求成为一种利益集团，它还要求成为一种运动。它要求给予其成员更多的利益，比所有其他利益集团——不管是农民、商贩还是企业家都更多。但工会还把自己看作社会所有"被压迫""被剥削"集团的斗士。发达国家工会运动的真正力量源于道德感：它要求成为当代世俗社会的政治良心。

正如工会运动中的绝大多数朋友所认识到的那样，这种追求已经不可能再维持下去。它正被人口发展的趋势所破坏。不管经济增长得有多快，老年人得到的"较多"，就意味着年轻人，也就是正在工作的人得到的"较少"——反之亦然。我有个工会朋友——就是那位政府雇员工会的主席，他说："未来50年内，老年人与青年人之间的冲突，将会取代劳资矛盾，成为社会的中心问题。"

如今，为了赡养不工作的老年人，在职员工所挣的每一块钱，都要拿出20～25美分缴纳社会保险和养老金。如果任其发展，不到10年，这一金额就会涨到33美分——一部分原因是老年人的寿命更长了，另一部分原因是最近20年的低出生率导致就业的劳动力减少。

在职员工不可能任凭自己的钱就这样转移到不工作的人手里。过去，我们让工资和薪水上涨得和社会保险与退休金一样快，甚至更快，这才得到了在职员工的默许。但这条路已经走不通了，工资和薪水已经占去国民生产总值的85%，我们再这样做只会引发通货膨胀，而这会降低年老的退休者和年轻的在职者的实际收入。我们必须做出决定，到底是从年轻的工作者手里多拿一些钱分给年老的退休者，还是采取诸如减少提前退休者的退休金、降低国家医疗保健福利、延迟领取全额退休金年龄等方式，让年轻的工作者多拿一些钱。

如果工会忽视这一矛盾处境（可以理解，大多数工会领导都愿意这么做），工会成员必然会绕过工会，成立新的竞争性组织，从而淘汰工会。退休员工已经在这么做了。但如果工会偏袒某一方，它很快就会从内部分裂。在上述两种情况下，它都无法再成为一种"运动"，或是享有独特的合法性。

对工会来说，更棘手的问题在于，雇员正在迅速变成唯一的、真正的资本家和"生产资料"的所有者。日本已经通过终身雇用制完成了这一转变，它意味着，只要不破产，企业主要是为员工而经营的，按照传统的法律术语来说，员工是"受益人"。

在美国，养老基金已经逐渐掌握了本国大型企业的50%以上，员工是其真正的所有者，他们的养老基金成为生产性投资的主要来源。反过来，一旦家庭的主要赡养者到了45岁或以上，他的退休金就成为整个家庭最大的一笔财产，这种情况也日益普遍。

"有钱就有权"，这是一条最古老、最久经考验的政治规律。雇员（或是为他们服务、对他们负责的"托管人"）必然会参与对退休金的监督和管理。唯一可行的另一种方法是，由政府及其指定者控制该基金。

由此产生的结果是工会最害怕并要尽力抗争的：出现一个代表企业和工人共同利益的员工组织，独立并绕过工会，且必然会把工会当作外人加以反对。实际上，日本已经发生了这样的情况。终身雇用制限制了劳动力的流动，从而减少了罢工的风险，工会在私有企业变得无足轻重，比一个普通的管理机构好不了多少。工会还有一种办法，就是声称自己代表员工，既反对管理层，又加入其中——不管是通过德国的"劳资协同经营制度"，还是像瑞典现在要求的那样，对养老基金加以控制和管理，又或是通过美国克莱斯勒公司要求工会加入董事会的方法。

但"有权力就有责任"同样是一条古老的政治规律，如果忽视了这一规律，就会造成严重的损失。比如，20世纪60年代末，德国大众汽车公司董事会的工会成员，拖延了该公司在美国建厂的机会，因为这等于是"输出德国工人的工作"。结果，大众公司在美国汽车市场的份额，从1969年的8%，跌到了现在的1%以下——严重地威胁到了整个企业的活力和生存，以及它在德国为职工提供的工作机会。

但如果工会在管理层和所有权机构中的代表认真负责地行动，也就是从企业的利益出发，他们很快就会被贴上"公司傀儡"的标签，并被斥责为"向资方卖身求荣"。20世纪70年代，德国钢铁和煤矿公司董事会的劳工代表就碰到了这种情况，几年以后，美国汽车工人联合工会的领导人为了挽救处于严重危机的公司，在工资上做出了让步，也遭遇了这种情况。实际上，该工会的加拿大籍工人对此举奋起反抗，并从汽车工人联合工会中分裂了出去。

在政治史上，解决这一矛盾是有先例可循的：古罗马的宪法设计将"普罗大众"，也就是劳动人民纳入了其权力结构当中，使他们的代表有权否决贵族院采取的行动。但这并不是一个能够靠良好的意图或雄辩解决的问题。它要求重新定义"均等势力"，也就是工会的角色和职能，使之成为能够体现员工和雇主共同利益的代表。

不管是谁"拥有"管理层，也不管该机构是企业、政府部门还是医院，都必须拥有相当程度的权力和威信——以企业需要和能力为基础的权力与威信。正如美国宪法的起草者所知，权力必须受到均等势力的制衡。现代社会是由组织构成的，它需要强大的管理层，也需要拥有一个像工会这样的组织——最近几年在波兰发生的事件充分地证明了这一点。否则，就会导致不受控制和无法控制的政府官僚主义。为了重新成为一个有活力、有效率、具有合法性的组织，工会必须迅速进行改革。要不然，我的工会朋友所说的话就会成真：工会将落后于时代。

[1982]

CHAPTER 26 | 第 26 章

工会的灵活性：
为什么现在必不可少

在今后的两年内，美国重工业工人将着手制定长期的发展方针。重工业工人的收入和就业机会会持续萎缩吗？在整个行业能够为自动化筹到资金的好年景，萎缩的速度是不是会更快？还是，至少对大多数人来说，就业情况会保持稳定，实际收入也大体不变？这一切将由重工业工人本身及其工会来决定。

美国重工业的生产率需要大幅提高，但生产率低下并不是真正的病根。虽然丰田汽车公司生产每辆汽车的在册工人比通用汽车公司要少，但丰田从外部供货商购买的配件比通用多两倍——甚至更多。按照这一因素对数字加以调整后，底特律制造的汽车所需要的工时数还要少一些。然而，通用公司的每 1 工时成本比日本要高 50%。而且，名古屋的丰田公司、斯图加特的奔驰公司，并没有雇用"廉价劳动力"；日本和联邦德国工人的年度总收入和美国绝大多数非重工业产业工人（不管是加入工会的，还是没加入工会的）所得相差无几——算上所有的福利和附加收入，都是每年3万美元左右（1985年的水平），或是1小时15美元。但在美国的大型钢铁联合企业——如美国钢铁公司、伯利恒公司（Bethlehem）或阿姆科公司（Armco），或是其他任何主要的重工业企业，每小时的报酬都是25美元：其中15美元为现金工资，10美元是附加收入和福利。一个全职工人每年的总收入为5万美元。在竞争激烈的市场里，不管怎样提高生产力，也没有哪个行业能克服这种劳动力成本上的劣势。

造成这一情况的根源在于（比单纯的经济因素重要得多），在我们重工业报酬问题的背后，隐藏着一些基本的假设。被人们——特别是低层工会领导、工会的企业代表和地方工会主席视为信念的假设之一是，"大企业"对市场实行垄断控制，因此总能随心所欲地把较高的成本以更高价格的形式转嫁出去。这种古老的错误观念坚持认为，"资本家"是从"利润"中支付工资的——可事实是，在发达国家中，工资和薪水占总收入的85%，而利润只占5～6个百分点。大多数工会领袖仍以为劳动力是这种人：全职工作的成年男性，是家里唯一的收入来源。最后，还有一种坚定不移的信念是，"福利"的价值不在于为受益人，也就是员工，带来多少好处，而在于它使雇主失去了多少；如果某种福利使雇主失去的东西较多，那人们就会把它看作"工人的收获"以及"工会的胜利"。30年前，这些假设或许还说得通，当时现金收入占美国工人总收入的90%以上，附加收入不超过7%，而且当时人们（比如罗斯福）普遍认为，到1980年已婚妇女就会退出美国的劳动力市场。然而，现在这些假设不仅毫无意义，而且极为有害，尤其是对员工而言。

大多数工人自己也承认，对重工业最大的要求是大量的工作岗位，最缓慢的缩减速度，以及尽可能维持就业的连续性。最理想的情况可能是放慢就业萎缩的速度，不管整个行业的自动化情况如何，发生了怎样的结构性变化，工作职位的萎缩速度，不超过传统手工劳动就业者人数的减少——由于自20世纪60年代以来的生育低谷，未来八年内就业者会减少30%左右。

但这实际上是根本无法实现的。因此，对重工业的第二大要求是缓解工作萎缩带来的后果，也就是让年长的工人提前退休，为中年工人提供重新培训和再安置。

第三大要求是尽可能维持重工业工人的收入。

第四大要求是尽快对福利制度进行改革，使之符合当今劳动力的现实状况。我们要保证受益者从可利用的福利金中获取最多利益。

不同的人会按不同顺序排列这些要求，但这些要求本身不会有太大的不同。然而，它们会带来完全不同的工资政策，引发极大的争议。

首先，"工资"的很大一部分需要从固定转为浮动：它需要与效益、利润和生产率挂钩。在发展良好的年份里，可以多发些现金工资，甚至多得多的现金工资；在发展不好的年份里，就少发些，甚至少发很多。这或许和传统制度分歧很大，管理层可能会和工会领导者同样激烈地反对这一做法，特别是中层管理者和监督员必然会反对，因为他们最痛恨的就是下属挣得比自己多。但从工会的传统上来说，他们往往认为和生产率、利润挂钩的只是固定工资以上的"奖金"，而完全不能接受在不好的年份削减固定工资的想法。人们根深蒂固地觉得："因为雇主的效益不佳而惩罚工人的做法是不公平的。"但是现在需要做的是——也是为了工人自身利益，通过浮动工资成本来适应经济的波动，而不是通过失业率。因为在重工业里，通过失业来进行调整似乎不再是"周期性的"和暂时性的，而是结构性的和永久性的。重工业1/3的现金工资（也就是超过美国产业界一般工资水平的那1/3）可以作为浮动工资，随效益好坏而变化（当然，在效益好的年份里，它可以大大超出原来的那1/3）。凡是实行了类似措施的地方，比如克利夫兰的林肯电气公司，工人的收入在长期内都大为提高，就业率也极为稳定。

其次，为了满足第二个要求，由生产率和利润带来的劳动力收入，可以用来缓和工作岗位减少所造成的后果，为年老的工人提供提前退休的养老金，为中年工人提供重新培训和再安置的资金（30岁以下的年轻工人流动性往往很大，有能力自谋生路）。

现行福利制度对每个人，不管是年老的还是年轻的，男工还是女工，已婚者还是未婚者，都是一样的。然而我们的劳动力情况差异很大，这就意味着，福利金里的很大一部分都被浪费了：有人估计一美元里就要浪费40多美分。如果已婚夫妇中双方都工作——现在50岁以下的夫妇一般都是这样，那么双方都要缴纳全额健康保险，而将来只有一个人能领取补偿金。妻子即便是全职工作，一般也不会在一个就业岗位上待足够的时间，因此没有资格领取养老金，然而她除了缴纳全额的社会保险之外，还要缴纳全额的退休基金，而且即便她比丈夫活得更久，也拿不回一分钱。可是退休基金和社会保险已经占去她现金收入的1/5以上，并将很快超过1/4！假设还有一个28岁左右的未婚小伙子，在他这个年龄，更好的做法是把15%～20%的收入放进退休金账户里，而不是领取金额较高、扣税也更多的现金工资。这样，在20年之后，当这名员工48岁，孩子到了上大学的年龄时，他又可以少缴纳一部分退休基金，多拿些现金收入，从而获得更大利益，等等。由于福利统一，完全没有弹性，工会必须为每个人争取每一项福利待遇。工会的每一项收获只能帮助少数成员，而整个行业日益缺乏竞争能力，失业率越来越高，实际上是惩罚了所有人。重工业工人需要的是一种"总薪酬组合方案"——顺便说一句，日本人早就这样做了。每个工时或每个工人的总收入额是固定的，但职工可以在薪酬组合方案中，选择现金收入是多少，福利是多少，并根据个人生活或家庭情况，选择能为其带来最大利益的福利。一旦引入了这种弹性福利制度，员工的满意度，甚至实际收入都会有极大提高；还能大大削减福利支出，有时可以达到1/3以上。

每当我跟工会领导讨论这些问题的时候，他们都会点头称是："你说得完全正确，确实需要这么办。"但他们很快又会加上一句："但为什么我们要把脖子往这么难、这么新奇的东西里套呢，这不是自找麻烦吗？这跟我们这么多年来对工会会员说的完全不一样。我们拿钱不是为了照顾公司的利益，那是管理层负责的事。"但这其实是对现实的极大误解。重工业企业自有退路可走，它们可以把劳动密集型工作转移到第三世界去——从美国的后院墨西哥开始，那里有着丰富的廉价制造业劳动力。它们也可以实行自动化——从技术角度来说，我们现在能够轻而易举地成倍增加自动化速度。但在美国经济的私营部门中，工会活动在近30年来一直稳定地走着下坡路，工会会员在劳动大军中所占的比重，已经跌至大批量生产行业工会成立之前的水平——这些工会是在"新政"时期工会化浪潮中诞生的。但在重工业中，并不存在一定要组织工会的自然规律。没有退路的是重工业的劳动者及其工会领导。他们必须采取主动，设计发展工资和福利的新概念、新政策，要不然，他们就要面对工作岗位和工会组织的飞速萎缩甚至完全消失。重工业工会的创始人约翰 L. 刘易斯曾经说过一句著名的话："工会领袖的任务就是照顾工会会员的利益。"工会领导者难道不正应该这么做吗？

[1983]

第 27 章 | CHAPTER 27

管理是一门人文学科

日本人认为,第二次世界大战之后日本经济复兴,并崛起为重要的经济强国,有三名外国人起了重大作用——他们全都是美国人。爱德华兹·戴明(Edwards Deming)教给日本人统计质量管理,并引入了"质量管理小组"。约瑟夫 M. 朱兰(Joseph M. Juran)告诉他们如何在工厂中组织生产,如何培训和管理工作人员。目前从日本"最新"进口的"最热门的管理发现"——"及时"存货发送系统(日语里叫作"看板"),是朱兰介绍到日本去的。朱兰为了提高美国在第二次世界大战中的生产效率而提出了这一方法。

我就是第三位美国老师。我的贡献,或者说日本人认为我的贡献是,向他们传授了管理和营销知识。我教会他们要把人力看作一种资源而不是成本,因此必须使员工对自己、对集体的目标和生产率担负责任。我教会他们,要使信息沟通发挥作用,必须自上而下地进行。我教会他们组织结构的重要性,以及组织结构必须依据企业战略建立的重要性。我教会他们高层管理是一项职能和责任,而不是一种地位和特权。我还教会他们企业的目标是创造客户，企业是为了市场而存在的。

这些东西，日本人都可以从我的作品中学到。实际上，他们也是我最热心的读者——从比例上看，我的一些管理著作在日本的销售量比在美国还多。但我在日本的真正影响，是通过我在日本开设的研讨班产生的。从20世纪50年代末到80年代中期，每隔一年，我都会到日本为高层政府官员和企业主管开办为期3～4周的研讨班。然而，我的研讨班能取得这样大的效果，并不完全是因为我在管理方面的知识，而是由于我对日本艺术感兴趣，也熟悉日本历史。

我的这种兴趣始于1934年，当时我还是伦敦的一个年轻银行经济师，在一个纯属偶然的机会下，参观了一次日本艺术展。这次参观让我对日本艺术着了迷，我问自己：西方现代艺术的最新潮流，从印象派到表现主义，从立体派到抽象派，日本人在几个世纪前就预见到了。那么，在日本的历史、社会和文化中，存在着什么样的因素，能够解释他们这种神奇的能力呢？

我很快发现自己碰到了一件神秘的事情，一件在很大程度上还无法解释的神秘事情：为什么在所有非西方国家中，只有日本人成功地依靠从西方引入的技术和制度，建立起了一个现代化的国家和一套现代化的经济体制，与此同时又保持着基本的民族个性和完整性呢？乍看起来，日本人在19世纪末做的事，和当时其他国家所做的并没有什么不同。类似保加利亚等巴尔干半岛的新兴王国、南美各个共和国和波斯等地也都大量引入了西方的制度——仿照英国的模式设立议会和海军，以普鲁士为模式设立陆军，以德国的模式设立君主立宪政体、建立政府部门、实行普遍教育，按美国模式设立大学，以法国和德国为原形开办银行，模仿德国、瑞士和法国的法典。但只有在日本，这些从外国"进口"的东西才真正被"吸收"了。而且，它们作为有效的现代制度在日本欣欣向荣地发展，又能为保持日本闭关锁国时的独特、明确的民族个性而服务。

我总是被日本出人意料的成功所吸引，以我的经验看来，这种成功是理解日本的关键所在。对我来说，1867年日本明治维新后获得的成功，是最出人意料、最独特的。但很快我意识到，这并不是日本第一次取得这样的成就。1200年以前，日本就取得过非常类似的成功，它采纳了当时世界上最先进的中国唐代的制度和宗教，创造出一个完全不同而独特的日本政府、社会、文化、宗教生活和艺术。在其后的历史中，他们还曾以较小的规模重复了若干次这样的成功。我越是研究这个问题，就越是感到迷惑。然而，有一点我越发明确，日本人的成就依赖于一种利用外来工具（不管是社会制度还是物质技术）体现日本价值观和实现日本式目标的独特能力。

所以，当我初次与日本政府和企业的高层管理者一起工作的时候，我很自然地提出这样的问题："你们的价值观、传统、文化和信仰，是怎样用于完成现代经济的客观目标及非个人化任务的？又是如何用来驾驭现代技术，取得社会和经济成就的？"在我早期的一些作品里，我曾指出，虽然西方有英国发明的失业保险，它能保障工人的收入，却无法满足工人对心理安全感和社会安全感的需求。我认为，这一需要必须依靠就业保障制度。我进一步指出，这种对安全感的需要，要求把工资、就业政策与家庭生活状况及其需求联系起来。但我在最后还指出，灵活的劳动力成本也是至关重要的。

这样，由于我了解一些日本历史，我就能够帮助参加研讨班的日本领导者制定出一种制度，把高度的就业保障、高度的劳动力灵活性，以及与家庭状况和需求相适应的工资结构结合起来——这一制度，就是后来西方所知的"终身雇用制"。这种制度在整整30年里，为日本带来了空前的产业合作与和谐。而就在第二次世界大战以前，日本历史上还都充满着激烈的阶级斗争和血腥的工人反抗。同样地，我在研讨班里讲授的"市场营销概念"能被日本人"吸收"，必定是因为营销能够作为一种技术，移植到注重人际关系的传统儒家伦理中。向客户销售，能够创造出一种"关系"，并承担由此而来的永久性义务。而在"市场营销"的发源地美国，它还处于宣传阶段，尚未得以实践。

最近，经常有人要我解释日本成功的原因，特别是同近年来表现明显不佳的美国企业做比较。造成这种差异的原因，并不是像人们普遍相信的那样，日本人没有利润观念，或日本企业的利润率较低。这纯粹是种荒唐的说法。实际上，根据资本成本来测算——这是测量企业是否有足够利润的唯一可行办法，在过去 10～15 年里，日本大型企业通常比同类的美国公司赚得多，而这又是日本人能够对其产品的全球性销售进行投资的主要原因。此外，与西方政府的行为截然相反，日本政府，特别是权力极大的通商产业省（通产省），一直不断推动企业提高利润率，以便有足够的资金投入未来——用于提供工作岗位、进行调研、开发新产品、开拓市场。

日本企业取得成功的第一个主要原因是，日本的管理者并不是从预期利润，也就是设想中的财务目标出发的，而是从企业目标，特别是市场目标着手的。他们一开始就会问："我们需要多少市场份额才能掌握领导地位？""为了达到这个目的，我们需要什么样的新产品？""我们需要花多少钱来培训和发展人手、建立销售网络、提供必要的服务？"之后他们才会问："为了实现这些企业目标，我们必须获得多高的利润？"由此得出的"利润要求"，往往比西方人的"利润目标"高得多。

第二个原因是，日本企业接受了他们原来觉得很奇怪的一条原则——这或许是我二三十年以前开办管理研讨班的一个长期结果。他们接受了我的观点，也就是企业的终极目的不在于赚钱。赚钱只是生存的必需品，也是企业绩效的一种结果及其测量办法，但赚钱本身并不是绩效。我在前面提到过，企业的目的在于创造客户并满足客户，这就是绩效，也是企业赚钱的最终目的。管理者作为组织的领导者、决策者、价值观的制定者，其工作和职能就是让人们发挥出生产力，以便引导个人的技能、期待和信念去实现共同的绩效。实际上，这也是组织的目标及其存在的根本理由。

这些就是30多年前，戴明、朱兰和我试图教给日本人的东西。在那时，美国的每一本管理教材都在讲授同样的内容，然而日本人从那以来就一直在实践它们。

在我的教学、著作和咨询活动中，我从未轻视过管理技术。技术是工具，没有工具，就无法展开"实践"，只能宣传。实际上，我曾设计过，至少是阐明过很多应用至今的管理工具，如目标管理、作为一种组织结构原则的分权化，以及包括产品和市场分类在内的整个"企业战略"概念。

我在日本开办的研讨班同样大量涉及了工具和技术问题。我最近一次去日本是1985年夏天，一位参加过我早期培训班的学员，让我回忆起我开办第一个研讨班头一个星期的情形。它是这样开始的：一位日本学员提出一个问题："我们能从西方学习到的最有用的分析技术是什么？"于是我们花了好几天时间，详细讲解盈亏平衡分析和现金流分析：这两项技术是西方在第二次世界大战前后发展起来的，当时在日本还无人了解。

同样地，在我的著作、教学和咨询活动中，我几乎总是在强调财务测量手段和财务结果的重要性。实际上，大多数企业并没有赚到足够的钱。他们认为的利润，只是真实成本。40多年来，我的一个中心观点就是，除非企业已经赚回了资本的真实成本，否则就谈不上什么利润。在大多数情况下，资本成本远远高于企业——特别是美国企业所认为的那种"创纪录的利润"。我还一直主张，企业的首要社会责任就是创造足够的盈余——这一观点往往会引起自由派读者的反感。没有盈余，它就是盗窃了公共财富，剥夺了社会和国民经济为提供未来工作所需的资本。

还有，我记不清到底有多少年了，我一直坚持认为，不盈利并不是一种美德，实际上，任何有能力创造利润却不去创造利润的活动，都是反社会的。我最爱用职业院校作例子。从前有一段时间，这些学校挣扎在存亡的边缘，因此由社会给予资助是正当的。但现在它们已经成了一个庞大的部门，必须为国民经济的资本构成做出贡献。在国民经济中，为将来的工作筹集资本，将成为经济要求的中心环节，甚至是维持生存的必需品。

我的著作、教学和咨询活动的中心论点是，现代企业是一种人的组织，一种社会的组织。作为一门学科和实践方法的管理，处理的是人与社会的价值。显然，组织存在的目的超乎其自身之外。对工商企业来说，它的最终目的是经济（不管怎么理解这个词）；对医院来说，它的最终目的是照顾病人，使其康复；对大学来说，它的最终目的是教育、学习和研究。为了实现这些最终目的，我们称为管理的这种奇特的现代发明，把人类团结起来实现共同的成绩，创造出了一种社会性的组织。但唯有管理成功地使组织的人力资源发挥生产力，它才能达到理想的外在目标和结果。

我得出这个论点是很自然的，因为我对管理的兴趣并不在于开办企业。实际上，这种兴趣在我下定决心成为一名作家和教师的时候就开始了，我不再继续从事很有前途的投资银行家职业。我对现代组织、企业和管理的兴趣，开始于我对现代社会所进行的分析，并在第二次世界大战爆发前后得出结论。我认为，现代组织，特别是大型工商企业正迅速成为社会一体化的新型媒介物。社会出现的新团体和新秩序，使得传统的一体化媒介物——小城镇、手工业者行会或教堂等日趋瓦解。因此，我虽然是带着经济结果的意识开始研究管理的，但我也同样在探索着组织与结构的原则、法制的原则，以及价值观、义务感和信念的原则。

最近人们对公司"文化"谈论得很多，而在我30多年前出版的《管理的实践》㊀这本书里，最后一章讲的就是组织的"精神"，其中所谈到的所有内容，都可以在最近的畅销书，比如《追求卓越》里找到。从一开始，我就在著作、教学和咨询中提出，管理必须既从外部关注它的使命以及组织的成果，也要从内部关注能使个人取得成就的结构、价值观和相互关系。

由于这个原因，我从一开始就坚持，管理必须是一门学科，一种组织好的知识体系，可供人学习，甚至加以传授。我主要的作品，从早期的《公司的概念》㊁（1946年）、《管理的实践》（1954年）开始，到最近一本《创新与企业家精神》㊂（1985年），都在试图创立这门学科。管理不是，也绝不可能是一门"科学"（就像当今美国所理解的那样）。管理最多不过是一种像医学那样的知识：它们都是实用学科。一门实用学科会从纯科学中汲取大量营养，就像医学从生物学、化学、物理学以及大量其他自然科学中汲取营养，管理也会从经济学、心理学、数学、政治理论、历史和哲学中汲取营养。但和医学一样，管理也是一门独立的学科，有它自身的假设、目标、工具、效益工具和测量方法。作为一门独立学科的管理学，德文常常称之为"geisteswissenschaft"——对于这个难以理解的词，把它翻译成"道德科学"似乎比现代的"社会科学"更恰当一些。实际上，最老套的"人文科学"这个词可能比其他说法都更合适。

[1985]

㊀㊁㊂　本书已由机械工业出版社出版。

4

第四部分

组织

THE FRONTIERS OF
MANAGEMENT

第 28 章　恶意收购及其危害性

第 29 章　成功兼并的五条原则

第 30 章　创新型组织

第 31 章　零增长企业

第 32 章　为什么自动化会带来利润

第 33 章　IBM 的沃森：放眼未来

第 34 章　贝尔系统解体的教训

第 35 章　社会需求和企业机遇

第 28 章 | CHAPTER 28

恶意收购及其危害性

最近几年里，几乎每个星期都会有一篇报道，谈论又一起"恶意收购投标"，又一起上市企业不顾现有董事会和管理层的强烈反对，在股票市场上玩弄收购、兼并或分拆的花招。19 世纪 70 年代，自古尔德、德鲁和范德比尔特为控制美国铁路展开厮杀[⊖]，在股市上大肆"买空、卖空"以来，美国股市上还没有出现过类似的投机浪潮。新的恶意收购浪潮已经深刻地改变了美国经济的轮廓和走向，成为美国企业管理者行为和活动的一种支配性力量——很多人甚至说是唯一的支配性力量，而且也是侵蚀美国竞争力和技术领导地位的一个主要因素。然而报纸大多只在经济版报道它。企业界之外很少有人真正了解事情的进展情况，甚至连恶意收购到底是怎么回事也不太清楚。

⊖ 杰伊·古尔德（1836—1892），美国铁路企业家和金融家。丹尼尔·德鲁（1797—1879），美国金融家。科尼利厄斯·范德比尔特，美国钢铁巨头、铁路大亨和慈善家。古尔德和德鲁曾联手与范德比尔特争夺美国铁路控制权。——译者注

恶意收购最先是由一个"袭击者"（一家公司，或是一个在法律上组成了公司并通过公司开展工作的个人）在公开的股票市场上买进目标公司的少量股票，其资金往往是公开表明为此目的而借来的。当目标公司的董事会及其管理层轻蔑地拒绝其收购投标时（这正和袭击者的心意），他会借来更多的钱——有时甚至是好几十亿美元，在股市上购买目标公司更多的股票，然后直接去找目标公司的股东，向他们提出比当前股价高得多的价钱。如果有足够多的股东接受袭击者的提议，袭击者就能完全地控制目标公司，接着他把在收购中欠下的债务转嫁到目前已被收购的公司身上。这样，在恶意收购中，受害者还得自己缴纳死刑执行费。

袭击者现在不仅控制了一家大公司，还在以低于市价买进的股票上大捞了一笔。即便收购企图失败，袭击者仍能大赚一票。目标公司只有找一位"白衣骑士"（即对目标公司管理层来说不那么讨厌的人，并愿意以更高的价格买下该公司的股票，包括袭击者手里持有的那部分）才能免遭袭击者的毒手。还有一种办法是目标公司自己向袭击者付赎金（它有个罗宾汉般的名字，叫"绿票讹诈"），以一个远远高于当前和预计收益的价格从袭击者手里买回自己的股票。

1980年以前，基本上没什么人知道恶意收购。把美国国际电话电信公司（ITT）创办成世界上最大的、最多样化的大型联合公司的哈罗德·吉宁，在20世纪六七十年代买进了上百家企业——甚至上千家。但除非一家公司的管理层首先向他提出买进的建议，否则他决不会抢先出价。实际上，吉宁收购的很多公司，都是自己主动要求被收购的。在当时，企业也不可能为恶意收购筹集到资金：没有哪家银行愿意为这种目的贷款。但1980年以来，恶意收购已经越来越容易筹到钱了。

恶意收购最初是由那些意图快速发展或快速多元化的大型企业发动的。这一阶段在1982年达到高潮，三大巨头——奔德士公司（Bendix，国防与汽车工业)、马丁－玛丽埃塔公司（Martin-Marietta，国防、航空和水泥工业）以及联合化工公司（Allied），展开了为时一个月的激斗。奔德士首先对马丁－玛丽埃塔发起了恶意收购投标，后者立刻反过来对奔德士发动恶意收购。当这两家公司像玻璃瓶里的两只蝎子一般斗得筋疲力尽的时候，联合化工加入了这场混战，它把赎金交给元气大伤的马丁－玛丽埃塔公司，接管了奔德士，并且在此过程中赶走了发起这场恶斗的奔德士管理层。

从那以后，专门从事恶意收购的股市操盘手越来越多地充当起了袭击者的角色。其中有些人，比如卡尔·伊坎（Carl Icahn）涉及的范围很广，各种企业都袭击过。布恩·皮肯斯（T. Boone Pickens）原本是一个独立的小石油生产商，他专门攻击大型石油公司——其目标包括海湾石油公司、菲利普斯石油公司以及联合石油公司这类大型企业。亚特兰大的特德·特纳（Ted Turner）专门袭击媒体行业，并卷入了三大广播电视网中最小的一家 CBS 的恶意收购投标活动。此外海外还有很多规模较小的袭击者，其中不少人寻找快速发展的中型企业，特别是电子、计算机或生物科技等当前热门的行业。其他一些人主要袭击金融机构。基本上所有恶意收购者的资金都是以高利率借来的。

袭击者为什么能得手

到底出现了多少起恶意收购，没有人确切知道，最保守的估计也有 400～500 起，其中至少有一半以上以目标公司的失踪而告终：要么是因为袭击者成功了，要么是因为目标公司找到了一位白衣骑士。这样大量的类似现象——不管认为它是破坏性的还是建设性的，显然是因为美国经济的基础结构和美国企业的环境发生了根本性的变化。然而，就我所知，到目前为止，人们还没有讨论过该如何解释恶意收购现象及其意义，以及它引发的政策问题。

比如，该怎么解释公司的脆弱性呢？在这些受到攻击的公司里，有不少都是实力雄厚、发展良好的大型公司。袭击者本身很少拥有强大的经济力量，绝大部分人在管理或企业方面也没有什么成就。在20世纪60年代到70年代初，人们普遍认为公众持股的大型公司管理层是坚不可摧的，除非公司破产，否则就没有什么东西能对他们造成威胁，更别说把他们赶下台了。当时很多相当畅销的书［如约翰·肯尼斯·加尔布雷思（John Kenneth Galbraith）的作品］都毫无异议地确信，我们已经进入了"公司资本主义"这一崭新而全然不同的"阶段"，专业管理者会永远存在，他们自主地经营着美国的大型企业，不受企业任何"选民"的过多干涉。但在最近几年，许多按任何标准来看都干得非常出色的公司，特别是大型公司，竟然被一些至今都面目模糊的无名小卒给吞并了。即便公司的管理层进行了顽强的抵抗，也无法扭转公司的命运。

这些袭击者往往并没有自己的资本，在购买公司少量股票并做出收购投标时，他们用的每一分钱都是借来的。现在，即便是像通用汽车这样的巨头，为了阻止恶意收购，也不得不采取诸如把股份拆分成许多不同类型的股票，每一种股票享有的投票权都不同等复杂而昂贵的手段。就在不久以前，公司资本主义和自主的职业管理者似乎还掌握着对公司的绝对控制权，但现在到底发生了什么呢？

从根本上来说，现有公司面对恶意收购时的极端脆弱性有三大主要原因。

原因之一是通货膨胀。

其次是因为经济中发生了结构性变化，很多原来很成功的公司不再适应当前的经济现实。

最后是因为，公司资本主义（也就是管理层只对自己负责）让管理层和公司变得极度容易受到攻击。在受到攻击时，没有支持者能对其加以援助。

通货膨胀会造成扭曲：它扭曲价值，扭曲相互关系，在经济假设和经济现实中造成巨大的矛盾。美国从林登·约翰逊总统任内开始直到 20 世纪 80 年代初才结束的长达 15 年的通货膨胀也不例外。通货膨胀造成的最可预见的，也是最典型的扭曲，莫过于资产价值及其盈利能力之间的错位。在任何通货膨胀中，资本货物成本的上涨，往往会比其本身生产的产品价格上涨快得多。因此，购买现有的资本资产，要比投资到新设备和新机器上更划算。所以，任何一家拥有丰富固定资产的公司，分解开来都更值钱——也就是说，把它的资本资产分为房地产、工厂、设备和机器，再分开卖掉，比它本身产出的价值（这个价值是以现实价格与收入之比为基础的）更值钱。这也就是袭击者利用的一种价值扭曲。

公司的股票价格，建立在其盈利能力的基础上。换句话说，股价代表的是"经营中的公司"的价值，而不是其清算价值。因此，一家拥有大量固定资产的公司［尤其是同时还拥有大量现金，袭击者在收购之后可以用来偿还自己的债务（并且带来相当可观的利润）］就变成了最有吸引力的攻击目标。有 1/4，甚至 1/3 得手的恶意收购都可以用这种情况来解释。

同样重要的是美国和世界经济在过去 15 年里发生的巨大结构性变化。它们让很多传统的经济组合形式变得不再适应现实。最好的例子大概要数综合性大型石油公司。布恩·皮肯斯这个袭击者，成功地迫使全美最大的、最为自豪的石油公司之一——海湾石油公司同一位白衣骑士结下露水姻缘，还差点就收购了另外两家运营良好的老牌石油公司——联合石油公司和菲利普斯石油公司。皮肯斯先生至少有一点贡献。在他的"枪口"胁迫之下，石油公司做了一件很有意义的事：把公司分拆为两部分，一部分制造和销售石油产品，另一部分则负责把原油保存在地下。

1980年或1981年以来,综合性大型石油公司一直表现不佳。它们的收入基本上只反映了12美元或15美元一桶的原油价格,要不是因为石油输出国家组成了卡特尔,油价只能维持在这个水平。但自从1973年石油输出国组织造成石油冲击以来,它们都不顾一切地试图为将来建立地下原油储备。这些原油储备在市场上的标价,却是按照二三十年以后的预期价格来计算的,也就是说比当前价格高出数倍。尤其是那些寻找长期避税手段的公司更乐意这么做。实际上,只有假定2015年石油价格将达到100美元一桶,当前市场对地下原油和原油储备所付出的价格才是合理的。否则,按现金流贴现计算,当前对已探明的地下原油储备的估价是毫无道理的。

对二三十年后的石油到底估价多高才算合理,并不是问题的重点。(所有历史经验都告诉我们,唯一合理的预测是,30年以后的石油价格比现在低——但这又是另外一个话题了。)重点在于,如今成为一个"综合性"石油公司毫无意义。那些追求当前石油公司收益的人,与追求长期避税手段的人(换句话说就是并不太在意当前收入的人),其利益是不一致的。因此,皮肯斯建议把综合性石油公司分解为两个部分,这是很明智的。

钢铁行业,实际上还有很多传统的、综合性的、资本密集型的原材料生产业,都存在类似的处境。只要存在这种处境,必然会吸引来袭击者。

但是,造成公司在袭击者面前如此脆弱的最大原因,或许正是"公司资本主义"本身。也就是说,公司的自治管理层不向任何人负责,不受任何人控制,没有任何支持者。这使得管理层傲慢自大。公司资本主义远远没能让管理层变得更强大,而是让它变得软弱无能。管理层变得孤立无助,丧失了其在董事会、股东和员工中的支持根基。

一旦受到袭击者威胁的管理层能够组织起一批"支持者",就能击退恶意收购者。俄克拉何马州巴特尔斯维尔的菲利普斯石油公司就是一个很好的例子,它把员工和社区动员起来,这足以打败皮肯斯。而要是管理层受到无限权力的诱惑，则会使自己变得虚弱无助，当公司受到攻击的时候，没有人会支持他们，只要有人愿意给股东高于当前股价几美元的钱，他们就被抛弃了。

钱从哪里来

受害者自身的脆弱性，并没有解释袭击者用于收购的钱是怎么来的。要对一家大型公司进行恶意收购投标，必须筹措一笔庞大的战争资金。为了袭击一家大公司，至少需要 15 亿美元。在最近的一些例子里，动用的资金已经达到 40 亿美元。通常这笔钱还必须是现金。自然，如果收购投标成功，目标公司会被迫买单，但这笔钱必须从一开头就可供动用——也就是说，在完全无法肯定收购投标会成功的时候就得拥有大笔现金。如果收购投标是由个人发动的（这种情况在近年已经越来越常见），那么袭击者所借的这笔钱通常没有任何担保。袭击者本人的资产大多不值一提，至少和所需款项比起来是这样。即便收购投标是由另一家大型公司发动的，所需资金的数目，也远远超过了常规借款的限度。袭击者唯一需要的借款"担保"就是承诺收购成功后偿还贷款。这根本算不上从前人们认定的"银行可承兑"贷款。然而，袭击者还是毫不费力地就获得了贷款。实际上，当恶意收购投标筹措资金的办法从银行贷款转为发行债券后（主要是由于管制方面的原因），市场立刻把这种债券叫作"垃圾债券"（原文为 junk bonds，junk 的本意是垃圾，也译为后保债券，指价格低但风险大的债券），这是很有道理的。然而，这种债券却能毫无困难地得到认购和发行——商业银行就是热心的买家。

银行会贷款或购买垃圾债券资助恶意收购的原因，和 20 世纪 80 年代早期，巴西、智利和阿根廷等国能从西方银行获得大笔贷款的原因一样。光是贷款的利息就超过了这些国家的偿还能力，更不要说本金了。出于同样的理由，像芝加哥伊利诺斯大陆银行（Continental Illinois）这种大型金融中心也会迫切地提供高风险贷款，有时甚至向虚构的石油和天然气投机商提供欺诈性贷款。美国商业银行苦于传统收入来源的萎缩，拼命寻找新的收入源，特别是寻找那些愿意支付高利率的借款者。发起恶意收购投标的袭击者当然愿意支付高利率，毕竟他自己不用付钱——买单的是他准备收购的目标公司，袭击者只需要等它屈服。

每一本教科书都会指出，商业银行是作为"流动性套利者"来谋生的：它们从具有充分流动性的"活期存款"——也就是有权随时提取的款项中获得资金。银行把钱以较长的时间期限借出（一般商业贷款的期限为90天到3年），因此，银行借出资金的流动性比借入资金的流动性要差得多。所以，银行贷款收取较高的利息就是合理的，银行贷出的利率与存入的利率之差，即为银行收入。

然而这种做法越来越行不通了，因为银行既无法继续充当流动性套利者，也无法继续从中获得报酬。原因之一自然是管理当局从前规定的零利率活期存款已经完全没有了。从历史上看，企业曾经提供了大量活期存款，但现在很少还有企业保留着大量的现金供应，而典型的个人支票往来账户要支付 5.5% 的利息，再加上由此带来的管理成本、取得成本等，银行最终要为客户的支票账户存款付出 8~9 个百分点——这意味着活期存款也不再提供充分的"利息差额"。而且现在美国的大多数顾客只在支票账户上存很少量的钱，其余的钱则存入利息较高的账户，比如金融市场账户，这种账户仍能提供较大的资金流动性。

从需求方来看，流动性套利者的盈利性也越来越差了。美国企业往往不再通过商业贷款来融资，而是通过"商业票据"（分期还款在企业界的变体形式）来筹措资金，然而这种做法一般会跳过银行系统。一家临时拥有多余现金的公司直接购买另一家临时需要现金的公司发行的商业票据，而且商业票据的借款人和贷款人之间的利息差额，比传统活期存款利息与银行商业贷款利率之间的差额要低得多。前者的差额大概是1.5%，后者的差额则达到4%～5%。

现在，大多数美国银行，特别是大型银行，都知道自己已经不能再把业务建立在借款和贷款的"利息差额"上了，它们必须把收入基础转移到收取酬金和佣金上来。但即便是那些十年前就认识到这一点，并致力于将收入来源从资金报酬转移到信息和服务报酬上的极少数银行（纽约的花旗银行大概是第一家，到目前为止仍遥遥领先），也还有很长的路要走。与此同时，银行为收入来源的问题大伤脑筋。这种压力迫使它们同意把钱借给愿意——至少是承诺愿意付出最高利息的贷款人，哪管他们是俄克拉何马州的投机分子、被本国通货膨胀搞得焦头烂额的军政府（如巴西和阿根廷），还是从事恶意收购的袭击者。

快钱的诱惑

袭击者能够获得所需资金，仍未能解释为什么股东团队会支持袭击者收购、合并甚至清算自己所有的公司。

很明显，股东这么做并不是因为他们认为收购会对公司有利。相反，股东很清楚地知道，对公司来说，收购投标通常意味着一场灾难。然而，越来越多的情况是，只要袭击者付给现金，也就是说他们能够退出公司，不再和公司发生联系，他们就愿意卖出股份。或者是，如果他们获得可交易的债券，也会立刻将之卖掉。而且大多数股东一次又一次地充当墙头草的角色：如果袭击者出价高，他们就接受袭击者的投标；如果白衣骑士出的价比袭击者高，他们就拒绝袭击者。然后，他们会立刻卖掉白衣骑士用于交换他们持有的原公司股票（现在这家公司已不复存在）的有价证券。

控制了美国公众持股的大型公司的股东，除了接受袭击者的建议之外，往往没有其他选择。如果袭击者提出的价格高于股票当前的报价，他们就不得不被迫，甚至是按法律规定被迫接受袭击者的投标。出现这种结果主要是因为，股票所有者从个人转变为作为"受托者"的机构，特别是养老基金。养老基金（共同基金也越来越如此）是美国公众持股公司的法定"所有者"，它们的持有量，大概占普通股的50%以上。在大公司里，这一比例可能更高，因为机构持有者的股票，主要都是大型公司的股票。管理这笔巨大且不断增长的资金的人，特别是管理养老基金的人，是受托人，而不是所有者。他们既是支付职工养老金的公司管理层的受托人，也是养老基金的最终受益者，即公司雇员的受托人。作为受托人，只要有人的投标价格比股票的市价高得多，不管他们本身想不想卖，都必须接受这笔交易。如果他们拒绝，就会承担巨大的、毫无保障的风险。如果6个月之后，股价低于袭击者所提出的投标价，受托人就可能受到公司管理层和养老基金最终受益人，即员工的起诉。受托人无权认为，自己的判断比一个"精明的人"要高明。而一个精明的人必定会接受到手的猎物，尤其是在不能肯定树丛里还有更大猎物的时候。

人们还希望养老基金管理者拿出高于平均水平的回报——而这通常是做不到的，由此，基金管理者承受着巨大的压力。大多数美国公司的养老基金，都是"明确规定收益"的方案：公司承诺在员工退休时，按工资的一定比例支付养老金，通常为最后5年工资的60%。员工获得的部分是固定的，或者说到员工退休时就会固定下来。但公司缴纳的款项是浮动的。如果养老基金增值了——比如它的投资获得了较高的回报或利润，公司需要缴纳的款项就下降。如果养老基金没有收益，或是收益低于预期值，公司缴纳的部分就会上浮。

这和"明确规定缴款额"的方案截然相反。在"明确规定缴款额"方案里，公司每年支付的款项是固定的，而员工在退休时既可获得固定的生活津贴，也可以获得依赖养老基金盈利的浮动津贴。

因此，在规定收益的方案里，管理层会不断要求养老基金管理者获取利润，特别是通过投资获取利润，从而把公司需要缴纳的款项减到最低限度。但这是完全不现实的，实际上根本就不可能。现在，养老基金就是美国的股票市场，既然它本身就是市场，它当然不可能赢得市场。养老基金的历史表现已经证明了这一点。它们的成绩无一例外地糟糕透顶。实际上，希望"打败市场"就是大多数养老基金的表现比市场平均水平糟糕得多的原因。结果，养老基金浪费了大量资金来支持一个庞大的股票市场，把本应该在未来交给受益人的钱用来支付了股票经纪人的佣金。在漫长而变化无常的投资和金融史上，类似过去20年里美国养老基金管理这么始终如一的凄凉表现，怕是绝无仅有了。

然而公司管理层仍然相信他们的养老基金能够"打破常规"——就像拉斯维加斯每个玩吃角子老虎机的赌徒一样，总觉得自己肯定能赢。如果养老基金管理者不做短线经营，不做投机交易，拒绝在未来三个月内表现出"业绩"，他就很可能丢掉这个户头。大概没有比这个行业竞争性更强的了。因此，如果市场上的股价是40美元，养老基金管理者就根本无法拒绝袭击者提出的55美元一股的报价。

养老基金管理者知道，袭击者的投标对自己所持股的公司是有害的，但他们不能考虑这些"财产"的福利和利益。他们并不是所有者，尽管他们在法律上拥有所有者的权利，但他们必须成为投机者。因此，他们的所作所为就是投机者的做法。他们必须接受袭击者的投标，除非有哪位白衣骑士的报价更有利可图。

采取防卫的危险性

恶意收购潮是美国经济发生重大结构性变化造成的结果，但它本身是一种严重的紊乱状态。人们频频争论，恶意收购对股东到底是好还是坏。可毫无疑问的是，它对国家经济绝对有害。它迫使管理层着眼于短期运作。越来越多的大型、中型和小型企业，不再为取得业绩而经营，而是为了避免遭到恶意收购而经营。这意味着越来越多的企业被迫集中关注未来三个月内的结果，鼓励机构投资者（如今所有公开上市的公司都依赖机构投资者获得资本支持）长线持有自己的股票，而不是在恶意收购者一提出投标时就抛售股票。

更糟的是，为了防止被人袭击，公司被迫要做些愚蠢的事。比如，如果公司的流动资金较多，就很危险。流动资金只会引来袭击者，他可以用这笔钱偿还自己在投标中欠下的债务，并且给自己带来优厚的回报。因此，公司一旦发现自己的流动资金太多，根本不管几个月后会多么需要用到大量现金，总会赶紧把钱挥霍掉——比如购买一些同自身业务毫不相关、唯一作用就是用掉大量资金的东西。更为糟糕的是，公司日益削减用于未来的支出，如研究和开发费用。对美国的未来最具威胁性的一种发展趋势是，日本人正迅速接管快速工业化国家的市场，比如巴西和印度。他们能做到这一点是因为，他们能够根据对这些国家未来市场的估计，投资建立销售体系。美国公司的管理层完全了解这一点，但问他们为什么不这么做的时候，他们往往回答说："我们不能把钱放在一边投资未来，而是要用来让下个月或下个季度的利润变得更丰厚。"

对袭击者的恐惧，无疑是美国公司日益倾向于从事短期经营而不顾未来的最大原因。对袭击者的恐惧使企业士气受挫，陷入瘫痪。它给公司管理层和专业人员的士气所造成的影响，怎么估计也不过分。更糟的是，在恶意收购成功后，公司的士气就被瓦解了，甚至是永远地瓦解了。能走的人都走了，剩下的人尽量少做工作。"如果我脚下的地毯明天就会被抽走，那我做得再好又有什么意义呢？"这种想法很常见。而且，袭击者为了偿还债务，通常一接手就把公司最有前途的部门卖掉。因此，恶意收购对公司士气造成的影响是灾难性的。

总而言之，所有被合并起来的公司经营情况都很糟糕，特别是那些被合并到一个综合性大企业里的公司，或是被合并到与自身业务没有什么共同点的企业（比如一家典型的金融联合大企业）里的公司，更是如此。在这类被收购的公司里，只有30%能在两年后达到合并前的经营水平。而在恶意收购中被兼并的公司，成绩全都糟糕透顶，无一例外。

很明显，恶意收购并不会带来更有效的资源配置。大多数恶意收购除了让袭击者大发一笔之外别无其他目的。为了达到这一目标，袭击者向股东提出远比股票市价更高的买价，也就是说，他贿赂股东。为了能偿还这笔用于行贿的钱，他让被收购的公司背上了沉重的债务，而这一行动本身就严重削弱了公司获得经济业绩的潜能。恶意收购无一例外地使组织士气涣散，并使其受到严重损害。这一事实驳斥了恶意收购能使资源配置更合理的论点。实际上，它证明的是，现代企业的主要资源不是砖头和水泥——甚至也不是地下埋藏的石油，而是人的组织。

确实存在这样的情况，一个由人构成的组织从原有的企业中剥离并独立出来，会变得更有生产力——实际上，现在的很多大型组织，特别是综合性组织，如果被分拆成较小的单位，或是把各个部门组成独立的公司，定能极大地提高其生产力。但恶意收购的目标并不在此。恰恰相反，恶意收购成功后，被收购企业中最有价值的部分总是会被卖掉，用以筹措还债的钱。这既会损害卖掉部分的生产力，也会削弱剩下部分的生产力。

美国经济的资源配置存在严重的问题，但恶意收购显然不是实现更有效资源配置的正确工具。它只会严重损害真正富有生产力的资源，也就是人的组织，损害其精神、贡献、士气、对管理层的信心，以及企业雇员对它的信任感。

即便恶意收购"对股东有好处"——确切地说，是只在很短的时期内有"好处"，对国民经济却肯定没好处。实际上，它们糟糕透顶，不管采用什么样的方法，我们都必须给它们来个了断。

方法之一或许是仿效英国，建立一个"收购审查小组"，如果审查小组认为收购会损害企业和经济的最佳长远利益，有权终止收购投标。不过在美国能不能建立这样一种审查机构——或者它是不是会变成另一个讨厌的政府机构，还有很大争议。英国人的做法，立刻会和美国的反托拉斯法案发生冲突。

因此，对美国来说，结束恶意收购——或者是在它的前进途中设置重大阻碍，更可行的方法是废除"一股一票"的概念，把股票分成分配红利相等（在清算过程中权利也相等），然而投票权不同的若干种，至少是在公司表现出足够的财务成功时这么做。通用汽车已经这样做了，紧随其后的还有一些规模较小的公司。这并不是一种激进的措施。英国人多年以来一直有一种"私人股份有限公司"，管理层只要一直能拿出特定成绩，就可一直持有投票权。同样地，德国也有一种拥有上百年历史的"股份两合公司"，管理层只占股份所有人的一小部分，却持有大部分投票权——同样只需要拿出足够的效益和结果即可。换句话说，让不同的股票拥有不同的投票权——比如，A类股票的投票权相当于B类股票的100倍。再采取一些相当简单的保险机制：首先，把拥有较高投票权的A类股票，交给真正独立强干的董事会，而不是交给管理层。在这种董事会里，企业外部的独立董事占明显多数（顺便说一下，德国人就是这样要求的）。其次，A类股票只有在公司实现特定成果和足够效益的时候，才能行使额外的投票权。这种两级股票制度既能够控制恶意收购，同时也可防止公司管理层表现糟糕，甚至消除管理上的无所作为。

也许恶意收购潮会随着失去财务基础逐渐退热，而不是轰然崩塌。这种局面是很容易出现的。只要用于恶意收购的巨额贷款出现一次倒账，就会出现"数十亿美元的大丑闻"——类似俄克拉何马州佩恩广场（Penn Square）银行倒闭，导致芝加哥权倾一时的伊利诺斯大陆银行垮台的大丑闻，之后恶意收购者将再也弄不到所需的贷款。在漫长的金融史上，每一种允诺支付远高于市场现行利息，诱使借款人贷款，从事非生产性经济项目的计划，迟早都会破产——而且往往很快就会失败。

然而，即使我们控制住了恶意收购，恶意收购这一病症所依托的潜在结构性问题仍然存在。它提出了以下基本问题：养老基金的任务、职能和管理；管理层的合法性；工商企业，尤其是大型企业的目的。股东是唯一拥有选举权的委托人吗？所有其他利益集团，包括正在经营的企业本身，都必须完全地从属于它吗？

当华尔街碰上拉斯维加斯

荒谬的是，恶意收购潮的消退，反而会恶化养老基金存在的问题。养老基金现在因为接受了袭击者提供的高股价，获得了大笔利润，而一旦恶意收购潮被抑制，这笔横财也就烟消云散了。然而这笔横财，基本上是养老基金管理者为了满足公司管理层的期待和要求，在股市上获取快钱的唯一途径。如果这笔钱没了，公司管理层很可能会向基金管理者施加更大的压力，要求获得快速回报；而基金管理者反过来又向所持股票的公司施加更大的压力，要求获得短期结果——于是这迫使企业继续关注短期管理。现在，人们都同意，着眼于短期管理，是逐步侵蚀美国在世界经济中竞争地位的重大原因。

只要美国的养老基金继续建立在"明确规定收益"的基础上,那么这一问题就不可能得到解决。

30多年前,养老基金刚刚普及时,工会奋力主张明确规定收益,大概是有道理的。因为在这种制度下,雇主承担了未来所有的风险。实际上,1950年春天,通用汽车公司就养老金问题进行的劳资谈判,确定了目前的养老基金模式。但当时美国汽车工人联合工会强烈反对明确规定收益的方案,反而要求使用"明确规定缴款额"的方式。⊖虽然当时通用汽车的总裁查尔斯 E. 威尔逊也建议使用财务上更合理的明确规定缴款额方案,但公司仍然选择了明确规定收益方案。通用汽车的财务委员会否决了威尔逊和鲁瑟的建议,而此后其余公司也大多仿效了通用汽车公司的养老基金模式。我们现在认识到,明确规定收益这个选择实在是个大错误。它就像拉斯维加斯的赌徒幻想的那样,认为只要往角子老虎机里投更多的硬币,就能"赚上一大笔"。

按照明确规定收益的方案,公司承诺在员工退休后,按照其退休工资的固定比例支付养老金。公司所缴纳的款项,取决于当年养老基金资产的价值同未来应付养老基金现值之比。养老基金的现值越高,当前缴款额就越低,反之亦然。因此管理层自欺欺人地认为,纽约股市行情不断上涨,乃是一条自然规律——至少是一条历史规律。因此,在明确规定收益的方案中,由于股市的不断上涨,就能提供养老基金所需的资金,而不用公司本身来承担这笔费用。实际上,当时还有不少管理层向董事会保证,从长期的角度来看,明确规定收益的方案会成为公司的"摇钱树",它带来的收入将远大于投入。

⊖ 当这项方案正在磋商时,我曾有机会就这一问题,和当时美国汽车工人联合工会的领袖沃尔特·鲁瑟(Walter Reuther)反复进行过讨论。鲁瑟担心"明确规定收益"的方案会使工人认为自己同雇主的利益是一致的,从而疏远工会。后来证明他的这种担心是毫无根据的。

接着是第二个错觉：每一家采用明确规定收益养老金方案的公司，都坚定不移地相信，只要"进行专业的管理"，自己公司的养老基金就必能"胜过"一个不断上涨的市场。

自然，从来没有什么股市永远上涨的规律。从历史的观点来看，股市甚至未能有效阻挡通货膨胀造成的损失，例如，在过去 20 年里，美国股市增长的速度，几乎比不上通货膨胀的速度。实际上，一笔巨款投到股市中，不管过多长时间，有所增长就是少之又少的奇迹，更不要说还能赶上经济增长的速度了——不管是美第奇家族（Medici，15 世纪到 16 世纪，意大利佛罗伦萨最富有的家族）、富格尔家族（Fuggers，15 世纪到 16 世纪，德国最大的实业贸易家族）、罗斯柴尔德家族（Rothschilds，欧洲最著名的银行世家，创办了一连串国际银行，在 19 世纪后期完全控制了欧洲的金融），还是摩根家族（美国 19 世纪末金融界和实业界世家），都没能成功办到这一点。同样，就我所知，在过去 20 年甚至 30 年里，没有哪家大型公司的养老基金表现得和股市一样好。养老基金唯一应该追求的效益，应当是长期效益，因为它要在 25 年乃至更长的时间后才履行自己的义务。实际上，较之大多数明确规定收益的大型养老基金，一些明确规定缴款额的大型基金已经为受益人，也就是员工和未来领取年金的人，带来了更佳的收益，减少了雇主的成本。对于美国最大的明确规定缴款额的方案，即美国非营利机构教师保险与年金协会（Teachers Insurance and Annuity Association，TIAA）来说，更是如此。

导致美国管理层选择了明确规定收益方案的那些错误见解，实际上从一开始就注定让养老基金变成"投机分子"，并且日益关注短期利益。

选择明确规定收益的方案，在很大程度上同样解释了美国养老基金社会效益普遍糟糕的原因。正如沃尔特·鲁瑟相当正确地预测到的，人们既希望养老基金成为一个社会机构，又想让它成为一个金融机构。人们还认为它能在雇主和员工之间创造出一个共同的利益中心。实际上，通用汽车公司最初的想法和日本非常类似，希望养老基金在几年后能独立运作，实现和"终身雇用制"同样的效果。但和终身雇用制不同的是，美国的养老基金并没能在员工的头脑里创造出一种共同利益的观念。

美国针对私营养老金计划的法律规定，基金管理者是最终受益人，即员工的"受托人"。而在现实中，明确规定收益基金方案的管理者，必然是由公司管理层指定，并向它负责的，因为承担风险的是雇主——因此基金的运作，必须尽可能减少雇主的负担。这样一来，雇员就感到对养老基金没有什么责任，它只是一种"延期发放的薪水"，而不是"下在公司的赌注"。雇员认为基金的经营表现如何，与自己没什么关系。他们的看法是有道理的：除非公司倒闭，否则基金经营好坏确实与员工无关。在明确规定收益的养老金方案里，员工也无法以任何有意义的方式，通过养老基金参与决策过程。养老基金实际上是美国生产性资源的实际所有者。

明确规定缴款额的养老金方案并不是万灵药，但它能把问题降低到最小限度。30 年前实行这一正确模式是简单易行的——因为 TIAA 早在 20 世纪 20 年代初就实施了这一方案。它采用的是弹性缴费制而不是固定缴费制。一所大学，或类似童子军、新教教派管辖区这类非营利组织，按工资的固定比例缴费。如果员工薪水提高，缴费金额也会提高。因此，它能够根据通货膨胀率自动调整每年的缴费额——这是很重要的一点。但年度的缴费额又是可知且能够预测的，因此 TIAA 能够进行长线投资，实际上它也确实这样做了。这就说明了为什么它取得的成绩比任何固定收益的大型养老金方案更好。与此同时，因为雇主只需要缴纳员工工资的固定百分比，就可完全解除他对这笔钱的义务，而这使得未来的受益人，也就是现在的员工，能够管理这一基金机构。大学教师并不认为 TIAA 是"雇主的养老基金"，而是"我们的养老基金"，因此他们积极主动地关心它，对他们来说，这项基金象征着雇主（即大学）和他们自身之间经济利益的根本一致性。

虽然进度非常缓慢，但养老金计划已经开始改革了。很多公司，特别是中型公司，现在纷纷鼓励员工在公司提供的养老金之外，自己再安排一种养老金积蓄，比如通过个人退休账户的方式来进行。这样至少能够制定出一种合理的（也就是长期的）投资政策。但在可预见的未来，大量企业养老基金还将维持固定收益的形式。美国大型企业法律上的所有人，也就是大型养老基金，将继续被迫像投机者而不是投资者（更不会像所有者）那样行事。因此，在可预见的未来，有必要保护国民经济中创造财富的资源——企业和养老基金本身，使它们避免承受立刻、短期、下个月、下个季度就产出成果的管理压力，更重要的是，免受恶意收购带来的压力。

公司监护人的终结

"公司资本主义"（也就是说，自治管理者作为现代经济中的"哲人王"，不受股东或其他任何委托人的控制，最多只受专业操守的约束）是在50多年以前，由阿道夫·伯利（Adolph Berle）和加德纳·米恩斯（Gardner Means）在其1932年的经典作品《现代公司和私有财产》（*The Modern Corporation and Private Property*）一书中首先提出的。伯利和米恩斯认为，"控制权"已经从"财产权"中分离出来。实际上，"财产权"不再是"所有权"。它是一种投资，只和股息及资本收益有关，而同财产本身的福利或管理无关。

从一开始，稍微有点政治理论或政治历史知识的人都预测到这是行不通的。人们能够确定地说，和所有从前产生过的"哲人王"一样，管理阶层绝不可能维持太久。管理层确实有权力完成自己的工作，它也必须拥有这个权力。但不管管理层的表现多么优秀，多么有知识，意图多么良好，权力都不可能长久维持下去，除非它获得了自身之外的某种承认，拥有某种"合法基础"也好，或是被统治者同意也好。否则，权力就不具备合法性。它的用意或许是良好的，它的表现或许是出色的，它甚至在调查或民意测验中"大受欢迎"，然而没有合法性的权力，一面临挑战就会彻底垮台。它或许没有敌人，但没有人信任它，也没有人愿意为它效忠。

对于管理阶层不具备合法性这一点，50年前伯利和米恩斯指出美国企业里并没有真正的所有权的时候，美国管理层就应该很明白了。毕竟，自从亚里士多德驳斥了柏拉图"哲人王"的概念以来，在2000多年里，所有的"哲人王"（也就是以表现而不是合法性为基础的权力）都不能长久存在。但美国管理层所做的和所有从前的"哲人王"一样——比如18世纪欧洲的"开明专制"，它为自己的良好意图感到骄傲和自豪。美国企业的管理层还忙着消除自己开明统治的最后一道障碍，一个独立而强大的董事会。然后，当伯利和米恩斯所谓的"投资者"变成了养老基金的投机者时，管理层发现自己根本无力和第一个挑战者，也就是袭击者相抗衡。这样一来，恶意收购投标就宣告了公司资本主义的末日。

但我们确实需要管理层。工商企业需要一个管理机构，需要一个拥有权力、连续性、能够履行使命的管理机构。换句话说，它需要一个拥有合法性的管理机构。公众持股的美国大型企业的管理阶层，要怎么做才能恢复合法性呢？

步骤之一，肯定也是第一步，是恢复独立而强大的董事会。实际上，正如我们已经指出的，只要存在这样的董事会，袭击者基本上就会被击溃。即便是那些只对迅速获取利益感兴趣的股东，也往往愿意追随一个在社会中有地位、受人尊重、不是管理层傀儡的强大而独立的董事会。这样一来，恶意收购潮可能最终将推动重新建立强大而独立的董事会，这是企业界多年以来的要求。

但这样的董事会,不会也不可能仅仅由股东的代表所组成。获得人们敬重、能让人信服的董事会成员,必然是独立董事,也就是说,他不代表包括名义所有者在内的任何委托人,而只代表企业本身的完整性和利益。因此,恶意收购几乎肯定能加速这样一种已在进行中的发展趋势:出现一批高质量的专业人士,同时为少量(不超过4个)董事会服务;因为他们的成就和正直人品,他们在社会上有地位、受人尊敬,他们对待自己的职责严肃认真。他们的责任包括为高层管理者制定绩效目标并监督其执行,监管高层管理者的行为和道德,甚至将那些傲慢自大,达不到董事会根据企业利益所定标准的CEO撤职。

但这会不会只是用另外一批技术专家或聪明人代替了"哲人王"呢?显然,在拒绝恶意收购时,外部的独立董事会成员和公司总裁不一样,并不是为自己的工作而战。但他们仍不代表任何委托人,除了无私的表现和知识以外,也没有任何合法性的根基。美国公众持股的大型公司是不是必须学会动员新的委托人,引入其他的"利益集团"来平衡从前的所有者、现在的投机商,并激发起新的忠诚心呢?

根据报道,袭击者不敢向员工持有大量股份的公司进行恶意收购投标。他们知道,员工持股人不可能接受他们的报价。显然,对大多数员工来说,工作职位受到威胁所带来的损失,比从股票中获得的利益要大得多。此外,如果员工对企业具有认同感,会从个人和情感上都希望公司保持独立。打败恶意收购投标最辉煌的一次战役,并不是由拥有良好绩效记录的管理层办到的,而是前面提到的俄克拉何马州巴特尔斯维尔的菲利普斯石油公司,整个城市都团结起来保护这家当地的主要雇主。

30年以前,美国大企业里流行一种说法,说企业管理层是"股东、员工、工厂所在社区、顾客和供应商之间最佳平衡利益的受托人"。当然,在很多情况下,这只不过是用来掩盖管理层"哲人王"及其"开明专制"实质的一句托词。然而，即便在那些并非出于私利而做出此种论断的企业，也并未努力将它变为现实。很少有人尝试将这些假定的企业"委托人"同管理层之间的关系制度化。现在是不是该认真地进行这方面的工作，保卫企业和管理层呢？这种制度化的关系又该采取什么样的形式呢？

对自由企业的挑战

最近争论得最激烈的问题，是恶意收购对股东到底是好还是坏。但是，在争取企业控制权和生存权的斗争中，其他利益集团拥有什么合法权益的问题，虽然讨论得较少，却更为重要。公众持股的大型现代企业，只为了股东的利益而存在吗？当然，正统的"资本主义"是这样认为的。但四五十年前提出的"自由企业"一词表明，股东利益固然重要，但只是一种利益，企业的职能，不仅仅是为股东带来回报——它还要作为雇主、作为社会的公民、作为顾客、作为供应商而发挥作用。英国在建立"收购审查小组"的过程中，已经明确地意识到，公司合并和收购的决策，会对公众利益造成影响。而到目前为止，美国只用消极态度表明这一点，也就是禁止有违反托拉斯法的企业合并。美国是不是也该考虑一下它对其他利益集团、对整个社会和经济的总体影响呢？这种影响又将以什么样的形式表现出来呢？这才是关键问题。对这个问题的回答，将在很大程度上决定未来美国经济的走向。

然而，如果答案是投机者的利益（尽管这个投机者拥有所有者的合法头衔）才是唯一要考虑的利益，那么自由企业制度就难以生存下去。它会迅速失去公众的支持。因为，对大多数人来说，虽然他们会从投机者的游戏中获益——不管是以多么间接的方式（即作为养老基金的最终受益人），但作为员工（不管是蓝领工人还是管理者）和社会的公民，他们从恶意收购中失去的东西更多。而且越来越多的人把恶意收购当作一个道德问题，它严重地冒犯了广大美国人民的正义感。

如今绝大多数美国人都是某一组织的雇员。有大量的证据表明，组织里的人，特别是管理人员和专业人士，能够接受最痛苦的调整，比如结束某项业务或企业的一部分被出售——如果这样做是为了提高经济效益或是由于其原本的经济效益不佳。但在恶意收购中购买或出售组织或其中的某些部分，显然并不是由于这个原因。恶意收购的唯一理由是让某个和企业效益毫无关系的人暴富起来，而且人们公认此人对企业的效益没有半点兴趣，而这是违背员工意愿的。员工感到恶意收购把自己视为"动产"而非一种"资源"，更不要说当成人来对待了。"难道说恶意收购竟然和我们的反奴役偿债和反非自愿劳役的法律是相容的吗？"最近，在我开办的高级管理课程班里，一些企业的中层主管一直这样问我。

大约100年以前，美国决定债权人的权利并不是绝对的，并对破产法进行了修改，把维持和恢复企业的"正常经营"放在优先于债权人权利的位置。而在此之前，当企业陷入困境时，债权人的权利总是放在前头的。这一修改的效果非常显著。在企业改组时保护其正常经营，事实上也被证明符合债权人的最终利益。现在，我们是否也应该如此对待恶意收购问题呢？我们是否应该考虑保护作为一种资源的企业，保护它继续经营下去，并考虑雇员（不管是蓝领、白领还是管理人员）、社会、供应商和消费者的利益呢？实际上，我们已经在朝着这个方向前进了，我们把破产法的保护范围，扩展到受到单一利益集团威胁的、正在经营中的未破产企业。在石棉损害赔偿责任诉讼浪潮中，约翰－曼威乐公司（Johns-Manville Corporation，石棉和其他建材的主要生产商）成功地援引破产法，保护了自己的持续经营，也保护了股东和员工的利益。在航空票价取消管制，航线竞争异常激烈的时候，大陆航空公司同样成功地援引破产法保护了自己，反对工会提出的无法承受的工资要求。不久以后，发生这样的情况并非毫不可能：一个机智的律师引用破产法来抵制恶意收购，保护正在经营的企业，而法庭也将参照它们在约翰－曼威乐公司和大陆航空公司诉讼案中的做法。不管采取什么样的途径——制定法律、使股权多样化或进行司法解释，我们肯定可以找到一种方法来保护经营中的企业免受恶意收购的侵扰。恶意收购把其他一切利益集团（员工、企业的长远发展和繁荣，以及整个国家在竞争日益激烈的世界经济中的竞争地位）都置于短期投机利益之下。

[1986]

第29章 | CHAPTER 29

成功兼并的五条原则

过去几年里发生的企业合并潮流，并不是建立在企业需求基础上的，它是一种极为单纯的财务操作。但是兼并必须对企业有意义，否则即便只作为一种财务活动也无法成功，它会导致业务和财务上的双重失败。

成功的兼并有五条简单的原则。自从一个世纪以前的J. P. 摩根时代以来，所有成功的兼并都遵循这五条原则。

（1）唯有兼并方企业仔细考虑过它能对被兼并的企业做出何种贡献，而不考虑被兼并的企业能对自己做出什么贡献，企业兼并才能成功。不管双方预期的"协同合作"看起来有多么吸引人，都是一样。

兼并方企业的贡献是多种多样的，可以是管理、技术或分销能力。只有钱是绝对不够的。通用汽车购买了一家柴油机企业，这次合并非常成功，因为它在技术和管理上都能做出贡献。但对它收购的另外两家企业，一家重型挖土机企业和一家飞机引擎企业，通用汽车提供的主要是资金贡献，就未能获得成功。

（2）通过兼并形成的成功多元化经营企业，和所有成功的多元化经营企业一样，需要一个共同的团结核心。两家企业必须在市场或技术方面存在共同之处。有时生产过程也能提供足够的一致经验和专门技术，以及共同的语言让两家公司合而为一。没有这样的团结核心，多元化经营，特别是通过兼并所实现的多元化经营，绝对无法成功；光有财务上的结合是不够的。用社会科学的行话来说，必须存在一种"共同的文化"或至少是"文化上的亲近性"。

（3）唯有兼并方企业尊重被兼并企业的产品、市场和客户，兼并才能成功。兼并必须"意气相投"。

在过去二三十年里，虽然有很多大型制药企业兼并了化妆品公司，但都未能获得很大成功。药物学家和生物化学家是关心人们健康和疾病的"严肃"人物，他们觉得口红和抹口红的人都太过轻佻。

基于同样的原因，大型电视广播网和其他娱乐公司在收购图书出版公司上也少有成功。图书不是"媒体"，图书购买者及图书作者（图书出版公司的两种顾客）和尼尔逊收视调查中所谓的"观众"没有任何共同之处。企业迟早要做出决策，而且常常是很快就要做出决策，而对企业、企业的产品及用户不尊重或感到不愉快，必然会做出错误的决策。

（4）兼并方企业必须能够在一年左右的时间里为被兼并企业提供高层管理人员。相信能够"买下"管理层的想法，完全是乱来。被兼并企业的高层管理人员随时可能甩手而去，兼并方必须对此做好准备，因为这些人习惯了当老板，不希望变成部门经理。如果他们原来是公司的所有者或部分所有者，那么兼并已经让他们变得非常富有，如果他们不满意兼并后的情况，就不一定非要留下来。又如果他们在原先的公司并无股份而是专业的管理人员，那么他们通常很容易找到另外的工作。招募新的高层管理者，则有很大的风险，很少能成功。

（5）在合并的第一年内，要把原先两家公司高层管理人员中的很大一部分，交叉提升到对方公司更高的职位上。这么做是很重要的，其目的在于让两家公司的管理人员都相信，兼并为他们提供了更好的个人发展机会。

这一原则不仅适用于高层或接近高层的管理人员，还适用于较年轻的主管和专业人士，企业必须依赖于他们的努力和献身精神。如果他们认为兼并的结果阻碍了自己的发展道路，就会"挂冠而去"，而且他们一般比离职的高级管理者更容易找到新工作。

大多数管理者都接受这五条原则，至少在20世纪60年代晚期多行业企业合并运动破产以后是如此。但是他们争论说，在通货膨胀时期，企业兼并是由于资金和宏观经济上的原因，而不是因为业务需要，这些原理就不适用了。

然而德国在20世纪20年代初严重通货膨胀时期的经验，提供了有力的反证。当时德国的"合并潮"和美国20世纪80年代的情况相差无几，同样狂热。那时有四大"袭击者"：雨果·施廷内斯（Hugo Stinnes）、阿尔弗雷德·胡根贝格（Alfred Hugenberg）、弗里德里克·弗利克（Friedrich Flick）和德国最大的钢铁制造商克虏伯公司。但只有胡根贝格和弗利克获得了成功。胡根贝格买进了多家报纸，建立了德国第一个现代报业连锁企业。他一直坚持到希特勒上台，并且获得了兴旺发展。他帮助希特勒夺取政权，而希特勒却霸占了他的产业。弗利克只收购钢铁和煤矿企业，在第二次世界大战中幸免于难，战后被当作纳粹战犯关押起来，获得释放后，他又建立了一个更大的企业王国，一直到前几年去世为止。

施廷内斯直到1919年还是个名不见经传的煤炭批发商，但到1922年却控制了整个德国的工业，还没有哪个人能像他这样支配一个大国的工业。但在德国通货膨胀结束后仅仅 9 个月，施廷内斯企业王国（一个由钢铁厂、航运公司、化学公司、银行和其他无关产业组成的集合体）就遭到破产，并且分崩离析。

至于克虏伯，数十年前是德国最富有、政治上最有权势的公司，它幸存下来，却再也没有恢复元气。它无法管理它收购的各种企业——造船厂、卡车厂、机床厂等。最终，克虏伯被自己收购的企业拖累得溃不成军。20 世纪 70 年代初，克虏伯家族被逐出企业的管理层，所有权也被剥夺，半死不活的公司控制权则被廉价卖给了伊朗国王。

纽约股市应该是深深了解这五条兼并原则的重要性的——至少在它从 20 世纪 60 年代对多元化经营大公司的迷恋情结中清醒过来以后是这样。这就说明了为什么每当有大型企业合并的消息传开后，兼并方企业的股票价格就会急剧下降。

然而，不管是兼并方还是被兼并方企业的管理人员，以及为企业兼并提供资金的银行，往往还是忽略了这些原则。但历史已经充分地告诉我们，兼并方企业和被兼并方企业的投资者和管理者，以及提供资金的银行家，如果只用财务而非业务原则来判断是否应该进行兼并，很快就会后悔不迭。

[1981]

第 30 章 | CHAPTER 30

创新型组织

人们普遍相信，大型企业无法进行创新，但这种看法完全是错误的：默克公司、花旗银行和 3M 公司就是三个具有高度创新精神的巨型公司的例子。但有一点是正确的，那就是一家公司，无论大小，要进行成功的创新，就必须采用不同于一般"经营良好"企业的运作方法。

创新型公司知道，创新总是从设想开始的。设想就像是婴儿——刚诞生时弱小、不成熟，还没有定型。它们是一种前景，而不是现在的果实。在创新型企业里，管理者不会说："这是个愚蠢透顶的想法。"相反他们会问："该怎么做才能把这个萌芽的、不完整的念头变得有意义，让它切实可行，成为我们的机会呢？"

创新型公司还知道，绝大多数设想不会变得有意义。创新设想就像是青蛙生出的卵：孵化 1000 个，可只有一两个能长大成熟。因此，创新型组织的管理者会要求提出设想的人仔细思考，做哪些工作才能使设想变成一种产品、一个流程、一项业务或一门技术。他们会问："在公司采纳你的设想之前，我们必须做哪些工作，必须认识并学习些什么呢？"

这些管理者知道，把一个小小的念头变为成功的现实，和实现一项重大创新同样困难，同样充满风险。他们的目标，并不是在产品或技术方面进行"改进"或"修正"，而是创造一项新的业务。而且他们知道，"创新"不是科学家或技术人员的用语，它是企业家的用语。

因为创新意味着为客户创造新的价值，带来新的满足感。因此，组织并不是根据创新在科学或技术上的重要性来衡量它的，而是看它为市场和客户做出的贡献。它们认为，社会创新和技术创新同样重要。分期付款为经济和市场带来的影响，可能比 20 世纪绝大多数技术上的进步都大得多。

创新型公司知道，对于一个成功的新设想来说，最大的市场往往是不可预料的。在开发炸药的过程中，阿尔弗雷德·诺贝尔原本是想找一种更好的军用爆炸物，而硝化甘油太不稳定，不能用于制造炸弹或炮弹，但它能在采矿、修路和建设中替代铁锹和铲子，用来开山劈石。IBM 能够控制大型电脑市场，是因为它意识到，对电脑的最大需求，并不是来自科研和国防工业——大型电脑过去就是为这两方面的应用所设计的，而是来自计算工资、结算账单和控制库存等普通商业用途。

创新型公司并不是从"研究预算"着手的，而是以此作为结果。它们首先确定要维持业务稳定需要进行多少创新工作。它们假定现存的所有产品、服务、流程和市场都正在变得落后于时代，并且速度很快。它们尝试估算出现存事物变得过时的可能速度，然后确定出创新需要填补的"空缺"有多大，才能保证公司不走下坡路。它们知道自己的创新项目中，必须包括成倍于填补"空缺"所需规模的创新，因为最多只有不到 1/3 的设想可能成为现实。然后它们自然就可以了解最少需要进行多少创新工作，以及创新所需的预算是多少。

"但是，"一家非常成功的高度创新型公司的CEO说，"接着我还要把工作量和预算经费翻一番，毕竟我们的竞争者不是傻子，而且可能比我们还要幸运些。"

聪明的公司知道，钱不能带来创新，只有人才能创新。它们知道，创新工作的质量远比数量重要得多。除非找到第一流的人才从事创新工作，否则它们一分钱也不会乱花。成功的创新在最初和最关键的阶段，往往并不需要大量金钱，而是需要几个很能干的人受到创新的鼓舞，愿意全身心地投入艰苦的工作。在创新设想获得证实之前，这类公司总是支持一个人或一个团队，而不是一个"项目"。

但这些组织同样知道，大多数创新设想，不管多么出色，也永远不会产出"成果"。

因此，在策划、预算、期待和控制等方面，它们对待创新工作完全不同于现有的、正在经营中的业务。

典型的创新型公司有两套独立的预算方案：一套是经营预算，一套是创新预算。经营预算包括已经在做的所有事。创新预算包括要用新方法去完成的事，以及需要完成的新工作。即便是一家中型企业，经营预算也会有上百页内容；而即便是大型公司里的创新预算，也很少会超过四五十页。但高层管理者对这四五十页的创新预算，和对五百页的经营预算同样重视——通常是更为重视。

高层管理者对每套预算提出的问题不同。对于经营预算，他们会问："为了让事业不至于垮台，最少要付出多少努力？""为了实现最佳投入和产出之比，最少要付出多少努力？也就是说，实现最优化的平衡点是多少？"而对于创新预算，高层管理者问的是："这是最合适的机会吗？"如果答案为"是"，高层管理者接着问："在现阶段的资源条件下，这个机会最多能有多大的利用潜力？"

创新型公司知道，创新工作的回报，和正在经营的业务的回报截然不同。从长期来看——在不少情况下是经年如此，很多创新没有回报，只有成本，但接着它们的回报成倍增长。如果创新带来的回报没有达到投资的几百倍，那就算不上成功，因为创新的风险太大，回报过低是不划算的。

期望创新工作能稳定地带来每年10%的回报率和增长率（这是"合理财务管理"的标准）是相当愚蠢的。它对创新的期望过高，却又对它太低估。因此创新型公司并不把经营业务中的投资回报率应用于创新工作，也不会用这些指标来衡量一项创新设想和创新过程的合理性，或是用来衡量创新工作者报酬的高低。最古老的一条创新原则，大概是杜邦公司在60年前所总结的，即除非新产品或新服务已经投入市场两三年，并度过了婴儿期，否则不要把它们列入正在经营的业务指标中。

创新型公司还要对创新工作进行严密的控制。在创新型公司，人们从不谈论"创造性"——"创造性"是那些从不创新的人的口头禅。创新型公司谈论的是工作和自我约束。他们会问："我们下一次应该从什么着眼点来检查这个项目？届时我们期望得到什么样的结果？我们该多久进行一次检查？"如果一个设想连续两三次没有实现目标，创新型公司不会说"让我们加倍努力吧"，而是说"我们是不是该干点别的事了"。

最重要的是，创新型公司会主动放弃陈旧的、过时的、不再有生产力的东西。它绝不会说："做工精良的马鞭子总会有市场的。"它知道人类创造出来的所有东西迟早都会变得陈旧过时——一般很快就会过时。它宁愿主动放弃过时产品，也不愿让竞争来淘汰它们。

因此，每隔3年左右，创新型公司就要检验一下每种产品、生产流程、生产技术、服务和市场的生存能力。它会问："就我们目前所知，我们还会继续对这种产品或服务进行投入吗？"如果答案是否定的，公司不会说"让我们再研究研究吧",而是说"那我们该怎样退出呢"。

退出的方法之一是,在该产品或服务还能提供收益的时候,不再投入额外的资源,只是加以维持——20年前我给这种方式起名叫"现金牛";或是像日本人以前擅长的那样,为陈旧的市场和产品寻找一个新的、仍然具有竞争优势的用途或市场;要么就直接放弃。不要把钱花在没用的地方,越是想捞回成本损失就越大。对于组织来说,系统地放弃陈旧事物,是将其成员的视野和精力转向创新的一种必然方式。

很明显,我们正面临着这样一个时期:它对创新的要求和机遇,比我们记忆中的任何时期都要多——或许同第一次世界大战爆发前的50年同样多,在当时,新的技术和社会发明,平均每18个月就能孵化出新的产业。

电信、以微处理机为中心的生产流程自动化和办公室自动化、银行和金融业的快速变化、医学、生物工程学和生物物理学——这些只是正在进行快速变革和创新的领域中极少的部分。要在这样的环境中进行竞争,公司必须积累大量资金,以此作为研究预算——即便在最不景气的时候也必须如此。但我们最需要的还是创新型组织的态度、政策和实践。

[1982]

CHAPTER 31 | 第 31 章

零增长企业

我所知道的每一个公司,都仍把"每年增长 10%"作为自己的目标。但即便经济形势喜人,仍会有相当数量的行业在未来几年内不太可能有什么发展,最多只能跟人口增长速度相当,也就是说,增长得非常缓慢。不仅仅企业界里有这种情况,在学校、医院等非企业性组织中也存在类似问题。然而现在的管理者很少有管理零增长组织的经验。

最重要的要求是维持,实际上是改进人力资源的素质,特别是专业人员和管理工作者团队的素质。一家公司或一个行业,一旦无法再吸引和挽留能干的人,很快就会萎缩,并且导致长期的衰退,难以再恢复元气。即便是在不景气的时期,能干的人也不愿意留在缺乏挑战、没有机遇、看不到成果和效益的地方。

因此,零增长企业必须把自己的工作设计得重要而富有挑战性,特别是起步阶层的工作。这和美国过去 30 年的做法相比,实在是一个 180 度的大转变。在过去的那段时期，一直到 20 世纪 70 年代末，企业发展得很快，但优秀的年轻人很少；而在婴儿潮出生的那批人，在 70 年代中期才大量涌入劳动力市场。因此，我们往往把起步阶层的工作设计得简单容易，并建立起若干管理阶层，严密监督缺乏经验的工人。最重要的是，我们大多会迅速地提升那些显示出工作能力的人。而现在，我们必须改变这些做法。

我们必须重新赋予工作挑战性，使之能够获得人们的认可，而不能只强调晋升，忽视其他一切问题。大学和军队甚至比企业更重视晋升。在过去的几十年里，获得晋升的年轻人（比如被提拔为银行的助理副总裁或是空军上尉的年轻人）立刻会问："我现在要做什么才能立刻获得下一次提升？"这种情况极为典型。现在我们要重新设计工作的结构，以便让年轻人这样问："我要怎么做才能让我的工作变得更重要、更富有挑战性、更有成就感和满足感？"我们还必须重新学会通过金钱和其他手段来激励员工提高工作表现。实际上，在零增长企业，应当把职位上的空缺看作废除该岗位或是该管理级别的机会，而不应该视为提拔下级的机会。

尽管如此，零增长组织还是需要一些发展的机会，以便能吸引年轻人，留住能干的人。否则，它很快就会退化为一个衰老的组织。它必须采取军队长久以来采用的办法：把组织中那些已经进入了瓶颈期，无法再获得晋升的中年人清除出去。

在美国，我们可以把年纪较轻的人安排到比年纪较大的人更高的职位上（而在其他地方几乎根本不可能）。但即便是在美国，要做到这一点也并不容易，而且不是经常这么做。除非把那些不会再得到晋升的中年人从管理岗位上挪开，要不然，年轻人就会被他们挡住去路，要么辞职不干，要么留在工作岗位上却不好好干，变得游手好闲（这种情况更糟糕）。军队可以让得不到晋升的中年人退役，可企业、医院或大学却不能这么做，因为单从成本上来说也负担不起。零增长企业必须学会把这类人安置到第二职业上。通常这种人并不是"完全消耗尽了"，只是对当前的工作感到厌倦，需要"重新定位"，需要新工作、新环境或新同事带来的挑战。但是，除非零增长企业明确地制定出规则，对那些停滞不前的专业人士和管理者，一方面不让他们永远占据工作岗位，另一方面又必须担起责任，帮助这类人寻找新的职位和挑战，否则，公司很快就会发现，自己无法再吸引新的年轻人，因而会衰老并走上下坡路。

如果企业在规模上不能越办越大，就必须在质量上越做越好。所有企业都需要挑战性目标。如果说"我们计划在10年内把规模扩大一倍"不再是一个切实的目标，那么就应当以"我们计划在10年内把劳动生产率提高一倍"作为目标。所谓劳动生产率，就是资本、重要的物质资源和工作人员的生产效率。提高劳动生产率始终是一种现实的、可完成的目标。它通常只需要企业从上至下的全体工作人员承担起责任，日复一日地自觉投身于艰苦而平凡的工作。那些认真提高生产率的组织，很快就会找到各种手段奖励自己的员工。

此外零增长企业还有一些"不应该做的事"。不要贸然冲进"增长性行业"，盲目地展开多元化经营是行不通的，没有什么"容易经营的行当"。而且，对绝大多数零增长企业来说，未来多年的主要收入只能来自现有的平凡业务。如果企业被多元化经营冲昏了头，贸然投入增长性业务或现金牛行当里，而忽略了原有业务，那一切必将江河日下——即便是最受人追捧的企业合并也是如此。在多元化经营和企业合并时，首先要提出的问题必然是："为了使我们新投资创办的企业或新收购的企业焕然一新，我们能够做出什么样的贡献？"如果回答是"我们做不出什么贡献"（或者"除了钱我们做不出什么贡献"），那么可想而知，结果显然是场灾难。

企业绝不应当满足于"零增长"的现状。在管理零增长企业时，应当随时追问:"我们的优势在哪里?有效利用这些优势的新机会在哪里?这些新机会是来自人口增长和分布上的变动,还是来自市场和流通上的变化,还是来自技术上的变化?"如果一家组织能够维持员工在工作上的表现能力,提高生产力,那么很可能很快就遇到新的增长机遇。

　　机遇甚至会敲响一个停滞行业的大门。过去 10 年里美国主要铁路公司的发展就是一个很好的例子。20 年以前,人们还认为,除非神迹出现,否则铁路业根本不可能复苏。增长机遇甚至会在长期的严重不景气中到来。20 世纪 30 年代就有许多例子,不管是企业、医院还是大学,都有不少保持了良好发展状况。例如 IBM 公司,当时还是一家不太起眼的小型供应商,而后却成为世界级的大型企业。但是,机遇只会拜访那些应该获得机遇的人。

[1983]

CHAPTER 32 | 第 32 章

为什么自动化会带来利润

凡是实现了自动化的制造工厂，只需 3 年就能赚回成本，往往还用不了这么久。而且，它使工厂有了和国外生产成本较低的厂商竞争的能力。然而，在最近几年我举办的每一个研讨班上，总会有一位工厂经理站起来说："我没法让我的上司相信自动化能带来利润。"而且班上所有其他从事制造业的人还会齐声叫道："确实如此！"

自动化实现的收益确实又快又高，但是这部分盈利，从美国大多数制造工厂，特别是小工厂所采用的衡量手段中，是无法体现出来的。我们传统的会计方法计算的是"生产"成本，然而自动化的主要收益却体现在消除——至少是尽量减少"非生产"成本。因此，为了让高层管理者相信自动化能带来利润，制造业从业者必须设计出新的、更合适的成本测量手段。

"质量好成本低，质量差成本高"，50 年来这一直是一条质量管理方面的真理。但是，很少有工厂知道糟糕的质量造成的成本会有多高。会计制度假设，生产流程是按照设计思路正常工作的，也就是说，它始终如一地生产出符合质量要求的产品。很多制造工厂测算的是"产量",即符合质量要求的产品在完成品总量中所占的百分比。但这只是质量问题的冰山一角。它无法显示在生产过程中出了差错的部分;无法显示在早期阶段为了弥补问题已经花了多少钱和多少时间;无法显示有多少制成品由于不符合质量要求而在生产线上就被当作废品处理掉,根本没有进入最终检验阶段。这些数字,以所花工时过高、间接费用过高、报废和人员过多等形式隐藏在传统的会计数字中。即便是在管理良好的"高质量"工厂,这些成本也往往高达总制造成本的1/3,有时甚至更高。

自动化在生产流程的每一个步骤中都建立起了质量标准和质量控制。同样重要的是,一旦生产中产生质量问题,它就能指明问题并显示出来。这一切并不需要额外的成本。只要我们完全实现了自动化(如日本、宾夕法尼亚伊利的通用电气机车厂,以及意大利泰尔莫利菲亚特的发动机厂),由于质量提高而带来的节约,极大地超过了薪水开支和人力资源上的节约,前者大概是后者的两三倍。实际上,光是质量上的节约,就有可能在两三年内偿还自动化的成本。

自动化在经济方面的第二大收益仍属于"非生产"的成本方面,即改换生产模具时造成的"停工期"。在这段时间里,要清洗工具,取下原来的铸模和冲垫,换上新的,重新设置机器速度等,并不进行生产。在未采用自动化的生产流程中,"停工期"往往长达数个小时,甚至几天。然而,传统的成本会计并没有算入停工期,它是一种"非生产"的成本。成本会计假定,如果生产线能有计划地生产出一定数量的产品,比如说一个小时生产80件产品,那么成本会计就把每件产品的成本算作生产线每小时成本的1/80。如果该工厂生产大量统一规格的产品,比如雪佛兰汽车制造50万件同样的散热片,这种计算方法是很合适的。但是绝大多数工厂的批量要小得多,模具需要频繁更换,因此停工时间相当多,在停工期企业也必须付给工人报酬,为工厂供热供电等,然而却没有任何产品生产出来。在自动化生产流程中，可以把产品的变化设计到程序里，因此减少甚至完全消除了停工期。由于减少停工期而实现的成本节约，通常也极大地超过薪水开支和人力资源上的节约，并往往在短短几年内就足以偿付用于自动化的所有投资。

最后，停工期的减少或消除，除了可以极大地降低成本，还能赋予工厂全新的增收能力。它能使工厂生产出利润最高的产品组合，挤入回报更丰厚的市场。对于规模较小、专业性较强的公司，如生产布线设备的制造商或小型铸造厂来说，这一点尤为重要。在美国和西欧，人们仍然认为自动化是为那些"大家伙"准备的东西。但日本的经验说明，由于政府愿意为小型工厂的自动化提供低息贷款，使得自动化成为对小型工厂最为有利的制造系统。自动化使得小型工厂能够通过质量上的提高和缩短停工期节约成本，又能通过利润较高的产品组合与市场组合实现更丰厚的收益。

如果光是因为自动化更"先进"而要求进行大量资本投资以实现自动化，那么高层管理者和董事会拒绝这一要求的做法是正当的。唯有采用自动化，美国（以及其他发达国家）的制造行业才能继续生存下去——虽然这是绝对正确的，但仅仅这么说还远远不够。企业高层管理者坚持要对预期收入做一些评估，测算对自动化投资的回报情况，这是无可非议的，但是他们坚持这些收益是"无形的"，实践自动化只是一种信仰，他们就错了——这种做法正是制造业者在管理会议和技术刊物上所抱怨的上级的"保守主义"。任何称职的生产会计师都能很快从可用的成本数据中找出质量不佳和停工期给公司带来的实际成本（然后用一种廉价而快速的取样方法加以校验）。

确定自动化可能带来的额外收入，或许要多花些时间，这需要进行传统的市场研究。要估计出自动化的收益，还要求改变大多数管理层看待制造流程及其成本结构的方式：从关注每件产品的成本，转变为关注制造流程的总成本。这种方法，至少最近25年以来，会计教科书都一直在宣传和讲授。

[1985]

第33章 | CHAPTER 33

IBM 的沃森：
放眼未来

人人都知道老托马斯·沃森（1874—1956）把 IBM 建成一个大型电脑公司，并且是该行业的翘楚人物。但"人人"都错了。老托马斯·沃森并未建立起如我们所知的 IBM 公司，而是他的儿子，小沃森于 1946 年进入公司高级管理层之后做成的这件事，当时他年仅 32 岁（虽说直到 1956 年，他父亲都相当活跃地担任公司董事会主席之职）。在老托马斯·沃森手中，IBM 只是一家中型企业，直至 1938 年，公司的销售额还仅仅只有 3500 万美元。自然，当时它也不曾制造或销售电脑，它的主要业务是穿孔卡片机和出勤打卡钟。

老托马斯·沃森也不是一位业内翘楚，他到 60 多岁才获得了个人的成功和公众的赞誉。20 世纪 30 年代，他个人曾两度濒临破产的边缘。在大萧条期间，是两项新政法律拯救了他并极大地刺激了 IBM 公司的销售：1935 年的《社会保障法》和 1937～1938 年的《工资－工时法》。这两项法律要求雇主提供支付的工资、员工的工作时间以及加班收入等情况，并需要采取一种雇主无法篡改的形式。于是在一夜之间，它们就为老托马斯·沃森的产品开创了广阔的市场。而在此之前，老托马斯经过多年的推销工作，也不过取得了相当一般的销售成绩。

1939年，我在纽约担任多家英国报纸的通讯记者，希望写一篇有关沃森和IBM的故事。我对这家公司感兴趣，是因为它在纽约举办的世界博览会上设立了一个巨大的展厅。我想，写一个像巨人般行事的小不点的故事，大概挺有趣的吧。"忘了这个念头吧，"我的编辑回信说，"我们对一家不成功的企业不感兴趣，人人都知道它没啥前途。"而这时沃森已经是65岁的高龄了。

但是老托马斯·沃森的重要性，远远超过了一位创办了一家大公司的成功企业家。他预言了我们现在称之为后工业社会的形态，并在很大程度上是这种社会形态的缔造者，他还是美国历史上最伟大的社会革新家之一。早在50年以前，他就预见到了"数据处理"和"信息"。在大萧条中期，沃森自己已经差不多要破产，却仍对研究工作进行资助，后来这项研究奠定了计算机的理论基础，并制造出第一台非常先进的计算机模型。

50多年以前，沃森就创造出一种新的管理方式，并且加以实践。这种方式就是为我们现在所知、所研究、所模仿的日本管理方式——毫无疑问，他这样做的时候，对日本一无所知，而且所谓的日本管理方式也还根本不存在，自然也就谈不上什么借鉴。

实际上，沃森的问题，就在于他的远见和实践，都远远领先于自己所在的时代。

我第一次见到沃森是在20世纪30年代初，当时他被选为国际商会美国分会的主席——这是件别人都不愿干的工作，而我，还是个非常年轻的记者，被派去采访他。我写的这篇访问丝毫没能引起编辑的兴趣，一直没被发表。自然，沃森会说一些在商会上必须说的场面话，"自由贸易"啦，"国际合作"啦，"企业家作为和平使者的任务"啦，诸如此类。但很快他就转到了他真正感兴趣的话题上，也就是他称之为"数据"和"信息"的东西。但是，他用这些词到底要表达什么意义，他却无法解释，而且这些词的意义，也和当时人们所理解的不同。实际上，报纸往往将沃森贬斥为一个怪人。

  我怀疑，沃森自己是理解这些事情的。他有远见——他确实预见到了。只是和大多数预言家不同，他还实践了自己的远见。

  没有沃森，也会出现某种形式的计算机，当时有很多人都在进行高速运算器（和我们现在所说的"计算机"不同）的研究工作。特别是在第二次世界大战的推动下，有很多方面都需要这种设备：用于快速移动的飞机导航设备；用于远程加农炮射击地平线以外不可见目标的发射装置；用于空投炸弹；用于地对空高射炮。但没有沃森，设计出来的可能是一种和现在完全不同的计算机，是一种"运算器"而不是一种"信息处理器"。没有沃森和他的远见，计算机可能只会成为一种"工具"而非一项"技术"。

  沃森没有发明过任何一种硬件设备。他没有受过技术方面的教育，甚至没接受过什么正式教育。他还不到18岁的时候，就做了推销员，在纽约北部的家乡推销缝纫机、钢琴和风琴。他也没有什么技术上的天分，对数学和理论也所知甚少。他完全不是爱迪生以及跟他同时代的查尔斯·凯特林（Charles Kettering，美国著名发明家，通用公司研究实验室的创始人，终身获得140多项发明专利）式的发明家。他所倡导、资助和推动研究的计算机（一台完成于1943年，另一台完成于4年之后，也就是1947年）在硬件和工程方面，对后世的计算机贡献甚少，即便是对IBM公司自己在20世纪50年代所发明的早期商用计算机也没有什么直接帮助。

但是早在计算机这个词出现的15年以前，沃森就预见并理解了它。他立刻意识到，计算机和高速运算器是截然不同的东西。一直到自己的工程师设计出第一台可操作的真正计算机，他才松了一口气。沃森很早（最迟在20世纪30年代末）就阐明了现在人们称之为计算机"结构"的东西：存储数据的能力；存储器及对其随机存取；接受指令、改变指令、编程并用一种计算机语言表达逻辑的能力。沃森在1947年推出的"可选顺序电子计算器"（Selective Sequence Electronic Calculator，SSEC）比当时存在或正在设计的所有其他机器都更为强大和灵活。例如，它由12 500个真空管和21 400个继电器构成，可以进行偏微分方程式运算。而且最重要的是，这还是第一台（也是若干年以来唯一一台）能把电子计算和存储程序结合起来的机器，它具有自己的计算机语言，具备数据指令处理能力，即在新信息的基础上改变、更正并更新数据，而这，正是区分计算机和运算器的特点。

当IBM开始着手设计一种可供大量销售的电脑时，它采用了很多其他人开发的硬件——它们主要来自麻省理工学院、普林斯顿大学、罗切斯特大学和宾夕法尼亚大学的实验室，但完全是按照沃森原来的构想设计的。因此，1953年IBM第一台成功的650型商用计算机一上市，立刻就成为该行业的领先产品和规范，并且在上市的头5年里就卖出了1800台——是当时对整个20世纪电脑总销量最乐观估计的两倍，它还使IBM公司在计算机领域内获得了世界性的领导地位，并且保持至今。

计算机早期的技术史是一本糊涂账。沃森和IBM公司，或是其他任何人在其中扮演了何种角色，存在着各种矛盾的说法。但毫无疑问，沃森在计算机的概念史中扮演了一个关键角色。在计算机的工程设计中，有很多其他人发挥了重要作用，甚至可以说是中心作用。但正是沃森，开创了计算机时代。

故事要从1933年说起。当时IBM公司在沃森的命令下，为哥伦比亚大学的科学家设计出了一台高速运算器,并且用标准的列表机零部件把它造了出来。4年以后,也就是1937年,哈佛大学的一位数学家霍华德·艾肯(Howard Aiken,美国数学家,于1944年设计制造出马克Ⅰ号计算机,这台机器也是现代计算机的原型之一)建议IBM把几台现存的原来用于簿记目的的机器连接起来,为天文学家制造一台用于长时间进行烦琐运算的、速度更快的运算器。艾肯最初估计这项工作只需要几个月时间,成本在10万美元左右。然而事实上,它耗费了6年时间,花了50多万美元。这是因为沃森的想法走到了前头,他要设计的东西,不是艾肯设想的高速运算器,而是计算机。

首先,沃森规定这台机器要全电子的;而早期所有的机器,包括IBM公司自己的产品,都是电动机械式的,要利用控制杆和齿轮进行开关转换。自然,当时的"电子化"意味着使用真空管——晶体管在很久以后才出现,因此,造出来的机器又大又笨重,还容易发热过量,耗电量惊人。此外,当时还没有人知道该如何用电子设备做转换开关——而这是计算机技术的关键,甚至连所需的理论工作也尚未完成。所以,沃森和IBM决定放弃当时人们十分熟悉和精通的电动机械技术,转向还完全未曾开发的电子领域。这一决定十分冒险,就像是猛地跳进了茫茫的黑夜,然而正是它让计算机的问世成为可能。

沃森的第二项规定也同样具有创新性。他的方案设想出一种当时的工程师做梦也没想过的东西:计算机的存储器。霍华德·艾肯的研究建议着重强调快速运算能力,他要的是一台"计数器"。他希望这台机器能够很快完成传统的加法机和计算尺做得很慢的工作。IBM则在这一构思之外增加了存储数据的能力,这意味着IBM所设计的机器能够处理信息。它将拥有一个数据库(当然,这个术语当时还不存在),并能够被用户反复查阅,因此它能够记忆和分析。最重要的是,它还能在新信息的基础上,修改和更新自己原先的指令。

这也就意味着 IBM 的机器能够进行编程，也就是能够利用一种逻辑符号表达任何信息——这是 IBM 公司另一项非常有远见的设想。当时正在进行设计的所有机器都是单一用途的计算机。比如我们最熟悉的"艾尼亚克"（ENIAC，电子数字积分计算机的缩写），由宾夕法尼亚大学在第二次世界大战期间为美国陆军军械部所研制，并于 1946 年完成。它是为快速射击枪的高速运算所设计的，除此之外，它并无其他用途，也没有存储器和编程能力。IBM 在设计过程中也有具体的应用目标——特别是用于天文表格的运算。然而，或许因为沃森直接了解很多机构——公共图书馆、人口调查局、银行、保险公司等对数据处理的需求，所以他要求设计出来的计算机必须能够编程处理各种数据。也就是说，IBM 的机器从一开始就是一种多用途计算机。这同样意味着，当 IBM 最终制造出一种可供销售的计算机时——这是在 20 世纪 50 年代初，它愿意也能够将之供应给商业用户：他们需要使用计算机来做一些平凡的、非科学的工作，比如造薪水册或是清点库存。正是商业用户的需求创造了整个计算机行业。但在计算机设计的早期阶段，没有人考虑过他们的需要。沃森坚持计算机有存储器和编程能力，在很大程度上解释了计算机这个行业存在的原因。

由于沃森规定计算机要有存储器并能够编程，使得 IBM 在 1937 年进行的研究项目有助于计算机科学的诞生。沃森尝试开发的"分析机"对计算机理论和计算机语言都提出了要求——自然，当时还不存在这些术语。当然，它和当时设计的所有运算器一样，需要第一流的工程技术，但它产生了，至少是推动产生了第一批计算机科学家。

这项研究于 1943 年年底制造出了第一台原型机，叫作自动程序控制运算器（Automatic Sequence Controlled Calculator，ASCC）。1944 年年初，霍华德·艾肯确实用这台运算器进行了天文计算。但它对当时的制造技术来说实在是太过先进了。事实上，一直到最近才出现合适的材料和技术来制造沃森1937年组织研究的那种计算机。沃森把原型机连同用来运转和维修它的经费一起捐献给了哈佛，并立刻开始进行下一项设计工作，几年后开发出了SSEC（即前文提到的"可选顺序电子计算器"）。1948年1月27日，SSEC在纽约进行了首次公开展示，它计算出了月球过去、目前和未来的所有位置，从而揭开了计算机时代的序幕。一直到35年后的今天，热门动画片里带闪烁灯和旋转轮的计算机，仍是SSEC在这次首次公开展示上出现的样子。再回过头来看看沃森当年对计算机的规定，完全吻合他在脑海里所设想的那种东西。

沃森作为社会革新家的意义，和作为计算机先驱的意义同样重大。他在社会方面的远见卓识，比他在数据和信息方面的预见走得更远，甚至影响也更大——而这一点，也同样被他同时代的人所误解。

沃森成为一个全国性人物，是在1940年，当时《财富》发表了一篇对他大肆抨击的攻击性文章。文章含沙射影地说沃森是美国的希特勒，并努力把他描绘成美国资本主义中所有令人厌恶的事物的象征。它还把沃森是个反动分子和搞家长式统治的形象广为传播，这种形象至今仍挥之不去。可到现在已经很清楚，沃森所犯的真正错误在于他太过超前时代。

我在43年以后的1983年重读《财富》上的那篇文章时立刻发现，最使当时那位作者恼火的是，沃森在IBM公司的员工俱乐部和聚会上禁酒。沃森确实强烈地反对饮酒——我曾听说他的父亲（或是他的一个叔叔）是酒鬼。但不管沃森到底是出于什么原因，把工作和酒精分开的想法或许并不是个坏主意。

当然，还有沃森对手下销售人员的严格管理，即他要求IBM的销售人员统一穿深色西装和白色衬衣。但在《财富》上的那篇文章发表一年前，我曾采访过沃森。他对我解释说，这样做是为了向销售人员慢慢灌输自尊，并帮助他们赢得大众的尊敬。在沃森开始这么做的时候，销售人员只不过是"旅行推销员"，是些声名狼藉的臭骗子，不是到小镇的妓院里过夜，就是在干草棚里勾引农夫纯洁的女儿。沃森本人曾经做过旅行推销员，人们对这个职业的蔑视，令他深感痛苦，他下定决心要使同事获得自尊，赢得尊重。"我希望我们 IBM 的销售人员，"他在 1939 年曾对我说，"能成为受到妻子和孩子尊敬的人。我不希望他们的母亲，被人问到自己的孩子是做什么工作的时候，感到羞愧或是装糊涂。"（当时我想，这肯定是在谈他自己的母亲。）

沃森最大的罪过，也是《财富》上的那篇文章的作者绝对无法原谅的一点，在于他相信工人会担当起工作的责任，为工作感到自豪并且热爱它。他信任工人能把自己的利益和公司的利益视为一体。最重要的是，他还希望工人能够依靠自己的思想和经验改善工作、产品、生产流程和质量。沃森的罪过在于他要使工人享受工作，从而接受这个社会制度，而不是感到受了剥削。

沃森的方法是，首先，在员工中实行一种我们现在称为"终身雇用制"的雇用方式。跟现在日本的情况一样，IBM 一方并没有不解雇员工的契约责任，但有道德上的义务。在大萧条的头两年，1931 年和 1932 年，IBM 确实解雇了少数员工，但沃森很快就制止了这一做法。在 1933 年和 1934 年这段大萧条最黑暗的日子里，他也拒绝解雇工人，差点使 IBM 破产。50 年来，IBM 一直为员工提供就业保障。

其次，在 20 世纪 30 年代中期，沃森废除了"工头"，把他们变成"管理者"，让他们帮助工人，确保工人获得所需的工具和信息，并在工人遇到麻烦的时候给予协助。工作职责本身则牢牢被工作小组承担。

沃森认为，工人比其他任何人都更了解如何提高生产力和产品质量。因此 1935 年前后，他发明了我们现在称为"质量管理小组"并归功于日本人的管理方法。工业工程师是工人的"资源"和"顾问"，而不是发号施令的

"专家"。他还主张，每个工人应当尽可能承担最大（而不是最小）的工作责任，早在1920年，他就发明了我们现在称为"工作丰富化"的措施。（老沃森过世后，他的儿子小沃森在1958年把父亲原先的想法付诸实践，让所有员工都领取月工资，废除了小时工资，取消了蓝领工人和白领工人之间的区别。）

最后，IBM公司的每个雇员都有权力直接走到公司总经理（也就是沃森）的面前，向他抱怨，提出改进建议和其他意见——IBM公司至今仍然这样做。

很早以前，沃森就发明了现在日本人叫作"持续学习"的制度。20世纪20年代初，他就从销售人员着手，把他们反复召回总部进行培训，让他们能够"把已经干得不错的工作做得更好"。不久后，沃森又把持续学习推广到工厂里的蓝领工人中，并在20世纪40年代聘用了一位来自旧金山的大学校长——德韦恩·奥顿（Dwayne Orton）担任公司的教育主任。

IBM的成功，很大程度上可归功于这些措施。它们解决了美国企业界里令人头痛的一大难题，即员工对变革的抵制。它们让IBM在20世纪五六十年代持续高速发展——甚至比从前更快，并且没有发生太大的内部动荡，没有居高不下的员工流失率，也没有令人头痛的劳资冲突。由于沃森的销售人员已经习惯了随时学习新事物，所以对计算机和大公司管理毫无经验的中年打卡机销售人员，可以在一夜之间成为一个大型高科技公司的有效管理者。

但在40年前，沃森的政策和实践看起来真是太奇怪了。它们让沃森显得像个怪人（就像大多数人认为的那样），或是变成《财富》撰稿人眼中的邪恶力量。我们现在才意识到，沃森只是超前于时代四五十年罢了。沃森实际上只比阿尔弗雷德·斯隆（Alfred Sloan）大一岁。斯隆在20世纪20年代建立通用汽车公司，创造出现代管理以及现代"大型企业"，沃森则在10年后就独立创造了"工厂社会"。现在我们知道，这是20年代斯隆"大型工商企业"的后继者。沃森在30年代就创造了后工业社会的社会组织及工作团体。

顺便提一下，首先注意到这一点的是日本人。在日本，每当我讲到日本的管理方式体现了日本的价值观时，人们就会嘲笑我。"难道你还没认识到，"我的日本朋友问，"我们只是照着IBM公司一贯的做法来做而已啊？"当我问这是怎么来的，他们总是这样回答："20世纪50年代我们开始重建日本的时候，四处寻找最成功的企业——那就是IBM公司，不是吗？"

沃森还预见到了跨国公司的出现。自然，这一点在20世纪40年代同样无人理解。

沃森很早就为IBM公司建立了国外分公司，一个设在法国，一个设在日本，还有其他各地的一些分公司。实际上当时IBM并没有什么外国业务，而沃森也完全明白，他可以通过直接出口来处理所有的外国业务。但他同样意识到，他所设想的未来的IBM公司，即我们现在所知的从事数据和信息处理的IBM，必然需要成为一家跨国企业。因此他在50多年以前，就为IBM建立了跨国公司的结构。他知道，IBM要想成为他梦想中的那种企业，就必须具备这种结构，并且必须知道如何管理这种结构。他还认识到，跨国公司的中心问题在于把地方分公司的自治权，同整家公司的方向和目标统一起来。这就是沃森着力创造一种被大多数人认为是极端家长式作风的管理风格的主要原因——而现在我们将之称为IBM的文化。早在1939年，他就曾试图向我解释这一点。他说：

"国外分公司必须由该国本地人经营，而不是从外部派人去经营。它们必须被该国看作自己的成员。它们必须能够吸引该国最出色的人才。然而，它们还需要与母公司具有相同的目标、相同的价值观和相同的看待世界的眼光。这意味着它们的管理人员及专业人士，要对整个公司、产品和自己的方向与目标有着共同的观点。"

大多数跨国公司至今仍在和这个沃森 50 年前就预见到并解决了的问题做斗争。

当然，沃森是个独断专行的人。有远见的人通常都这样。因为有远见的人无法向我们其他人解释自己到底看到了什么，他们必须依靠发号施令行事。

沃森是个慷慨的人，也是个要求苛刻、毫不纵容的老板。但他要求的都是正确的事：奉献精神和高标准的表现。他暴躁、自负、固执己见、爱出风头，而且素来爱高攀高官和名人以自抬身价。他年纪较大以后越发喜欢他人的奉承。但他极为正直，一旦认识到自己错了，就勇于承认，愿意道歉。为他工作的人都害怕他——却几乎没人离开他。

当然，他不太适应 20 世纪 30 年代末在纽约盛行的知识分子思潮。当时他已经 65 岁了，他的根扎在 19 世纪 80 年代的乡村小镇上。在那里，有着教堂社交和福利俱乐部午餐，有着社区歌曲，人们会向着国旗宣誓效忠——所有这一切，都被当时"时髦的家伙们"嘲笑为"愚民大众"的标志。更糟糕的是，IBM 的员工和沃森（而不是那帮知识分子）具有相同的价值观，并愿意为他工作，这使沃森变成了一种威胁。

沃森是个非常复杂的人，无法归到具体的哪个类别里。他是美国第一批使用现代设计和现代图案，为公司的文具、产品和办公室制作公司图标的企业家。但他这么做主要是因为，这是突出公司形象的最廉价方式——他没有什么广告费。为了让 IBM 受到关注，他使用了"思考"（think）这句口号，这是他在 NCR 公司发明的。他的销售人员使用成千上万的"思考"牌笔记本——自然，这也是他唯一能负担得起的方式。尽管他自己没有太多幽默感，但他编造了许多有关"思考"的笑话，并且努力使之广为流传——这还是为了让公司获得大众的注意。最后，他想出了一个绝妙的主意，在1939年的纽约世界博览会上建了一座大展棚，让成百万来自世界各地的观众注意到当时规模尚小且不为人知的IBM公司。并且，正如他当时对我所说的那样："这样花的每千人次观众成本是最低的。"

公众对沃森的普遍印象是，他是一位刻板的保守主义者。他一直戴着早就落伍的赫伯特·胡佛式硬领，这更加深了人们的这种印象。但在同时代的企业家当中，只有他狂热而坚定地支持富兰克林 D. 罗斯福的新政。实际上，罗斯福为沃森在政府中提供了重要职位，先是商业部长，然后是驻英大使（沃森拒绝后，由约瑟夫·肯尼迪担任此职）。在临终前，沃森还强烈要求艾森豪威尔总统回到新政的原则上，并由于艾克（艾森豪威尔的昵称）坚持减少政府在经济和社会中的作用而大感焦虑。

沃森的个人经历极不寻常，或者算得上是美国企业史上最不寻常的。他10多岁时，一穷二白地当了个旅行推销员——比小贩好不了多少，开始了自己的职业生涯。后来，他成了NCR公司的明星推销员——当时，这家公司才刚在俄亥俄州的代顿成立，是历史上第一家商用机器公司。干了大概15年，他成为该公司的销售经理。可接下来，这家公司被指控违反了反托拉斯法。我们现在知道，沃森和这件事几乎没什么关系。

这场官司在当时引起了轰动，因为NCR公司是20世纪初唯一的成长型企业。沃森被处以重金罚款，并被判处一年的监禁。两年后的1915年，地区法院驳回了这一宣判，政府后来也放弃了这一案件。但沃森丢了工作，他的事业和名声毁于一旦。这段经历在他的人生中留下了深深的烙印，使他永远无法忘怀。

当时已经40多岁的沃森不得不从头来过，在一家小公司担任总经理。这家公司拥有打孔机的专利权，但搞得很不成功。直到20世纪30年代中期，他已经60多岁了，才成功地为这家更名为IBM的公司打下了良好的根基。

沃森是一类独特的美国式人物，在历史上从来无法得到世俗的理解——我以为，正是这一点使他异常有趣。他拥有过人的智慧，却完全不是知识分子。他和亚伯拉罕·林肯是同一类人。林肯同样冒犯了他那个时代的上层社会：那些环游过世界、优雅博学的波士顿人。他们觉得自己比林肯这个庄稼汉总统出色得多，却不得不屈尊到他的内阁任职。沃森和美国第一位伟大的小说家詹姆斯·费尼莫尔·库珀（James Fenimore Cooper）也有很多类似之处。库珀也曾被同时代的知识分子和世俗社会（如新英格兰的先验论者）蔑视和嘲笑。他们不能理解库珀在《拓荒者》（*The Pioneers*）和《大草原》(*The Prairie*) 中通过描写美国梦的终结，而表现出来的那种有力的、悲剧性的远见卓识。

这种美国型的人物是完全土生土长的，和欧洲传统毫无关系——这也是当时的知识分子不知道该如何对待沃森的一个原因。这种人一般都有着语言天赋——沃森也是如此，但他们并不是思想家，他们是有远见的人。更重要的是，他们还会实践自己的远见——正如沃森一样。

［1983］

CHAPTER 34 | 第 34 章

贝尔系统解体的教训

有关贝尔系统解体的讨论相当之少,而且已有的讨论多集中在它对股东、对股票和债券的价格有什么影响上。政府针对美国电话电报公司的反托拉斯诉讼,以及随后的贝尔系统解体,给美国的社会、技术和国家安全带来了重大的影响,第二次世界大战以后还很少有可堪比较的事情,也很少有什么事情,能够如此迅速地影响这个国家的每一个人。这次的反托拉斯诉讼及其后果,对美国政治经济的孪生支柱(企业管制和反托拉斯)提出了严肃而棘手的问题。

反托拉斯:玩世不恭者的观点

在经济学家之中,抱着玩世不恭心态反托拉斯的人,和反托拉斯的"忠实信徒",其人数之比大概是 10∶1。很明显,所有的反托拉斯诉讼都是在所谓的垄断企业已经走下坡路的时候才提出的。因为只有那时,才会出现竞争者，他们抱怨垄断企业垮台得还不够快，这推动了反托拉斯机器的运转。玩世不恭者指出，这样一来，反托拉斯诉讼实现的效果，与先前反托拉斯的拥护者的意图完全相反。它迫使垄断企业不再去捍卫过去的地位，转而努力在未来夺回领导位置，并达到一种接近垄断的状态。

美国最著名的反托拉斯诉讼，即 75 年前导致约翰 D. 洛克菲勒的美孚石油托拉斯破产的那场官司，显然是符合上述情况的。美孚石油托拉斯"垄断"的是煤油，在亨利·福特生产的 T 型车创造出巨大的汽油市场之前，这是唯一一种石油产品。1911 年美孚石油解体的时候，汽油市场仍处于第二位，但发展非常迅速，而煤油已经开始全面衰退。除了农村，所有其他地方的煤油灯都被电灯所取代了。美国以及美国之外的汽油市场，正被其他一些富有进取心的新竞争对手所占领，如英国的壳牌石油公司、欧洲的荷兰皇家石油公司，以及美国的海湾和德士古石油公司。然而洛克菲勒却顽固地死守着煤油市场，因为在这方面，美孚石油确实拥有着世界性的垄断地位。正是因为这次反托拉斯诉讼成功地解散了美孚石油（在这一过程中，洛克菲勒家族也不再积极地参与公司的管理工作），它的后继者，各个分散的美孚石油公司才得以自由地集中从事汽油方面的业务。10 年之后，美孚石油公司占领了美国汽油市场的 70%～80%，在世界石油市场上也占去了半壁江山。

同样，要不是因为 20 世纪 40 年代中期针对 IBM 公司垄断打孔机业务进行了反托拉斯诉讼，它也绝无可能在世界计算机市场上夺得领导地位。然而在 1947 年的时候，打孔机已经走向没落。IBM 实际上已为将来在计算机方面保持领先做好了大部分的技术准备工作，但它顽固地把持着打孔机业务，使计算机的研究和营销工作几乎窒息。反托拉斯诉讼使 IBM 管理层中支持未来的人，特别是创始人的儿子小托马斯·沃森，把公司精力从捍卫过去的领导地位转向了获取未来的领导地位。

针对 IBM 的第二次反托拉斯诉讼，即政府最终于 1982 年放弃的那场混乱不堪的起诉，也来得正是时候。当时小型机和个人计算机首次出现，向IBM垄断的国内市场发起了挑战，而日本也初次成为世界大型计算机市场上的重要竞争者。这次的诉讼，可能迫使IBM不再自满于在大型计算机市场上占首位，它满怀热情地投入到从前不屑一顾的事情上：进入小型和个人计算机市场。

毫无疑问，针对美国电话电报公司（贝尔系统）并以贝尔系统于1983年1月解体而告终的反托拉斯诉讼，也同样是在该公司的垄断地位已经衰落时提出的。它必然迫使公司放弃捍卫过去的辉煌。我们现在还不知道的是，它是否会像此前的几次反托拉斯诉讼那样，使美国电话电报公司得以主宰未来的通信市场，挑战显然就在这里。

每个房间都有一部电话

差不多30年以前，美国电话电报公司做出了一个至关重要的决定，而正是这一决定最终导致了它的解体。当时公司在新泽西州的阿斯伯里帕克地区开办了一所自己的高级管理学校，参加学习的学员一般是即将升职担任高级管理职务的中上层管理者，他们要接受为期几个星期的强化训练。有一个班最后一个星期的作业是，由于贝尔系统现在已经完成了它原先的长期目标，即为每个美国人提供普及的电话服务，请仔细思考公司将来的目标和战略。（巧的是，那个星期我正在该培训班担任客座讲师，并且负责这个专题。）这份作业的目的是向贝尔系统的高级管理层提交一份建议书。但由于班里的人无法达成一致意见，最后只得提交一份多数意见书和一份少数意见书——这件事让每个人都感到不愉快。

多数意见书建议贝尔转变其对市场的基本态度。60多年以来，它一直强调以最低廉的价格为美国的每个人提供最低限度的服务。然而报告书建议，从今以后，公司应该转为强调让每个人尽可能多地使用电话。这就意味着，除了厨房墙上挂着的唯一一部电话外，还应当多增加几部电话，也就是说要让同一位顾客多安装几条电话线（比如为十几岁的孩子安装一部额外的电话）。这还意味着让电话从"使用品"变成一种"室内装饰品"（如豪华型的公主电话），除了黑色，还要有其他颜色。

"所有这一切都是必要的。"少数派报告同意上述观点。

"但仅有这些是不够的。实际上，它们仅仅是一种防卫式举动，最多能在20年内起到良好作用。让我们正视这个现实吧：传统的电话市场已经饱和了。有发展前途的是电视节目和计算机数据等长途非声音信号，它们已经处于高速发展当中。除了努力推销传统的本地电话服务之外，我们还需要一种根本的政策改变。实际上，我们需要重新对'系统'做出定义。我们从前总是将它定义为通过长途线路联系起来的各个地方电话网。我们现在需要把'系统'重新定义成一种带地方输出端口的、全国性的，并日益国际化的信息处理机。特别是，这意味着要首先转变基本的定价政策。我们传统的定价政策是尽量降低地方用户的费用，而长途用户所支付的价格则远远超过通信成本。这样一来，长途电话的定价就比成本高得多，并且大量补贴了地方短途用户的费用。这种方法需要改变，要让地方用户支付完全成本和网络接入费。原先的电话费由48个州分别管理，每个州只关心用最低的价格为当地用户提供最低限度的服务，现在我们应当转变为全国统一管理，比如由联邦通信委员会来管理，并强调用全国性的最低成本提供全国范围内的最佳服务。只有在公司的首要任务是地方电话服务，并强调地方电话的发展时，我们原来的政策才是合理的。但现在由于增长的机遇发生了变化，它对公司和国家都有害无益。"

贝尔系统的高级管理层非常严肃认真地研究了这些建议，最后，他们决定采纳多数意见书。我们在事后看来，这是个错误的决定，但也许当时他们根本没有选择。如果采纳少数意见书，就意味着同 48 个州的公共事业委员会进行 48 场惨烈的战斗。而且，贝尔系统在全国的数千名工作人员多年来一直接受公司在地方短途业务上的谆谆教导，肯定会抗拒任何改变。事实上，他们甚至强烈地反对多数派建议。"我一直为提供公共服务感到自豪，可现在他们居然想要我去当个小贩！"我在贝尔系统的一位朋友看到第一部涂上装饰色的电话时，对我这么说道。另一位一直在贝尔系统下属的业务公司担任总工程师的朋友，多年来总是抱怨家里的孩子守着电话机不放，当他听到公司将要推广单独的"青少年专用电话线"时，大叫起来："这真是瞎胡闹！"然后立刻申请了提前退休。

在当时看来，暂时延缓把业务重点从地方服务转向快速发展的非地方性业务，似乎并没有什么风险。毕竟贝尔系统是受国家管制的公司，因此那时人们认为贝尔系统不会受到反托拉斯诉讼，并且有能力赶走所有潜在的竞争者。所以，当时采纳多数派建议的做法，是一个不可避免的决定，但同时也是一个错误的决定。

短视的硬性推销运动

多数派建议的硬性推销运动取得了巨大的成功。短短 10 年之间，它就把家庭电话从一种实用器具，变成了一种便利设施，甚至是一种时尚、一种魅力。美国历史上还很少有这样成功的营销活动。具有讽刺意味的是，这一巨大成功最终严重地损害了美国电话电报公司。它在消费者期待和该公司受管制的现实之间造成了冲突。该公司的营销活动让顾客热衷于新鲜东西，要变化快，拥有各种新特点。但是，该公司受到管制的现实（它在很大程度上反映了该公司早期的价值观）却反对新鲜东西，反对快速的变化，反对各种新特点。美国电话电报公司早就教导全美 48 个州的管制委员会说，它们的工作在于让大众以最低廉的价格获得最低限度的电话服务。具体地说，这就意味着公司不能将还处于良好状态的设备报废，哪怕从技术角度讲，它们早就过时了，不合潮流了，只能实现"基本"功能却不"成熟"。美国电话电报公司的市场营销运动，造就了一个快速变化的电话设备市场——不管是接收器材还是接线总机都是如此。可它本身却保存着成千上万——甚至是上百万的过时设备，虽然陈旧却仍能使用，因此就无法报废或注销处理。公司发现自己陷入了一个两难的处境：要么是无法满足它努力发展的顾客的需求，要么就得承受报废旧设备带来的巨大损失（预计将有数十亿美元），甚至可能会危及公司的经济地位。美国电话电报公司采取两手下注的做法是可以理解的，但结果只是给潜在的竞争者开辟了市场。

与此同时，少数意见书中的预测却得到了证实：非地方性服务、长途电话服务、电视信号传输和数据传输呈指数速度增长。从通话总数上来讲，本地通话业务仍远远超过非本地电话服务。但从对电话系统的要求和收入两方面看，1970 年前后，非本地服务已经成为电话系统的重中之重，也是其主要的增长部门，甚至可以说是唯一的增长部门。如今，美国人在长途电话业务和本地电话业务上的支出比是 2∶1，也就是每打 2 美元的长途电话，才会打 1 美元的本地电话。对于受到补贴的本地电话使用者来说，这是个好消息。但这也意味着非本地服务费，特别是长途电话费，日益与成本相脱节，考虑到非本地业务大量增长而导致其成本急剧下降，这种脱节情况就更为明显了。美国电话电报公司做了一件明智的事：对大批量用户给予可观的折扣。但由于这种做法只会进一步暴露公司的脆弱性，因为它使任何人都能成为电话服务批发商（即任何人都能安装足够的长途电话，从而享受批发折扣），向客户提供低于美国电话电报公司的服务费，并仍能获得相当不错的利润。

最后，电信技术获得了突飞猛进的发展——大部分都是美国电话电报公司自己的贝尔实验室做出的科学贡献。晶体管、开关理论和信息理论都是贝尔实验室在 20 世纪 50 年代提出的，它还做了大量计算机逻辑和设计工作。由于这些科学上的突破，电话实际上已经不再是一种独一无二的技术。从美国电话电报公司的角度来看，计算机（比如办公室接线总机或中心电话站里的计算机）只不过是电话的附属设备；而从 IBM 公司的角度来看，电话不过是计算机的一种终端设备。

在历史上，上述若干变化，只需一种就能让垄断走向灭亡，更不要说几种变化的共同作用了。如果法律禁止竞争，那么竞争就会以黑市的形式出现，总之它始终都是会出现的。法律也迟早——一般来说是很快会以这样或那样的形式做出修正。美国电话电报公司的情况正是这样。以前很少见的电话分机，由于该公司在 20 世纪 60 年代所开拓出来的巨大市场，而变得普及了。电话分机的出现又为竞争者创造了市场。一开始这些竞争者是半合法地提供"装饰电话""趣味电话"以及仍为官方禁止的其他附加设备，后来竞争扩展到了办公室交换机上。美国电话电报公司曾花了上百万美元开发电子机械式交换机，以取代原先人工操作的陈旧机型。但竞争者提供了比美国电话电报公司的设备高级得多的计算机化电话交换机。这一技术本来也出自美国电话电报公司，但由于它没法注销或报废在技术上已经过时却还能良好使用的设备，因此只能继续使用过时的机电式设备。最后，又出现了 MCI、Sprint 以及其他一大批电话批发商，它们以低于美国电话电报公司 30%～50% 的价格向个人客户提供长途电话服务。美国电话电报公司沿用其作为管制性垄断企业的传统权利，要求法院取缔这些竞争者，但法院一反其一个世纪以来的判决，打破了其早已确立的法律惯例，在一个又一个的案例中，宣判反托拉斯法也适用于管制性行业，美国电话电报公司不得以任何方式歧视竞争者、禁止其设备或对竞争者的产品处以罚款。于是在电话交换机这个重要的领域中，美国电话电报公司立刻遭到了重大影响。1960年，几乎美国所有的办公室交换机都是由该公司供应的，但到1984年，其市场份额却降到1/3以下。大量的新设备都是由类似ROLM这类计算机制造商供应的。

最大的损失还是在长途电话领域。到1981年，美国电话电报公司的长途电话部仍然把握着全国90%以上的长途业务。但到了1984年年中，它的市场份额就降到了60%。更重要的是，该公司失去了它盈利性最强的部分，越来越多的大客户，要么建立了自己的电话系统，以连接其遍布全国的工厂和办公室，要么就转向类似MCI或Sprint这类电话批发商。

从"贝尔妈妈"变成了"贝尔怪物"

于是美国电话电报公司日益被迫处于被动地位，既需要维持高额的长途电话费以补贴当地的电话业务，又需要降低长途电话费以免肥水外流，这种处境越来越让公司左右为难。但如果不是因为通货膨胀的影响，美国电话电报公司或许还是可以维持下去的。20世纪70年代发生的通货膨胀，不仅动摇了贝尔系统的财务和政治基础，还破坏了它的自信心。

美国电话电报公司自己的职工很少知道，他们的公司是世界上最大的非政府性金融机构。多年以来，该公司一直是资本市场上最大的借款方，因为电信行业是一个资本高度密集的行业；但它同时还是全国最大的贷款方，因为多年来，它必须为每个电话用户垫付资金。

按照传统，电话用户不用为电话接到家里或办公地点而花钱，也不用购买电话设备。这两件事情都由电话公司完成，用户通过支付的电话费来偿还这笔钱。一般来说，用户平均要经过五六年才能完全偿还电话公司在电话安装中的投资。最初这么做是不得已，因为在电话发展的初期阶段，很少有人愿意或有能力支付购买电话设备这样一笔可观的费用。而在第一次世界大战之前的年月里，西奥多·韦尔（Theodore Vail，此人从1905年至1920年去世前一直担任美国电话电报公司的总裁，也是贝尔系统的总建设师）把这种不得已的做法变成了一件有利可图的好事。他意识到，美国电话电报公司可以用比个人贷款低得多的利率获得贷款；在历史上，该公司贷款的平均利率是3%～4%。因此，公司就能以一个非常低的利率为客户提供资金——历史平均水平为4.5%～5.5%，并仍能获得丰厚的利润。这不仅为该公司带来了巨大的财力和保障，还使公司可以进一步降低地方电话服务费。这样一来，每个人都能获得好处。

但是，20世纪70年代出现的通货膨胀让美国电话电报公司必须支付高达13%～15%的利息，这种最好的金融措施就注定要戛然而止了。美国电话电报公司支付的利率改变了，但电话用户所支付的利率丝毫没变，于是为电话用户垫付资金就变成了一种非常危险的赔本买卖。市场的增长，也就是申请服务的新用户，变成了一种威胁，这就是为什么贝尔系统的各个分公司在人口增长最迅速的地区（如南加利福尼亚州）经营得最糟糕。虽然电话行业实现了自动化，但仍是一个劳动密集型产业。因此，随着通货膨胀推动工资上涨，美国电话电报公司及其业务分公司不得不要求提高电话费。可因为为新用户（以及要求新装机的老用户）垫付资金这件原先毫无风险且有利可图的事情，变成了一种巨大的财务损失，所以该公司不得不以远远高于通货膨胀的速度提高电话费。

即便如此，考虑到通货膨胀因素，在美国的大多数地区和大多数电信服务中，电话费仍然比20世纪50年代甚至60年代低得多。而且除了加拿大以外，美国的电话服务费可能比其他任何地方都要便宜。可 60 多年以来，美国公众只知道电话费一直下降——而且地方电话费从来都是降得最快的，现在，电话费却突然上涨了，地方电话费还涨得最厉害，这实在让美国人民无法接受。

电话费涨价引发的"怨声载道"，肯定不像报纸和电视里报道得那样夸张。对大多数人来说，给编辑写一两封投诉信，抱怨抱怨就满足了。但它造成的政治影响非同小可。州长、州议员和公共事业委员会的委员认识到，只要他们公开抵制电话费涨价，抨击"电话垄断"，就能上新闻头条，给自己赢得声誉。

这给美国电话电报公司的员工造成的心理影响是毁灭性的。大公司往往会抱有一种顾客"喜欢"自己的危险幻想——一般来说大型机构都是这样，比如大学、医院和工会等。当它们发现顾客完全不讲交情、不知感激，只会问"明天你会为我做些什么"的时候，它们就会大受震撼。但在美国，没有哪家机构（至少没有哪家企业）会像贝尔系统那样关心自己在公众舆论中的地位，并坚信自己被公众"热爱"。不仅高级管理层这样看，职位较低的员工更是深受这种荒诞想法的影响。

于是，哪怕只是对美国电话电报公司及其业务分公司提出相当温和的批评（这种批评在通用汽车看来，大概会被误认为是喜爱的表示），该公司的员工都会觉得被爱人抛弃了。在贝尔系统中，很多我认识的中层管理者都感到自己的人生算是白费了。他们全心全意地为公众服务，却被人攻击成贪得无厌、唯利是图的奸商。他们一直坚信自己受到公众的支持，可现在，由于出现了财政困难和日益激烈的竞争，第一次需要公众给予支持时，公众却转而反对他们。

正当贝尔系统所有的传统根基摇摇欲坠时，司法部于 1974 年 11 月 21 日向贝尔系统提起了反托拉斯诉讼，要求将其解散。

解体（没有抗争）

在美国历史上，针对美国电话电报公司的反托拉斯诉讼保存了最为完整的资料，比其他反托拉斯诉讼案都更完整，然而它仍然充满了各种难解之谜。

我们有理由肯定，这场诉讼的提出，完全是因为在尼克松总统任职的末期，白宫出现了政治真空，这样一来，司法部的反托拉斯律师从政治束缚中解脱了出来。但是政府为什么要继续进行这场诉讼呢？在卡特总统执政期间，一个总统任命的调查委员会曾斥责本案违背了国家利益。福特、卡特和里根内阁中，都有好几个成员建议放弃这场诉讼。五角大楼更是在不止一个场合公开声称，一个集中统一管理的标准化全国性电话系统，绝对是国防所必需的，绝对不能解体。然而福特、卡特和里根总统都不曾采取任何措施来终止这场诉讼。这是为什么呢？

从司法部的角度来说，它并没有做过什么推动这场诉讼的事。它等了6年，才于1981年1月把这场诉讼付诸审判。然后它又立刻推迟了审判，希望公司能提出和解协议。唯一合理的解释是，反托拉斯部门的上层人物，受到内部反托拉斯"真正信徒"的压力，迫不得已发起了诉讼，却希望自己一方能败诉。

美国电话电报公司的举动同样令人费解。该公司比美国其他任何一家大型企业都更重视公共关系方面的工作。多年以来，它和报纸、地方政界和学术界建立了亲密的联系，然而它却并未下大力气动员这些有利的舆论资源来争取大众。贝尔系统的管理者从一开始就知道，按照反托拉斯部门提出的首要和中心要求，把地方电话服务和长途电话服务分开，将不可避免地导致地方电话费大幅上涨，让个人用户更加难以承受。实际上，任何一位局外人，只要稍微有点电话方面的经济知识，都知道这一点。可据我所知，没有人向顾客或各个公共事业委员会提醒过这一点。贝尔系统的管理层还知道,对公司的员工来说,任何改变都会带来大量的裁员和工资的大幅下降——这一点同样是相当明显的。和所有受保护的行业一样,由于贝尔系统可以把工资方面增加的成本转嫁到顾客头上,因此它一直保持着过多的员工和过高的工资。可显然没人做出过任何努力,动员它的60万名员工及其工会(美国通信工人工会)站在公司一边来反对反托拉斯诉讼。工会本身也对这场明显会损害自己利益——甚至威胁自身生存的诉讼不置一词,尽管只要有支持工会的国会议员提出反对,就肯定能迅速终止这场诉讼。而且,贝尔系统的管理层似乎从未宣传过五角大楼对诉讼案的强烈反对立场。可是,由始至终,贝尔系统的高级管理层确实满腔热忱地和反托拉斯诉讼进行斗争,没做任何让步。他们认为这场诉讼完全没有道理,也是不道德的。实际上,从大量已公布的资料来看,美国电话电报公司的高级管理层多年来一直全神贯注投入诉讼之中,很少有时间考虑其他事。可难道贝尔系统的高级管理层全都发疯了吗?难道他们全都被公司将要发生的变动吓倒了吗?难道他们全都因为被美国公众所抛弃而变得瘫痪了吗?

突然,在1981年的最后一个星期,贝尔系统投降了。它自愿同各个业务公司脱离关系,并把自己的业务范围限定在长途和海外通信、制造和销售电话设备以及电信研究方面。它在做出这一决定之前没有任何征兆,使贝尔系统的每个人都大感意外。在此之前,人们大多相信这场官司肯定会拖到1990年前后,贝尔系统会与最高法院斗争到底。然而,贝尔系统却自愿接受了这场反托拉斯诉讼提出的大部分要求。

对于贝尔系统高级管理层突然改变主意,唯一合理的解释是,他们发现必须重新定义自己的作用和职能。自从20世纪初西奥多·韦尔时代开始,美国电话电报公司一直把自己看作一家"为公众服务的私营公司",而不仅仅是一家"私营企业"。正是出于这一传统,贝尔系统的高级管理层才感到自己应当义不容辞地与政府的反托拉斯诉讼做斗争，认为这场诉讼会损害美国的经济，牺牲穷人的利益，危及美国在技术上的领导地位（我们将会看到，这些考虑是完全有道理的）。但是，在整整 6 年的时间里，公众方面却没有人注意到他们的困境，没有人给予他们支持——媒体、政府、各州的公共事业委员会、工会，甚至五角大楼（在这次反托拉斯诉讼中，它受到的危害可能最大）全都没有这么做。于是，贝尔系统的高层管理者或许这样对自己说："既然没有人承认我们是公共利益的捍卫者，我们只好按照法律要求的那样做，也就是只关心公司和股东的利益。"自然，这只是人们的猜测。

这样一来，他们放弃抵抗之后，就以令人惊讶的速度行动起来。两年之后，也就是 1984 年 1 月 1 日，贝尔系统的解体正式完成。美国电话电报公司在长途电话业务和向公众提供设备方面接受其他公司的竞争。与此同时，它不再承担地方电话服务的职责，也不再有义务补贴地方电话业务的用户。这一职责转由 7 家独立的大型地区性公司来承担。业务分公司或美国电话电报公司也不再垫付客户的设备费，它们现在可以自由地出售这些设备。到 1987 年，美国电话电报公司就可以自由地制定长途电话费的价格，和它的竞争对手做斗争。这些对手都是贝尔系统从前的价格结构所造就并在事实上给予了资助的。20 世纪 20 年代，由于害怕受到早期的反托拉斯法起诉，贝尔系统卖掉了自己在欧洲的制造企业（在这以后，它又把业务范围限制在北美以内，自 20 世纪 50 年代起又限制在美国以内）。现在，它终于能够在世界范围内展开竞争了。而且，它还可以从事任何一种业务，比如销售电脑和办公设备等。

这件事对美国电话电报公司和各个业务公司有些什么特殊意义呢？贝尔系统的解体，对美国的电话用户和美国的国家安全又意味着什么呢？

地区电话公司的困境

贝尔系统解体后成立的每一家新的地区电话公司都信誓旦旦地公开承诺,要发扬创业精神,积极开拓市场,争取在诸如有线电视领域掌握领导地位。但这些业务公司的未来却取决于一些更为平凡的事,即它们能否成功地开展传统业务,为一部电话到另一部电话之间提供多元化的公用电信传递服务。

从前属于贝尔系统旗下的业务公司,都将面临风云激荡的年月,为了生存下去,它们要提高电话费,展开激烈的斗争。电话费已经急剧上涨了,但今后还将继续如此。然而,反托拉斯诉讼曾经向顾客许诺,贝尔系统的垄断解体后,他们将获得更多利益。但业务公司除了失去长途电话费的补助之外,也不再是受到保护的垄断企业,为了获得所需资金,它们必然会付出更大代价。此外,它们还要为各种器材和设备筹措大量资金。

它们还必须完成现在才刚刚开始的转变:从拥有、出租和安装电话设备,转变为出售设备。各个业务公司要在10年以内,转变成由顾客来承担安装电话设备、把电话线路从最近的节点引入室内的费用。它们不能再为用户垫付设备款项,也不能再负担安装和维修设备的人工成本。这最终可能会导致出现一种有利可图的新业务——如果利率能降下来的话。贝尔系统的各个公司,或许能够开办信贷企业,利用一些有吸引力的条款,向顾客提供5~8年的分期付款。但这可能是很久以后的事了。在此期间,业务公司将不得不说服48个州的公众和公共事业委员会(美国电话电报公司在阿拉斯加和夏威夷没有业务),告别一个世纪以来被他们视为理所当然的大众服务项目。这样一来,我们必将看到人们进行更多的尝试,保证穷人获得价格低廉的电话服务,比如最近出台的《加利福尼亚州公用电话法》。但对地方用户来说,这只不过意味着从前由企业(即大量使用长途电话业务的用户)支付的费用，现在由纳税人来买单了。

但更棘手的恐怕是劳工问题。各家业务公司都需要裁员 1/4～1/3，并将每小时的劳工成本和总人工成本降低 1/4～1/3。从历史上来看，公共事业委员会曾自动允许电话公司转嫁所有的员工成本和工资上涨成本。但现在这种做法不太可能维持下去了，一部分原因在于电话费问题已经高度政治化，另一部分原因则在于工会的政治权力大量丧失——特别是大规模生产行业的大型工会。很明显，类似公共事业委员会委员这类被选举出来的官员，现在害怕纳税人的投票甚过害怕工会的投票。而且，和所有受保护行业的员工一样，贝尔系统员工的工薪水平，原本就比其他竞争对手要高。

美国通信工人工会有 60 万名成员，任何裁员和工资下调，都会给安装工和修理工带来最大的冲击。这部分职工工资最高，也是贝尔系统所有工人中工会组织化最完备的。可他们也知道，采取罢工的手段并不会给他们带来太多帮助，因为电话服务的自动化程度非常高，即使进行了长时间罢工，大多数用户也根本不会注意到。换句话说，劳资双方都注定要忍受苦涩和动荡的关系。

以上这些问题都是非常棘手的，并且全都违背了贝尔系统一贯的传统，每个问题都将带来激烈的争吵、相互之间的怨恨和糟糕的公众影响，但每个问题都必须加以解决。

学会竞争

贝尔系统从前的母公司美国电话电报公司，现在已经解除了它作为母公司的一切责任：不再提供地方电话业务，不再安装电话并为电话设备提供资助，在产品的销售和定价上不再受到限制，其业务范围也可以不再仅限于美国国内。因此要预测它的前途变得更加困难，或者更确切地说，人们必须预测多种前途，因为美国电话电报公司的业务不是一种，而是四种虽然相互联系但全然不同的业务。

首先是非本地电话服务。在未来的一段时间里，美国电话电报公司可能仍将在相当不利的竞争条件下开展业务。它本来曾建议对地方电话征收一定的"接入费"，抵消竞争者在价格方面的优势，并能很快大幅下调自己的长途电话费，但竞争对手通过对政界上层人物的游说，成功地将征收"接入费"的期限推迟了一两年。即便到1987年这种不利条件最终得以消除，美国电话电报公司也要进行艰苦的斗争，才有可能夺回自己失去的长途电话用户，特别是其中的大用户。它是否能重新夺回领导地位，还不太确定。许多长途电话的好主顾，如拥有多家工厂的大型公司或大银行，曾由于美国电话电报公司过高的长途电话费而被迫建立了专用电话线。很多同美国电话电报公司竞争的企业也在这样做，比如其中最大的一家MCI公司，正计划兴建自己的横跨大西洋线路。

美国电话电报公司的第二项业务，制造业的大型子公司西方电气公司（Western Electric），前途更为黯淡。西方电气公司拥有15万名员工，在美国制造公司中排名第10；销售额120亿美元，排名第22；但从利润率上来说，却排在第300名以下，更可笑的是，它的销售利润率只有2.5%，资产利润率只有7%——还不到同类电气公司（如通用电气和IBM）的1/3，比一家工程公司收回资本成本所必需的最低利润率的一半还要低得多。当然，西方电气公司从来不需要进行竞争，因为贝尔系统买下了它生产的全部产品。它的经营从来不是为了盈利，而是要作为贝尔系统各个业务公司的供货商。它从来没有任何信贷方面的损失、要注销的库存或是销售方面的费用。

而现在，几乎是在一夜之间，西方电气公司必须为获得每一份订单而同别人展开竞争。按照反托拉斯法的规定，各家业务公司必须同等对待每一家供货商，而不是偏爱其中的某一家——各州的公共事业委员会也会确保它们这么做。世界上所有已经进入美国市场的传统电话设备制造商（德国的西门子，瑞典的爱立信，美国、英国、德国、法国和比利时的国际电话电信子公司，日本的 NEC，还有五六家其他公司）都已开始向"贝尔大妈"膝下的"孤儿们"兜售自己的产品了。IBM 这家实力最雄厚、攻势最猛的新竞争者，正在全速进入电话业务领域。它买下了西方电气公司在交换机领域最危险的竞争对手 ROLM，并获得了英特尔公司的一大笔股份。英特尔公司是电话和电话交换设备所使用的半导体的主要生产厂商。

最为困难的是，西方电气公司必须打入一个它曾一度占有统治地位却在 60 年前退出的世界市场。它需要进行大批量生产。长期以来，西方电气公司必须制造贝尔系统所需要的每一种产品，反过来贝尔系统的各公司也必须购买西方电气公司制造的每一种产品，因此西方电气公司不得不生产大量鲜为人知的东西，这些东西既不适合该公司的工厂生产，从长远来看也没有什么盈利性。显然，从此以后它不再可能把这些产品销售出去。那么，除了出口市场，哪里还找得到可以满足它生产能力的需求量呢？如今，发展中国家（如新加坡、哥伦比亚、科威特等）是先进电信设备最重要的市场。这是因为，发展中国家不存在大量仍能良好运转所以无法尽快更换的过时设备。于是，西方电气公司积极地走出了美国，寻找新的合作伙伴，比如意大利办公设备和小型计算机制造商奥利维蒂（Olivetti）等。但是，世界市场上的电话设备已经供过于求了，要获得大笔订单———一般当然是来自政府的订单，通常需要财政上的支持。欧洲或日本制定了相关的国家政策，对大型出口商进行此种财政扶植，但在美国没有这种政策上的鼓励。

西方电气公司在设计、工程和制造上都拥有强大实力——实际上，除了市场营销之外的所有方面，它的实力都很强大。因此，除了尝试之外别无选择。但目前还没有出现青蛙变王子的明显迹象，而这正是西方电气公司要努力实现的目标。

贝尔实验室还有未来吗

美国电话电报公司的第三项业务，也就是最著名的贝尔实验室，它的前途将走向何方，成为摆在人们面前最大的难题。贝尔系统解散的时候，高级管理层曾宣布该系统著名的贝尔实验室在作用和职能上不会发生任何变化。但不管他们的意图有多么真诚，事实上却无法做到这一点。贝尔实验室将面临自己历史和使命上最为根本的变化。

反托拉斯措施只不过是引发这一变化的次要因素。很长一段时间以来，贝尔实验室的传统形式就已经无法再维持下去了。在很大程度上，这是它的成功和贡献所造成的结果。贝尔实验室的发现和发明，基本上创造出了现代"电子学"，从而使电话不再是一门孤立的技术。1925年创建贝尔实验室时，它要做的工作是创建电话所必需的所有科学和技术。50多年以来，它一直干得很好，可现在要继续这么做下去，简直完全不可能了。所有实验室，不管它有多么好或者规模有多大，都不可能再做到这一点。电子学、固体物理学和分子物理学、冶金学和塑料学、结晶学和计算机科学，以及很多其他学科中的每一部分，都对电话技术有着直接和即时的影响。反过来说，即便是世界上最大的电话系统，也不足以容纳贝尔实验室所有的发现和发明。实际上，在极为广泛的领域里（从晶体管到纤维光学，从开关转换理论到计算机逻辑），贝尔系统已经不再适合充当贝尔实验室的输出管道，就好像一支小滴管不适合排走汹涌的河水。贝尔实验室贡献的主要用户已经变为其他行业——也就是非电话行业。因此贝尔实验室几乎无法从自己的贡献里获得什么回报，最多不过在科学论文的脚注里偶尔被提及罢了。

这次的反托拉斯诉讼，或许只是把这个问题的解决期限推迟了10年。但现在必须面对这一问题了。按照新的安排，各业务公司不再负担贝尔实验室的费用。当然，如果它们愿意，可以就某一特定科研项目和贝尔实验室签订合同。但除此之外，业务公司不再承担缴纳经费的义务。考虑到各个业务公司在降低成本上的压力，48个州的公共事业委员会必然会以怀疑的眼光，密切关注该州业务公司支付给贝尔实验室的每笔款项。换句话说，贝尔实验室的财政根基，突然之间变得只有过去的一小部分了。

几年来我们已经可以很清楚地看到，贝尔实验室可以朝着两个方向发展。它可以像通用电气公司、美国无线电公司或杜邦公司的实验室那样，成为一家大型工程公司的标准工业实验室。它的研究水平并不一定会变得平庸；通用电气公司的实验室培养了很多诺贝尔奖得主，在这方面它不比世界上任何一家科学机构逊色。但这种实验室的职责，同贝尔实验室过去惯于充当的角色是非常不同的。

贝尔实验室还可以采取另外一条更为大胆，也更为冒险的道路：把贝尔实验室改造成一个在电信和电子学领域中全新的世界性科学实验室。从业务方面来说，它可以通过和那些愿意付钱给它进行研究的人签订合同、开发自己的专利权、出售科研产品和特许权等方式获取利润。美国电话电报公司仍然是贝尔实验室的母公司，但除此之外就和其他客户一样，完全采用正常的交易原则。贝尔实验室以前从没这样做过，没人知道这是否能成功。但显然，贝尔实验室要么选择走这条道路，要么就只能成为一家从属于大型制造企业的普通行业实验室（虽然也是很好的）。

贝尔系统解体后，贝尔实验室失去了原先依托于各个电话业务公司的财务基础，这肯定使它偏向于成为西方电气公司下属的研究和开发部门。1984年1月1日贝尔系统解散后，美国电话电报公司采取的首批组织调整措施之一，就是将贝尔实验室和西方电气公司归并到同一组织集团下，并由同一管理层来领导。这很难说是一种偶然的巧合。

国防通信部门的风险

到目前为止,几乎还没有一个人公开谈及美国电话电报公司的第四项主要业务:国防通信。但它可能是最重要的一项业务,受贝尔系统解体的影响也最大。

每个人都同意,通信是现代国防的神经系统。如果通信失灵,国防就会崩溃。每个人也都同意,通信毫无疑问是美国至今仍遥遥领先的一个主要领域。每个人同样同意,仅仅是为了维护美国的国防通信,就需要进行大量的工作,付出无数的努力。因为我们知道,现有的通信系统,在空间爆炸所形成的磁场中是极为脆弱的。提到"美国国防通信",我们就会想到美国电话电报公司,而使美国在国防通信上处于领先地位的,正是贝尔系统在这次反托拉斯安置中被废弃掉的一些特点:地方电话服务和长途电话服务之间,完全一体化的通用接口;在统一的中央控制下,整个系统的完全兼容性;从纯科学到产品设计,再到实际应用等各个层次研究工作的整体化。正是由于反托拉斯诉讼危及贝尔系统的这些特点,才招致了五角大楼的强烈反对。但由于越南战争的影响,没人听得进五角大楼的话。现在贝尔系统解体已经是一个既定的事实,那么会发生什么样的情况呢?为了支持军事动员,组织军事生产,运送军事物资,甚至是在战时进行军事指挥,在全国的电话系统、电话接收器、交换机、中央控制站、长途电话线路和长途电话服务中,在从一条受损的线路自动转到另一条线路的能力上,应当具备多大的一致性呢?

按照这次反托拉斯的处理,国防通信将会变得四分五裂。美国电话电报公司正在对政府的长途电话业务进行投标,但很多"折扣商",特别是MCI,也力图得到这笔生意。为华盛顿特区服务的地区业务公司大西洋贝尔公司同样在争取这笔业务。因此,将来会有许多供货商为包括国防部在内的各个政府机构提供不同类型的通信设备。然而，除了为国防部和战略空军指挥部安装少量高度专业化的通信设备以外，法律禁止美国电话电报公司提供终端至终端的服务——也就是地方电话之间的连接服务。

但是，通信系统的分散化必然存在一个限度，超过这一限度，国家利益就会遭到损害。我们现在知道，珍珠港事件的发生，很大程度上就是因为一条海军电话线路在关键时刻出了问题，又无法及时同其他完好的线路相联系。如果我们没有一个整体的长途电话系统，只有许多互相竞争的长途电话系统，如果长途电话系统和地方电话系统在管理上、技术上和设备上都是相互独立的，我们是否会重演珍珠港的惨剧？

因此，对贝尔系统的反托拉斯裁决势必影响到国家安全，我们可能很快就必须对这一决定重新加以考虑。一种可能性是，军事部门建立自己的通信系统——五角大楼正在对此加以认真考虑。没人知道这么做将会用掉多少钱，但肯定是一笔天文数字，有人预计会高达1000亿美元。这种做法还将削弱民间电话系统，因为它把电话系统中数量最大，也最愿意使用新技术、愿意为新技术买单的用户（即军事部门）给独立出去了。

但在1984年4月，有人提出了一种完全不同的建议：撤销所有与政府通信有关的反托拉斯裁决，并将地方电话业务、长途电话业务和电信设备交还给美国电话电报公司。实际上，美国电话电报公司已经向联邦通信委员会提出申请，要求撤销这次反托拉斯裁决，允许它对政府的相关业务进行投标。我猜想，五角大楼会强烈支持美国电话电报公司，我甚至猜想，正是五角大楼鼓励美国电话电报公司采取这一大胆的行动。当然，该公司的这一请求是否会得到批准，还不能肯定，但在反托拉斯的历史上，还没有过如此大胆而激进的行动先例。

美国电话电报公司的要求，在很大程度上等于否定了反托拉斯裁决的中心诉求：长途电话服务和地方电话服务必须绝对分开。而且这个要求牵涉美国最大的电话用户——每年电话费高达20亿美元的联邦政府。尤为重要的是，美国电话电报公司要求政府承认，至少是含蓄地承认，贝尔系统的解体是一个潜伏着灾难的重大错误。因此，不仅别的电话服务商（贝尔系统从前的业务公司、所有的长途电话折扣商、除西方电气公司之外的所有电话设备制造商等）会反对美国电话电报公司的请求，在政府和国会里也会有很多人提出反对意见。

尽管如此，这或许仍旧是唯一的解决办法。如果美国电话电报公司要求撤销反托拉斯裁决的要求未获批准，我们迟早也必须解决国防通信问题，而且可能很快就要动手处理。我认识的一些军队中的有识之士（他们绝不是杞人忧天那种人）认为，在1988年下届总统任期结束以前，这个问题就会浮出水面。

受管制的垄断：成就及问题

美国电话电报公司反托拉斯诉讼是美国历史上规模最大的一起反托拉斯行动，这不仅是因为美国电话电报公司是全美最大的非政府经营企业，还因为这起反托拉斯诉讼的结果，较之以前任何一次反托拉斯诉讼的目标或实际后果，都更为引人注目。那么，它对管制和反托拉斯这两种极为重要的美国制度提出了什么教训呢？顺便说一句，这两种制度基本上和贝尔系统是同时诞生的。

受管制的垄断，是美国在政府管理艺术上最富创新意义，也最成功的贡献之一。它利用一种简单的概念，解决了一个看似无法解决的两难困境：要么听任企业"自然垄断"，允许它强取豪夺；要么将企业国有化，从而导致官僚主义自大的作风、高昂的成本和低下的效率。美国受管制的垄断企业，比起其他发达国家的国有化同类企业，无一例外地提供了更出色的服务，也无一例外地有着更良好的经营状况。贝尔系统自然是其中最首要的例子，它为美国提供了世界上最出色的电话服务，而且电话费比其他所有工业化国家都低50%以上。美国电力公用事业的成本，也比其他所有地方的所有可比能源（比如煤炭、石油或水力）费用要低。

但是，即便是受到管制的垄断企业，也可能会变得机能失调。一旦出现竞争，一旦出现能够满足同一消费需求的其他方式，管制就无法再达到预期目标。它不再"管制"，却仍在禁止和阻碍。它不能再保护该行业，不能再维持该行业的垄断地位，但它能够也的确使该行业难于参与竞争、难于现代化、难于面临新的威胁。然而，我们却没有一种机制可以废除已经过时的管制。

于是就产生了混乱、反复无常、价格昂贵，大量的人受到伤害，甚至还包括无辜的旁观者。未来的结果难以预料，而且不管出现什么样的结果，往往都不是最合理的、最符合国家利益的结果。在有些情况下，我们只能瞎碰运气。目前金融服务业发生的情况就是一个例子。20年前，人们初次发现，我们的金融法规、条例和管制内容很快就会变得过时和毫无意义，但事情的进展和当时所有人的预见和主张毫无相似之处。不过，铁路部门的情况虽说也是碰运气，但和金融部门大为不同。经过30年的动荡之后，没有废除任何一条法令、规定或管制内容，现在却逐渐形成了一个由5家左右的全国性（甚至是跨大陆性）铁路公司所组成的系统。这几乎完全符合早已去世的国际商会委员约瑟夫·伊斯门（Joseph Eastman）在60年前提出的建议。当时在陆上运输方面，客车和卡车开始蚕食铁路的垄断地位。其他行业，比如航空和货车运输业，已经取消"管制"，由此造成的重要结果是，工人的工资被迫下调。至于电话业，我们使用了反托拉斯诉讼，结局没人能预料得到。但几乎可以肯定的是，最终出现的结局，和任何人（贝尔系统的管理者、反托拉斯律师或无利害关系的局外人）的预料、安排或打算都不一样。

有什么更好的方法吗？答案或许是否定的。有一种叫作"日落法则"的古老设想，认为管制条例每隔一定时间（比如说30年）就会过时，需要重新制定，但这不大可能行得通。每一项管制都会创造出各种相关的利益集团。管制的废除，必须依据现实的发展，但单纯从法律上来说，被管制的垄断现实结束以后很久，法律上的管制仍可能继续存在。不管是由于汽车和卡车的出现，破坏了铁路部门的垄断；还是由于租用飞机的出现，破坏了铁路和货运的垄断；还是由于花旗银行实际上成为真正的"国家"银行；还是由于折扣电话服务商提供廉价的长途电话服务，打破了贝尔系统的垄断，情况都大致类似。实际上，"日落法则"可能造成的结果是，在经济和技术现实破坏了自然垄断的时候，反而加强了管制。唯一值得欣慰的是，陈腐的政府垄断，可能比受管制的垄断更混乱、成本更高、更难以预测。（看一下美国邮局的兴衰变迁，它现在正处于电子邮件和其他私营快递服务的两面夹击当中。或者看看日本国营铁路部门的情况，在政府和工会老板的严格约束下，它们什么也不能做，从而丧失了所有货运业务，现在又迅速地丧失其客运业务。与此相比，没有政府补贴的私营铁路公司，虽然运输路线和国营铁路相同，但装满货物前往同一目的地时，收费只相当于国营铁路的一半，而且还能赚个不亦乐乎！）

反托拉斯的道德准则

反托拉斯同样是美国在政府管理艺术方面做出的一大贡献，但它引发的争议更多。普通人要是听到大多数美国经济学家从来没怎么赞同过反托拉斯法，一定会大吃一惊。经济学家认为反托拉斯法是道德准则而不是经济学。原因之一在于，经济学家一般对非政府垄断，也就是企业垄断并不怎么害怕。自从1905年德国经济学家罗伯特·利夫曼出版了他全面研究企业垄断的著作《卡特尔组织》一书以来，经济学家就了解到，所有企业垄断（即非政府垄断）都是短命的。通常，企业垄断所起的作用，就是用高昂的价格作为保护伞，使竞争者快速而安全地发展起来。20世纪80年前，洛克菲勒的美孚石油托拉斯，举起了高价的保护伞，保护了当时新兴的德士古、海湾和壳牌石油公司。贝尔系统用高昂的长途电话费，为MCI和Sprint等电话折扣商提供了保护伞。唯一的例外是约瑟夫·熊彼特（1883—1950）所称的"明智的垄断"，它赶在竞争对手之前，主动地快速下调价格，主动地淘汰自己的产品，从而维持自己在市场上的领导地位。熊彼特所讲的例子，正吻合贝尔系统的情况——自然，这也是20世纪60年代末到70年代通货膨胀发生之前，贝尔系统力量的根基所在。另一个例子是现在的IBM公司。明智的垄断确实可以维持很长一段时间，但明智的垄断是利用自己的经济力量使消费者受益，而不是向他们进行敲诈。

大多数美国经济学家对反托拉斯持有偏见，还有另外一个更为重要的原因：他们认为反托拉斯没有什么结果。或者不如这么说，他们认为反托拉斯的实际结果，和反托拉斯所承诺的结果恰好相反。从经济权力的集中来看，美国的经济虽然有反托拉斯，但和其他处于同一发展阶段的经济，并无太大区别——在统计学上肯定不存在显著的差别。而其他国家要么根本没有反托拉斯法，要么就算有反托拉斯法，也并未强制实行。显然，经济集中是由技术和市场力量决定的，而不是由法律决定的。在同一行业中，各国的集中程度大多相同。但在美国，反托拉斯所带来的结果是，经济集中和联合采取了特殊的形式，但并不一定是最好的形式。反托拉斯极大地鼓励了企业合并，因为按照反托拉斯法，同一法人实体下的各个单位，被视为一个企业，它们之间的交易基本上不受反托拉斯法的限制。然而在别的国家，采取的是企业集团而不是企业合并的形式。在企业集团里，个别单位既保留了原先的独立性和一致性，又通过交换持股的方式（一般只持有少量股票）联系起来。然而反托拉斯认为，这种由多个独立法人实体所组成的集团，显然是违反了法律。因此，反托拉斯在很大程度上使独立自主的小企业消失，并刺激了巨型企业的出现。而且，由于反托拉斯不赞成经济权力在同一市场的集中，它实际上迫使美国公司成立缺乏组织统一性和业务统一性的"多种经营联合企业"（如经营电话设备的国际电话电信公司，却给自己增加了面包厂和保险公司）。经济学家中很少有人认为企业合并比企业集团更好，同样也很少有人会认为多种经营联合企业比前两者更好。

当然，这不会给反托拉斯主义者造成丝毫的影响。尽管有着反托拉斯法，但美国经济的集中程度，并不比没有反托拉斯法的发达国家低，这只能说明两个问题：一是反托拉斯法必须更为严格地执行；二是魔鬼的强大、邪恶和狡猾，远超过任何人的想象。对经济学家来说，类似反托拉斯法这类法律只不过是一种防范措施，但对反托拉斯法的信奉者来说，这是一种道德。而道德，至少在美国来说，总是比防范措施这种平凡的东西有吸引力得多。大多数美国经济学家都同意，哪怕是整个废除反托拉斯法（更不要说只是废除其中有关垄断的条款），也不会对美国经济造成太大损害。需要禁止的一些违法行为（限定价格、歧视性定价、歧视性折扣）已经涵盖在普通法的内容里。最重要的是，在完全没有反托拉斯立法的国家，这些违法行为也能得到恰当的处置。然而，反托拉斯仍然是神圣不可侵犯的。在未来30年里，建议废除对"集中"和"垄断"的禁令，就像建议关掉所有法律学院一样，成功的机会极为渺茫。

反托拉斯的社会成本

对美国电话电报公司的反托拉斯诉讼仍然很清楚地表明，我们至少应该严肃考虑一下进行某些改革的必要性。首先要改革的应该是，在反托拉斯措施中，引入绝大多数美国经济学家都赞同的关于"分析"和"政策"的区别。"所有经济学家，"有一条常常被引用的话说，"都认为经济活动的唯一目的和检验标准是消费者。如果有人认为经济活动的目的是其他东西（比如就业），那他肯定不是经济学家。"这种说法虽然并不完全正确，却也有几分道理。

对于绝大多数美国甚至其他任何地方的经济学家来说，上述言论只适用于"经济分析"，而不适用于"经济政策"。但对于极少数经济学家［如芝加哥的乔治·施蒂格勒（George Stigler）及其信徒］来说，它却两者都适用。从一定程度上来说，他们观点的影响是健康有利的。施蒂格勒坚持认为，为了消除在经济政策中盛行的草率作风，在进行经济分析时极有必要只考虑严格意义上的经济因素，而不考虑其他问题。施蒂格勒多年以来的一些主张是很有价值的，即政策制定者要从对纯经济因素的了解出发，才能看清所选择的政策由于偏离上述方向而造成的成本。

他的信徒走得更远。他们要求在制定经济政策时，绝不能偏离纯经济分析。施蒂格勒的信徒控制着反托拉斯。要是考虑了其他因素——比如外交、国防、社会效应等，那就是不纯洁，甚至是堕落。对于反托拉斯的经济学家来说，唯一要考虑的因素只有抽象的消费者利益。比如，芝加哥学派的经济学家拒绝承认，贝尔系统的解体必然导致穷人的电话费上浮，而企业的电话费则会降低；他们唯一考虑的是对全体消费者的影响，也就是全国的电话费总额。因为他们认为，如果在纯经济分析上稍做让步，稍有偏离，就意味着滑向灾难的深渊，那就是"对法律玩弄政治"。对绝大多数美国经济学家来说，这完全是一种接近疯狂的美德。

反托拉斯的确是政治。1984年冬，两家大型钢铁公司有意合并，里根政府就此问题发表声明说："我们不允许政治介入反托拉斯当中，这完全是一个法律问题。"这是伪善的废话，毫不诚实。一起主要的反托拉斯诉讼必然是高度政治化的问题——处理它的方式更是如此。例如，对美国电话电报公司的反托拉斯诉讼，如果不是因为通货膨胀严重腐蚀了公司的经济实力，让它在政治上变得非常容易遭受攻击，几乎根本就不会提上议程。整个有关钢铁公司合并的决定也全都是政治性的：从政治的角度考虑，允许大型钢铁公司合并，是否比限制从欧洲进口钢材，从而有可能引发和欧共体之间的贸易战，更为可取一些呢？事实上也确实如此。白宫刚一宣布它不干涉钢铁公司合并的问题，反托拉斯就自食其言，同意它们合并了。反托拉斯经济学家认为，没有一种合理、严密而客观的理论，能在经济决策中考虑纯经济因素以外的问题。这是完全不正确的。50年前，阿瑟·塞西尔·庇古（Arthur Cecil Pigou）的福利经济学中，早就提出了这一理论。福利经济学所做的是，从纯经济、纯粹以消费者为中心的经济分析结果出发，相当精确地计算各种方案的经济成本。例如，为了维持最低限度的地方电话服务，长途电话费应该比严格的经济理论价格高出一定的水平，才能给地方电话业务提供补助，那么这一追加的成本是多高呢？如果做出某种经济让步或社会让步，其经济代价是多大呢？换句话说，某一政策的经济成本是多少？按照定义，政策并不仅指一个方面（社会的、经济的或军事的），总是包含着多方面的内容。谁受了损失，谁获得了利益，损失有多少，利益又是多少？

但反托拉斯经济学家有一点是非常正确的：法律并不见得能比反托拉斯措施更好地回答这些问题。因此，我们应当像在其他领域里那样，在重要的反托拉斯诉讼中，把分析和政策分离开来（顺便说一下，大多数法官也同意）。在发现某个公司或行业违法之前，首先应当以法律分析和经济分析为主导，然后应当成立一支高水平的专家陪审团——其成员可由检控方指定一名，被告方指定一名，还有一名由公众（或是由总统的经济顾问委员会）提名，他们可以根据福利经济学，找出各种替代方案。专家小组考虑的问题可以限定在相当小的范围内：主要的社会影响；生产率、资本构成和就业等方面的重要经济影响；对美国在世界经济中的竞争地位和技术领导地位的影响；对国家安全的影响。在美国电话电报公司一案中，这样一支陪审团肯定会建议，由各业务公司继续提供对贝尔实验室的经济支持，还可能强迫我们正视国防通信问题。陪审团应只提出建议，而不是做出裁决，由法官来做出最后裁决。但法官需要建议，法官的背景和职业经历中，并不具备有关这些问题的知识。如果按照相反的程序来处理这些问题，事情也会被搞砸。

当然，这样的改革，或是稍微类似的改革，都是将来的事，但可能不会是太遥远的未来。如果贝尔系统解体行得通，并且在10年以后美国在通信方面仍然占有领先地位，那么一切都很好。但如果对美国电话电信公司的"自然垄断"进行反托拉斯清算10年以后，只不过是多了些把戏，成本反而增加了，并且损害了美国在技术上的领先地位，危害到了国家的安全——这是很有可能发生的情况，那么我们可能就要对这一问题重新加以考虑了。

[1984]

第35章 | CHAPTER 35

社会需求和企业机遇

20世纪初,有两名美国人,他们很可能在彼此并不知道的情况下,独立地发起了重大的社会改革活动。他们属于第一批这么做的企业家。安德鲁·卡内基(Andrew Carnegie)大力宣传并在经济上资助建立免费的公共图书馆。朱利叶斯·罗森沃尔德(Julius Rosenwald)创立了农业服务机构,并接办了才创立不久的4H俱乐部[⊖]。卡内基当时已经从商界退休,而且是美国最大的富翁之一。罗森沃尔德才刚刚买下一家濒临倒闭的邮购公司西尔斯-罗巴克,他的事业和财富才刚刚开了个头。但这两个人都是激进的改革家。

早期的企业家为自己树立的纪念碑都是文化方面的:博物馆、歌剧院、大学等。和卡内基与罗森沃尔德同时期的主要美国企业家,如利兰·斯坦福

⊖ 4-H Clubs,创立于1914年,前身是一个农业性组织,后来发展为全美范围内的青少年团体。4个H分别代表头脑(head)、心灵(heart)、手(hands)和健康(health),其含义是:让头脑更加聪慧,让心灵更加忠贞,让双手更加勤劳,让体魄更加健康。——译者注

（A. Leland Stanford）、亨利·亨廷顿（Henry E. Huntington）、J. P. 摩根、亨利·弗里克（Henry C. Frick），以及稍后的安德鲁·梅隆（Andrew Mellon），仍遵循着这一传统做法。而卡内基和罗森沃尔德则转而去改造社会和民众——提高他们的绩效、能力和生产力。

但这两个人的相似之处到此为止了。他们信奉的人生哲学完全不同。卡内基恨不得站到屋顶上高呼：致富的唯一目的在于散财。他认为，上帝希望我们把事情做好，这样我们才能去做好事。相比之下，罗森沃尔德更谦虚，在公开场合很腼腆，不摆架子，从不说教，但他的行为却比言辞更响亮。"要想做得好，你必须先有做好的能力。"这是罗森沃尔德的信条，比卡内基这位来自匹兹堡的无政府主义钢铁大王要激进得多。卡内基信奉财富的社会责任，罗森沃尔德信奉企业的社会责任。

罗森沃尔德看到当时的美国农民仍然相当贫穷落后，认为极有必要提高他们的能力、生产力和收入。为了实现这一目标，必须让农民掌握科学的务农知识和耕作技巧。当时，经过几十年对农艺学和农场推销学的系统研究，这类知识和技巧已经极为丰富。但在1900年或1910年前后，它们大多还停留在理论层面上，除了极少数有知识的农学家，一般人难以掌握。虽然罗森沃尔德这么做的动机有一部分是出于慈善性目的，但他同样看到，西尔斯－罗巴克公司的繁荣，和其主要顾客（也就是农民）的富裕紧密相关。反过来，农民的富裕又取决于他们的生产力。罗森沃尔德创立的农业服务机构（西尔斯－罗巴克公司曾独立支撑它长达10年之久，直到美国政府最终接手为止）和4H俱乐部显然是慈善性质的，但它们同时也是西尔斯－罗巴克公司的广告和公共关系部，而且最重要的是，还开发了市场和客户。它们的成功，部分地解释了西尔斯－罗巴克公司如何从一家濒临破产的企业，在短短10年内成为全美第一家真正的全国性零售商，并成为盈利性最好、成长速度最快的企业之一。

第二次世界大战结束后，另一名美国企业家提出了承担社会责任的另一种方法。威廉·诺里斯（William C. Norris）于1957年创立了控制数据公司（Control Data Corporation），并担任董事长直至1986年退休。他把解决社会问题和满足社会需求的途径，看作企业创造利润的机遇。他同时还是位关心自己同胞的慈善家。他根据社会需求而不是市场需求来选择自己的项目（在市内的少数族裔社区提供技能培训和就业，对犯人进行改造和培训，教育在学习上有困难的人）。但他指出，对公司的投资、企业中进行信息和数据处理的人力资源、公司所拥有的专门技术，完全可以在解决社会问题的同时，创造出一家能够自我维持和盈利的企业。

与卡内基的慈善事业、罗森沃尔德的社会发展方案一样，诺里斯对社会需求的投资，其目标是以提高个人表现能力、建立自助的健全社会这样的形式，创造出人的资本。但诺里斯的社会企业，同样有着创造经济资本的目标。卡内基的公共图书馆虽然也为个人的自我完善创造了机遇，但确实属于慈善事业。罗森沃尔德的社会发展方案也不是企业性投资，尽管它们使西尔斯－罗巴克公司获益良多，但这只是间接的。它们是良好的事业，是市场开发方面有远见的投资，可本身并不是企业。但诺里斯意在解决社会问题的良好事业，从严格的意义上来说，本身就是对新型营利企业的资本投资。他是一个创业家。

在有关社会责任的观点上，大多数美国企业和美国公众都认同卡内基。他们和卡内基一样，认为财富和经济权力应该承担社会责任。作为一位社会改革家，富有的卡内基创建了一种独特的美国机构：基金会。此后，从洛克菲勒到福特，一个接一个的超级富豪都以卡内基为榜样，设立了自己的基金会。卡内基还为"企业的社会责任"这一概念定下了基调。这个概念现在已经极为盛行。

朱利叶斯·罗森沃尔德的追随者要少得多。其中最有名的大概是后来担

任西尔斯 – 罗巴克公司总裁的罗伯特·伍德将军（General Robert E. Wood），影响更大的则可能是福特汽车公司的共同创办人詹姆斯·卡曾斯（James Couzens），他曾作为亨利·福特的合伙人，担任公司的财务和行政主管长达 10 年之久，后来又出任底特律市的市长，最后于 1922～1936 年担任密歇根州参议员。虽然他名义上是个共和党人，却是新政的精神鼻祖之一。卡曾斯把技能培训当作企业的社会责任，引入了美国的产业界。几年以后，在 1913 年，他不顾亨利·福特的强烈反对，建立了著名的"5 美元一天"工资制。这种做法，既是对饱受剥削的工人阶级的深切同情，也是消除威胁福特公司竞争地位的高旷工率和高跳槽率的灵丹妙药。

在我们现在这个年代，印第安纳州哥伦布市康明斯发动机公司（Cummins Engine Company）的埃尔文·米勒（J. Irwin Miller），系统化地利用公司基金，建立了一个健全的社区，同时也是一种为公司创建健康环境的无形但直接的投资。米勒还特别注意为自己所在的工业小镇提供一种良好的生活质量，以吸引大型高科技企业所必需的管理和技术人才。

这篇文章的主题是：在将来的岁月里，承担企业的社会责任，最必要、最有效的方式是威廉·诺里斯和控制数据公司所采取的那种方式。企业只有学会把当今发达国家所面临的主要社会问题转变成新颖的、有利可图的商业机遇，我们才有希望在未来战胜这些问题。虽然人们希望政府能在最近几十年解决这些问题，但政府已经靠不住了。政府通过税收所获得的实际资源，日益难以满足对它的要求。只有在满足社会需求的同时，创造出新的资本和利润，才能为满足新的社会需求创造条件。

技术和社会方面发生的重大变革，已经改变了社会需求的本质。今天，我们强烈地意识到技术变革的重要性，但很少有人意识到，真正发生变化的并不是技术本身，而是有关技术的概念。近 300 年以来，技术的终极模型就是模拟一颗恒星（比如太阳）内部发生的机械运动。当我们能够复制太阳内部的机械运动过程（即核裂变与核聚变）的时候，这种技术的发展也就达到了顶点。目前技术的发展动力已经转向了所谓的有机模式，它是围绕信息而不是机械力组织起来的。

从1950年开始，早在石油输出国组织成立和能源危机爆发以前，矿物燃料能源就已经是一种成熟，甚至可以称作衰落的产业。从那时起，所有发达国家的能源使用量和国民生产总值之比就在持续稳定地迅速下降。甚至那些当时能源消耗量尚在增长的部门（私人汽车；军用及民用航空；住宅照明、供暖和空调），其单位产出的能源消耗量也早在1973年以前就开始下降。可以肯定的是，这种下降趋势会一直持续下去，并且无关成本。

生物过程根据信息的内容而进化，生物系统的特殊能量是信息。机械系统是根据物理学规律组织的，生物系统自然也遵循物理学规律，但它们不是根据机械力而是根据信息（例如遗传密码）来组织的。

因此，从机械模式到生物模式的转变，要求构成资本的资源也发生改变。在机械时代之前，动物能，也就是体力的运用，构成了资本。技能当然极为宝贵，但市场很小，所以必须把技术用垄断形式组织起来，用学徒制度和行会规章进行严格的控制。如果掌握技术的人超过了最低限度，就没有价值了，因为没有市场。知识则纯粹是一种奢侈品。

在过去300年的机械模式时代，人类技能日益成为生产性资源——这是人类历史上最伟大的进步之一。到了20世纪，大规模生产把劳动者转换成半熟练工人，这一进步达到其顶点。但在一个信息日益成为组织力量的时代，知识就成为资本资源。

有关技术在意义上的转变，现在正在起步当中，它比任何一种单纯的技术变革——不管有多么迅速和惊人——都更为重要，值得人们给予更多重视。

人口上的变化或许更为重要。幸运的是，过去50年里所有发达国家在教育上的迅猛发展，正好符合这一技术转变趋势。目前在发达国家中，约有一半的年轻人都接受过中学以上的正规教育，这为新技术的操作、生产和盈利提供了必要的人力资源。反过来，新技术又为发达国家新增长的劳动力创造了就业机会。到底是先有蛋还是先有鸡，我敢说谁也不能肯定。

这些变化也造成了很大的差距和问题。首先，在发达国家中，存在劳动力的过渡问题。现有的一些劳动力是根据机械模式时代的需要而培训的，在技术向生物模式转变时，他们进退两难。还有我们如今称为前工业化社会遗民的那些人（比如住在市中心贫民区的人，从人口过多的穷国墨西哥逃来的移民），他们只能以体力作为获得报酬的资本。这是当今发达国家所面临的难题。

其次，在发达国家和最贫穷的国家之间，出现了一种危险的新差距。300年前，不存在什么"贫穷国家"。每个国家都有富裕的人——虽然并不是太多，每个国家也都有大量的穷苦人民。100年之后，也就是1700年，机械模式的新技术首次在各国之间造成了差异，世界开始分化为富国和穷国。到1900年，当时发达国家的人均收入是发展中国家人均收入的3倍。而现在，双方的收入差距可能已经扩大到了10:1，甚至更大一些。这种差距之大，是令人难以忍受的。如今发达国家最贫困的无产阶级，其生活水平也比最贫穷国家极少数的富裕人口更高。以前的阶级冲突变成了南北分裂，甚至演变成了种族矛盾的根源。在各个发达国家中还存在另外一种差距，也就是说，有着高标准正规教育的国家，更有机会进入生物模式的技术时代；而另一些国家才刚刚开始发展人的技术资本。占世界总人口1/3的发达国家，为利用生物模式的机遇做好了准备；而占总人口2/3的发展中国家，才刚迈入能把人力资源用于机械模式机会的阶段。

就像机械模式的技术需要技能基础一样（目前一些发展中国家正缓慢而痛苦地建立这种基础），生物模式的技术也需要广泛的知识基础。我们现在已经知道，这种基础不是一时之间能搭建起来的，而是要进行长期的艰苦努力，更重要的是，还要进行大量的资本投资。除了高度发达的国家，其他国家都不具备这种财力。因此，在可以预见的将来，世界将继续分化成若干种社会：一种社会具备相关知识基础，能够将新技术转换成主要的经济与社会机遇；一种社会缺乏生物模式技术所必需的人才，而只具备机械模式技术的人却又过多。

技术变化与人口变化的结合，带来了企业必须学会将之转化成机遇的社会需求。

发达国家正面临着一种近代经济史上从未有过的情况。一方面，我们的劳动力日益匮乏，另一方面，失业率又在不断增长。新加入劳动力大军的就业人口中，有很大一部分受过太多教育，不愿意从事传统的蓝领体力劳动。这部分人的比例还在扩大。1982年，美国进入民用经济领域的劳动力人口中，只受过初等程序教育的人下降到了3%，只受过高中程度教育的人也下降到50%左右，而且这种发展趋势看来是无法逆转的。

这意味着美国和其他所有发达国家的基本就业问题，是为那些受过良好教育、有能力将知识运用到工作中的人，创造富有挑战性的、令人满意且报酬优厚的岗位。这也意味着，在发达国家中，对资本形成的需求正快速增长，特别是那些传统上要求资本最低的岗位，如办公室和服务领域的工作都将发生转变。不管未来的办公室变成什么样子，都会变成资本密集型场所。在10年之内，花在每个工人身上的资本投资，将从目前的3000美元以下，增长至20 000～30 000美元。知识性工作的平均资本投资，比体力性工作要高几倍。知识性工作要求，在个人能够做出贡献之前，为其提供日益增长的大量教育投资，并为继续教育或更新知识进行不断的投资。换句话说，它们要求在人力资源上的投资至少能和物质投资相当。

与此同时，传统的蓝领就业岗位会出现大量冗员。在发达国家中，使用传统的蓝领体力劳动在经济上是非常不划算的。部分原因是基于信息的工作（不管是称之为自动化还是数据处理）每单位劳动的附加价值要大得多。凡是能够自动化（也就是能转到以信息为基础）的流程都必须自动化。否则，发达国家的经济就无法和其他国家竞争，尤其是跟那些有着丰富廉价劳动力资源的第三世界国家竞争。几乎可以肯定，到2010年，也就是未来25年之内，发达国家在制造业从事传统蓝领工作的劳动力比例，将变得和现代农业所占劳动力比例相当。而现代农业是目前科学化程度最高、资本最密集的行业。目前，在所有的发达国家中，制造业蓝领工人差不多占总劳动力人数的1/5。但现代农业所使用的劳动力比例大概只有1/20，甚至更低。

在未来25年的过渡时期中，将出现一大批引人注目且高度集中的冗余劳动力，他们大多是传统的蓝领工人，除了技能（往往还是半熟练技能）之外别无所长。由于新加入劳动力大军中的很多人受过太多教育，对蓝领工作不感兴趣，因此某些蓝领行业中也会出现劳动力不足的情况，但这对上述冗余劳动力来说并无太大帮助，因为他们不会刚好处在这些人员短缺的部门，而且通常也不具备那些工作所要求的技能。

制造业从需要体力和技能的工作转变为知识密集型工作而造成蓝领工人冗余的情况，一般出现在大规模生产行业的高薪岗位上。过去50年里，这些人属于工业社会中受益最多的那批人，他们的经济和社会地位提高得最快，但实际工作能力并没有什么增长。他们一般都是年纪较大的人，年纪较轻的人早在该行业开始衰退前就离开了。他们高度集中在少数几个大都市地区，因此极为引人注目，还有着强大的政治势力。例如，80万汽车工人绝大多数集中在美国中西部从密尔沃基到代顿和克利夫兰的20个县里，仅仅涉及4个州。他们大多加入了工会，会联合起来采取集体行动，而不是一个人单干。

矛盾的是，劳动力短缺和过剩将同时出现。怎么做才能让两者互相弥补呢？是对劳动力进行培训吗？是对劳动力给予组织化的安排吗？是把需要传统劳动力的行业迁到劳动力过剩的地区吗？最重要的是，我们需要对劳动力过剩做出预测，并把每个工人有组织、有系统地安排到新岗位上。

制造业劳动力短缺和过剩之间的缺口，也可能同时出现在一个地区之内，但最尖锐的矛盾存在于同一国家的不同地区、不同行业和不同工资水平上。如果无法成功地解决这一矛盾，我们将陷入十分危险的境地，我们的经济政策焦点，就不能放在大力发展符合年轻人要求和条件的、以信息为基础的新兴行业并促进其就业上，而要放在维持过去的就业上。换句话说，我们将会极力仿效英国人的做法，把明天的前途奉献到昨天的祭坛上——当然，这么做只会徒劳无功。

政府无法处理这个问题，更不要说解决它了。这个问题，属于那些把劳动力过剩视为一种机遇的企业家。政府可以提供资金，最好的例子大概要算联邦德国的再培训补助金制度，这种补助金已占联邦德国国民生产总值的2%。根据某些联邦德国人（比如联邦德国劳动部）的估计，它节约了4倍以上的失业救济金和福利费用。但为了使实际的培训发挥效果，必须使培训工作针对某一具体的工作岗位，这样一来，接受培训的人一旦达到了所需的技能水平，就可立刻获得该工作。这种培训应当是有针对性的，而不是一般性的，并且应当和工作安排结合起来。这两点政府都做不到。英国从第一次世界大战后的第一任内阁——劳合·乔治（Lloyd George）内阁时代起，就一直致力于解决"萧条行业"和"萧条地区"问题。但从这60多年的工作来看，我们知道它无能为力。从本质上来看，政府必然关注大规模的集团，而不是这个人或那个人的专业技能、背景和需求。

新的工作机会很可能出现在地方性小企业里，而不是全国性的大企业里。从1960年开始，美国的劳动力和就业出现了前所未有的增长，绝大多数新工作（2/3～3/4）是20人左右的私营小公司创造的，而不是大型甚至巨型企业。在这一时期，《财富》500强企业提供的工作岗位实际上下降了5%。而且，1970年以来，在所有发达国家里，从前一直快速增长的联邦、州和地方政府的就业岗位，增长幅度也平稳了下来。

找出即将过剩的工人，确定他们的长处，为他们安排新工作，按照需要加以再培训（所需的技能一般是社会性而非技术性的），这都是地方性的任务，因而是企业的机会。但如果企业，特别是拥有知识和资本、能够采取行动的现存企业，不能有系统地把劳动力过剩看作一个机遇，这个问题就将日益恶化，给所有发达国家未来的经济造成威胁，特别是美国的经济前途。

还有若干能为企业提供机遇的社会问题领域，有着特殊的重要意义。在每一个发达国家中，特别是在美国，都存在前工业社会人口问题，就美国来讲，主要是指一些少数民族，尤其是黑人。在当今的美国经济体系中，仅仅依靠体力不足以维持发达社会的生活标准，而只有极少数黑人不具备成为生产性劳动者的能力。但是，虽然人们多次试图对这些群体进行教育，却极少达到过预期目的。失败的部分原因在于，只有当接受教育者心中怀着对未来的憧憬时，培训和教育才能成功。然而，由于几十年甚至几个世纪以来连续不断地遭受挫折、失败和歧视，黑人心中缺乏对未来的憧憬，使得教育和培训无法转换成自信和动力。

但我们也知道，如果给这些人提供机会，他们会干得很好。然而，如果不为这些人提供工作，他们就不会产生接受培训的动力，不相信这会带来彻底的改变，并认为这种努力注定失败。因此，让人的资源发挥作用并提高其能力,是一项主要的任务。各种服务行业中都存在着机遇,因为愿意并有能力从事服务工作的人一直供不应求,在医院、维护、修理和其他所有服务行业中都是这样。

一家总部设在丹麦的公司,曾把这种社会问题变成了机遇。该公司在世界 50 多个国家(其中大多数是发达国家)开展业务。它系统化地寻找、培训和雇用前工业社会人口,从事办公大楼和工厂的维修工作,报酬优厚,员工流失率极低。它只碰到一个问题:找不到足够的人手来满足需求。该公司并不是"培训"员工,它雇用他们,向他们提出很高的绩效要求,从而在这些人身上培养起自尊和劳动技能,它根据个人能力提供工作发展机会。20 年前这家公司创办时只有几个人,但现在的销售额已超过 5 亿美元。机遇是有的,但你拥有把握机遇的远见吗?

此外在发达国家和第三世界国家之间还存在一个规模空前的"断层"。一方面,发达国家拥有大量受过高等教育的人,缺少合格且愿意从事传统体力工作的人;另一方面,在未来 15 年里,第三世界国家将会出现大量已经成年的青壮年劳动力,并且只能胜任传统的蓝领体力劳动。唯有劳动密集型产业都转移到有充足劳动力的发展中国家,这些年轻的蓝领工人才能找到就业机会。合作生产是摆在我们面前的经济一体化形式。如果我们不能把它发展成一种成功的企业机遇,那么在发达国家中,由于劳动力的绝对短缺和体力劳动者的工资缺乏竞争力,传统的制造业将无法进行生产,人民的生活水平将迅速下降;而第三世界国家则可能会发生严重的社会动荡。不管是什么样的社会,不管它的政治或社会制度是什么,只要有 40%~50% 的年轻人找不到工作,都不可能维持下去。这些年轻人肢体健全,适于工作,愿意工作,并且通过电视和电台等媒体熟悉富裕国家人民的生活方式。

为什么不应该由政府来完成这些任务,解决这些问题呢?自古以来,政府就必须关注社会问题。早在公元前 2 世纪,罗马共和国就出现了格拉古兄弟改革○。在伊丽莎白时代的英国，也有过济贫法。但认为解决社会问题永远属于政府的任务，其他社会机构都不适合的思想，作为一种系统性政治理论的一部分，仅仅出现了不到200年。它是18世纪启蒙运动的产物，并以现代文官制度和现代财政体制作为先决条件。首先提出并实践它的，是开明专制中最开明的君主国，比如佛罗伦萨的哈布斯堡大公国（该国可以看作开明专制的发展实验室）。在1760～1790年，该国建立了第一个全国性医疗体系，制订了第一套公共卫生计划，并创立了第一个——也是全欧洲第一个全国性免费义务教育系统。

19世纪，这种新思想开花结果。从1844年英国的工厂法，到19世纪80年代俾斯麦的社会保险立法，政府成功地解决了一个又一个社会问题。

进入20世纪，特别是最近50年以来，人们把这种思想提高到了一个信仰的高度。大多数人认为，如果不采用政府方案而使用其他方式解决社会需求，那就是不道德的，而且肯定徒劳无功。就在十多年前，轻率的肯尼迪和约翰逊当政期间，大多数人还坚信，任何社会问题，只要政府提出了解决方案，就能迎刃而解。但从那以后，越来越多的人从这种幻想中觉醒过来。现在，在所有的发达国家中，人民都不再指望政府的方案会成功。

原因之一显然是政府要做的事太多。就其本身来说，社会方案除了花钱是一事无成的。为了产生影响，社会方案首先需要少数第一流的人才进行艰辛的工作，给予无私的奉献，而第一流的人才总是稀缺的。在一个时期内，完成很少的社会项目，或许是够用了——尽管有两位从事社会项目最成功的企业家曾和我讨论过这一问题，一位是美国社会保险方案之父，已故的阿瑟·奥特迈耶（Arthur Altmeyer），还有一位是田纳西流域管理委员会的创

○ 前133～前121古罗马政治家格拉古兄弟推行的以土地问题为中心的改革活动，从单纯的土地立法发展为广泛的改革运动，冲击了豪门贵族的统治，对罗马社会的发展起了促进作用。——译者注

始人,已故的戴维·利连索尔(David Lilienthal)。他们都说(而且是分别说的),根据他们的经验,在任何国家的任何一个时期,第一流的人才最多只够用于从事一项重要的社会方案。但在约翰逊总统执政时期,美国在短短4年里就试图实行五六项重大的社会方案——此外还得在海外打一场大仗(指越南战争)!

有人或许还会指出,政府天生就不适应社会方案的时间性。政府需要立刻出成果,特别是每隔一年就要举行选举的民主政府。而社会方案的增长曲线是双曲线型的:在开头一段漫长的艰苦岁月里,只有难于察觉的微小成效;紧接着,如果项目成功的话,其成果就会得到成倍的发展。美国有关农业教育和研究的项目,花了80年才使农业耕作和农业生产率发生革命性的变化。社会保险方案落实到每个美国人身上,则用了整整20年时间。在看到约翰逊总统的"消灭贫困方案"取得重大成效之前,美国的选民愿意等上20年吗?更不要说等80年了。然而我们知道,在学习取得重大成果之前,会经过一段漫长的时间。进行学习的是一个一个的人,而不是整个阶级。必须慢慢积累大量进行了学习的人,以他们作为榜样和领导者,给人们以鼓舞。

自相矛盾的是,政府会发现,从小方案着手并耐心等待结果很难,但要放弃一个已经开始的方案更难。每一个方案都会立刻创造出一批利益相关集团,至少它雇用的那批人肯定属于此列。对于现代政府来说,给予相当容易,但要拿回来则近乎不可能。因此,政府处理失败项目的办法,不是把它埋葬掉,而是把预算加倍,把在其他方面可能更有机会的能干人才转到这个项目上来,以期获得成功。

此外,政府完全不可能进行试验。它所做的每一件事,从一开始就必须是全国性的,有限度的,而这对于新事物来说,是注定要失败的。实际上,新政中所有成功的改革项目,都曾在20多年前就由个别州和个别城市(如威斯康星州、纽约州、纽约市或芝加哥）的改革机构进行过小规模试验；而新政中两个完全失败的项目——国家复兴署和工程进度管理署，则是仅有的两项没有预先在州或地方进行过试验就直接推广实行的发明。㊀

威廉·诺里斯把自己公司的社会性工商事业说成是研究与发展工作，这一点无疑是正确的。在获得成果之前要花很长的时间，愿意进行实验，如果没有效果就得放弃，这些都是研究与发展工作的特点。但我们现在知道，政府搞不好研究与发展工作的原因很多，对此已经有人做过仔细的研究。尽管政府可以提供研究和开发的资金，但能把这种工作搞好的还是自治性机构，如大学实验室、私人医院或企业实验室等。

政府无法成功解决我们所面临的这类社会问题，还有一个同样重要的原因在于，这些问题非常棘手。所谓棘手的问题，指的是它涉及许多利益相关者，因为很难，甚至不可能确立精确的目的和目标。这可能是 20 世纪中叶的社会问题，与 18 和 19 世纪的社会问题最根本的区别。比起现在这些处理得糟糕透顶的问题，今后几十年我们所面临的问题还会更棘手。每一个问题背后都存在各种强有力的利益集团，它们的目标和价值观极不相同，甚至彼此排斥，这就必然导致政府无法成功地解决这些问题。

举例来说，"美国的重新工业化"对工会而言意味着保留中心城市传统工业的传统蓝领工作岗位，或者至少是延缓传统工作职位的萎缩趋势。然而，如果"美国的重新工业化"意味着恢复美国制成品出口和参与国际竞争的能力，那就明确地要求尽快将传统生产流程自动化，并尽一切可能将原先集中的工业转移到更为分散化的新地点；也意味着关掉匹兹堡和芝加哥的大

㊀ 国家复兴署（National Recovery Administration, NRA），1933 年成立，共存在 3 年，是罗斯福在第一届任期中为了应付大萧条而建立的刺激企业复兴的政府机构。工程进度管理署（Works Progress Administration, WPA），1935 年创立，共存在 8 年，其目的在于鼓励工人参加桥梁、道路等工程建设，扩大就业机会。这两个机构在美国经济大萧条中都起了一定作用，但比不上新政中的其他改革项目，所以德鲁克认为是失败的。——译者注

型钢铁厂，将它们变成靠近顾客的小厂。按照第一种理解，短期内从政治上是可以接受的，但它必然会导致失败，英国和波兰的例子就是证明。但有哪个政府方案能按照第二种理解来办呢？即便是传说中专为胜利者锦上添花，给失败者釜底抽薪的日本人（至少在最近美国流传的神话里是这么说的），也发现这么做在政治上是行不通的。实际上，全日本的人都知道零售分配体制早就过时了，而且耗资巨大，唯一的作用在于能为数量很少的一批老人提供社会保障。但日本人无法放弃对这一制度的支持。

然而，非政府机构，不管是企业还是迅速发展的非营利性第三部门机构，却能够指向单一的目标。它们能将棘手的问题分解为若干简单的问题，从而逐一解决，至少是缓解每一个问题。又因为各个非政府机构能够并且确实会互相竞争，所以它们可以找出各种不同的解决途径，并且进行实验。

政府日益无法有效处理当代社会中的各种问题，这为各类非政府机构，特别是其中最灵活、最多元化的工商企业，带来了重大的机遇。有必要创造一些条件，让政府来规划任务，并由政府（比如英国迅速发展的私人医疗保险业，就是由英国国家健康中心资助的）或第三方提供完成该任务所需的手段。但实际任务则交给非政府机构，特别是存在竞争的地方性企业来完成。

美国通信系统就是一个很好的例子。50年前，该系统是由邮局垄断的，但现在日益转变为由一些互相竞争，也同邮局竞争的通信机构承担邮政业务。很明显，垃圾处理、医疗保健以及很多其他服务部门，都将按照如下方式走向私有化：服务工作以国家政策和法律为依据（只需要给予税收优惠政策即可），而由互相竞争的私人工商企业来完成。

未来真正的混合型经济将由三个部分组成。一是私营部门，政府在其中的职责仅限为防止出现欺诈、过分剥削、相互勾结、不安全的工作条件及侵犯人权等现象。二是真正的公共部门，如国防（国防采购除外）和司法部门，政府规定并完成工作。三是混合部门，最好的例子是美国的医院系统，它主要是一个私营系统。非营利的社区医院、教会附属医院和营利性质的私人医院，将日益组成庞大且不断发展的连锁医疗网。为了吸引病人，所有医院都展开竞争，而其大部分收入则来自公共资金——要么直接由政府通过税收系统拨款，要么通过强制性的私人健康保险计划获得。还有一个著名的例子是国防采购部门。

大多数有关企业社会责任的讨论都假定，获取利润和社会责任从根本上是互相矛盾的，至少是没有关系的。企业被看作富翁，哪怕仅仅是为了灵魂上的安慰，也应当给予不幸者救助。

讨论企业社会责任的大多数人，包括这一观点的反对者，对于像威廉·诺里斯那样宣称企业的目的在于通过做好事来赚钱，都持有一种极为怀疑的态度。对于认为利润来自"剥削"的仇视企业的人来说，这种说法纯属伪善。可即便对于认同企业、认为企业应当像安德鲁·卡内基那样乐善好施做个慈善家的人，也无法接受企业通过做好事赚钱的观点。这等于是把美德变成了自私自利。至于那些建议企业独善其身，把社会问题留给有关当局（实际上就是指政府）去解决的人（这正是米尔顿·弗里德曼的立场），他们认为企业自身的利益和公共利益是两个完全不相干的领域。但在未来10年内，强调以下观点将变得日益重要：企业唯有将社会责任转变成自身利益，也就是转变成商业机遇，才能承担社会责任。

今后10年里，企业的首要社会责任，并不是我们今天讨论企业的社会责任时所提到的那些问题，而是创造资本，使之可以独立为将来的工作岗位提供资金。这是一个日益重要的社会责任。技术从机械模式转变为有机模式，要求大幅度提高对工人的资本投资。这种对资本形成的需求，同100年前现代工业刚出现时一样强烈。随着技术、世界经济和社会的急速变革，还需要大量盈余资金投入到研究和开发工作中。

我们所处的时代，曾是一个只需要用相当低的边际成本就可以扩展和改进现有技术的时代，因此，对资本构成的需求也就相当低。现在，这个阶段已经过去了。自然，旧有的产业正处于衰落或是改组当中，但更重要的是，新兴产业出现了爆炸式的发展，如信息、通信、生物化学、生物工程、遗传医学等。随之又产生了其他一些新行业，比如对受过良好教育的成年人进行继续教育，这很可能是未来10年里最主要的一个成长性行业，并将日益掌握在企业家手里。

早期的成长阶段对资本构成提出了最严峻的要求。但是，在一个鼓励个人储蓄的传统手段普遍失效的现代社会，资本构成到底意味着什么呢？所有国家的储蓄率都趋于下降，这主要是两个因素造成的：一是超过退休年龄的人口比例提高，这些人通常不再储蓄，主要是消费；二是传统上需要由个人积蓄来应对风险和意外的费用，改由社会保障承担。以美国为例，储蓄率的下降与老年人口的增长成正比，也与承担退休、生病和失业风险的社会福利事业发展成正比。再如日本，过去10年它的储蓄率虽然还是很高，但一直稳步下降。

此外，我们现在有确切的证据表明，家庭工资收入水平的提高，实质上并不能提高储蓄率。我们知道，工资的增加带来的是新的消费需求，而不是投资欲望。因此，企业利润成了现代经济中资本构成的主要来源。实际上，我们现在知道，利润这个词是一种误解，存在的只有成本——过去的成本和未来的成本；经济的成本、社会的成本和技术变革的成本；以及未来就业岗位的成本。当前的收入必须承担这两方面的成本，而这两方面的成本在未来20年里都将急剧上升。

所以，企业的首要社会责任是创造足够的利润，承担未来的成本。如果它未能履行这一社会责任，也就无法履行其他社会责任。衰退经济中的衰退行业，不管采取何种形式，都不太可能成为友善的邻居和老板，或是承担起社会责任。当对资本的需求快速增长时，用于非经济目的，特别是慈善目的的企业盈余收入不可能提高，相反，必然会减少。

有些人认为，现在的企业家应当继承过去王公贵族的传统——很多企业家自己也不幸地陷入了这一错觉。自然，这样的人对上述论点是不满意的。但王公贵族能够乐善好施，首先是因为他们从穷苦大众手中掠夺了财富。

还有一些人，特别是一些企业家，他们觉得把问题转化成商业机遇太稀松平常，太不浪漫。他们把企业看成屠龙的勇士，而自己则是骑着白马的圣乔治。

但企业正当的社会责任在于驯服龙，也就是把社会问题转变成经济机会和经济利益，变成生产能力，变成人的能力，变成报酬优厚的工作岗位，以及变成财富。

[1984]

后 记

社会创新：管理的新领域

我们是否过分强调了科学和技术在20世纪变革中的作用呢？社会创新（大多并不是由科学发展和技术进步带来的）对社会和经济有着更为深远的影响，甚至对科学和技术本身也有着深远的影响。管理正日益成为社会创新的推动者。

以下是从众多事例中选取的5个例子。

（1）研究实验室。

（2）欧洲美元和商业票据。

（3）群众和群众运动。

（4）农业服务机构。

（5）作为一种组织职能和一门学科的管理。

研究实验室

我们现在知道，研究实验室的历史可上溯到 1905 年，它是由最早的"研究经理"之一，德裔美国物理学家查尔斯·普罗蒂厄斯·斯坦梅茨（Charles Proteus Steinmetz）在纽约为通用电气公司设想并建立的。从一开始，斯坦梅茨就有两个明确的目标：把科学和科学工作组织起来用于有目的的技术创新；让当时新出现的社会现象（大型企业）通过创新实现可持续的自我更新。

斯坦梅茨的新实验室从 19 世纪的前辈那里吸取了两大特色。从德国工程师赫夫纳－阿尔登涅克（Hefner-Alteneck）那里，他接受的思想是，要在公司内部专门组织一批接受过科学和技术训练的人，专注地从事科学技术工作——这是赫夫纳加入柏林的西门子公司 5 年后，于 1872 年首先提出的。他当时是世界上第一个受雇于工业公司且受过大学训练的工程师。从爱迪生那里，斯坦梅茨学习到了研究规划的概念：系统地组织研究工作，明确规定预期结果，规划过程中的各个步骤及其顺序。

但接着斯坦梅茨又加上了自己的三个特点。首先，他的研究员以团队的方式进行工作。赫夫纳－阿尔登涅克的"设计员"（"研究员"这个词是很久以后才出现的）仍按照 19 世纪大学里科学家的工作方式进行研究，每个人都有自己的实验室，有一两名助手可供"老板"差遣：为他找找资料，最多不过是按照老板的规定做些实验。在斯坦梅茨的实验室里，只有高级研究员和初级研究员之分，而没有老板和助手的区别。他们作为同事在一起工作，每个人都为共同的目标做出各自的贡献。因此，斯坦梅茨的团队需要有一位研究主任，以便把研究员安排到各个项目中，并把各个项目分派给研究员。

其次，斯坦梅茨将具有不同技能和专业知识的人——工程师、物理学家、数学家、化学家，甚至生物学家，安排到同一个研究团队中。这是一种全新的非正统做法。实际上，它违背了 19 世纪科学组织最神圣的原则：最大限度的专业化。但 1932 年工业研究部门中第一个获得诺贝尔奖的，就是在斯坦梅茨的电气实验室工作的化学家欧文·朗缪尔（Irving Langmuir）。

最后，斯坦梅茨的实验室从根本上改变了科学和技术在研究工作中的关系。在确定了项目的目标之后，斯坦梅茨会找出为完成预期技术成果所需的理论科学知识，接着组织相应的"纯理论"研究，以获得所需的新知识。斯坦梅茨原本是个理论物理学家，美国最近发行的一枚邮票上称他"为电子学理论做出了贡献"。但他所做的每一项贡献，都来自他为设计和开发某种新产品线（比如分马力电机）而安排和从事的研究工作。传统的观点认为（而且人们至今仍普遍这么看），技术是"应用科学"；而在斯坦梅茨的实验室里，科学（包括最纯粹的"纯研究"）都是受技术所推动的，也就是说，是达到技术目的的一种手段。

斯坦梅茨建成通用电气实验室 10 年之后，著名的贝尔实验室也按照同样的模式建立了起来。又过了不久，杜邦公司也步其后尘，再接着是 IBM 公司。在开发尼龙的整个过程中，杜邦公司在聚合物化学领域探索出大量纯科学知识。20 世纪 30 年代 IBM 公司研制计算机时，从一开始就在工程规划中涵盖了开关理论、固态物理和计算机逻辑等方面的研究。

斯坦梅茨的这一创新，还导致出现了"没有墙壁的实验室"，这是美国对大型科技项目重大而独特的贡献。第一个此类实验室名叫全国小儿麻痹症基金会（出生缺陷基金会），出现于 20 世纪 30 年代初，由富兰克林·罗斯福总统的前法律合作者巴兹尔·奥康纳（Basil O'Connor）构想出并管理。这一项目持续了 25 年之久，以一种有计划、有步骤的方式，把涉及五六个学科、遍布全国十多个不同地区的大量科学家的研究工作结合到了一起。每个科学家有各自的课题，但在统一的指挥下，围绕着同一个中心战略思想展开。这为第二次世界大战期间的一些庞大科研项目（如雷达实验室、林肯实验室，以及其中规模最庞大的曼哈顿原子能计划）建立起了工作模式。同样，苏联发射人造卫星后，美国决定把人送上月球，美国国家航空航天局（NASA）也组织了一个"没有墙壁的实验室"。对于斯坦梅茨这种由技术推动的科学，人们仍然存在很大争议，尤其对很多学院派科学家来说，更是一种不折不扣的可恶东西。然而，每当碰到新的科学问题时，正是这种组织使我们能够立刻着手解决它。比如，1984～1985年，艾滋病突然成为一个重大的医疗问题，我们就是这样做的。

欧洲美元和商业票据

在不到20年的时间里，世界金融体系发生的变化可能比过去200年间的变化还要大。这些变化的推动者是两项社会创新：欧洲美元的出现，以及将商业票据视为一种"商业贷款"的新做法。前者创造出一个以资本流动、汇率和信贷等"符号"经济为主导的新型世界经济。后者则在美国引发了一场"金融革命"，"金融超级市场"的出现取代了金融机构中原有的、牢不可破的条块分割，比如保险公司、储蓄银行、商业银行、股票经纪人等。每个金融机构都关注市场上所需要的金融服务，不再只重视提供专门的金融产品。这种金融革命现已扩展到世界范围。

欧洲美元和商业票据的设计本意，并不是要引发"革命"。欧洲美元是苏联国家银行发明的。当时是1952年，艾森豪威尔将军在朝鲜战争的中期当选美国总统。苏联人害怕这位新总统会冻结他们存在美国银行里的美元，从而迫使他们停止对朝鲜提供援助，于是赶紧把这些存款从美国银行里取了出来。然而他们仍想把这笔钱保存成美元。他们找到的解决办法就是欧洲美元：将钱以美国货币的形式，存在美国境外的银行。这种做法在20年间开辟出一种新型的跨国货币和资本市场。它在各国中央银行的控制之外，实际上是完全不受控制的。可它的总量（欧洲美元出现之后又产生了欧洲日元、欧洲瑞士法郎和欧洲马克），不管是存款总额还是周转总额，比所有主要贸易国家的银行和信贷系统中的存款额和周转额的总和还要大。实际上，如果没有苏联国家银行海外管理人员的这一创新，资本主义大概已经无法维持下去了。这一创新使世界贸易获得了巨大的发展。近30年以来，在实行自由企业制度的发达国家，世界贸易成了它们经济增长和繁荣的发动机。

与此同时，或许稍晚一些，两家美国金融机构［一家是高盛经纪公司，另一家是通用电气信贷公司（它是为了向购买通用电气公司产品的顾客提供信贷而成立的）］突然冒出一个主意，把商业票据这种古老而定义模糊的金融工具，当成一种新形式的商业贷款，用来代替银行贷款。按照美国的金融法规，这两家机构都不允许提供商业贷款——只有银行才可以。商业票据本质上只是一种在某一日期偿付款项的承诺，按照美国法律它并不属于贷款，而属于债券，银行不得发行。然而，从经济上看，商业票据和贷款之间毫无区别——可惜以前从没人发现这一点。这两家公司利用了这种合法的技术，很快又有几十家公司跟风而动，从侧翼成功突破了商业银行对贷款看似牢不可破的垄断，更重要的是，以商业票据为信贷基础的贷款利率，大大低于银行以顾客存款为基础的贷款利率。一开始银行以为商业票据不过是个蹩脚把戏，但在不到15年的时间里，商业票据破除了美国经济中信贷和投资领域内的绝大多数界限和障碍。以至于到了今天，所有的金融机构和金融工具之间都在展开激烈的竞争。

近200年来，经济学家都认为金融和信贷体系是经济的中心和最重要的特征。每一个国家都用法律、规章和制度来保护它，防止它发生任何变化。而美国金融的体制结构极为严谨，又受到了高度的保护，没有任何国家可堪比较。商业票据（只不过是在术语上稍有变化，谈不上什么创新）却打破了所有法律、制度和习惯等所构成的保护屏障，搅乱了美国的金融体制。我们仍然会给全国的银行排名次。尽管纽约花旗银行毫无疑问还是全国最大的银行——也是全国最大的"金融机构"，但"第二大银行"可能根本不是一家银行，而是通用电气信贷公司。多年以来一直担任花旗银行董事长的沃尔特·瑞斯顿则指出，花旗银行在银行和金融业务方面，最大的竞争对手并不是哪家金融机构，而是全国最大的连锁百货商店西尔斯－罗巴克公司，该公司目前为顾客提供的信贷比任何一家信贷机构都要多。

群众和群众运动

20世纪第三大社会创新是群众和群众运动。群众是一个集体，有着自己的行为和特性。它并不是非理性的；相反，它具有高度的可预测性。但它的动力，类似于我们所说的个人"潜意识"。

群众运动的本质在于集中。用化学家的话来说，其单个"分子"，即组成大众的个人，呈高度有机化并完全充电的状态。他们都指向同一方向，携带相同的电荷。用核物理学家的话来说，群众是一种临界物质，即足够改变整体的性质和行为的最小单位。

群众最初是由两名美国人——约瑟夫·普利策（Joseph Pulitzer）和威廉·伦道夫·赫斯特（William Randolph Hearst），在19世纪末最后几年发明的——它是一项发明，而不止是一种发现。这两个人利用当时全新的文化，创造出第一种大众传媒工具，也就是价格便宜、发行量巨大的报纸。在此之前，人们认为报纸是"绅士写，绅士看"的读物，伦敦有家报纸多年以来一直自豪地在报头上这样宣称。与此相反，普利策和赫斯特的"黄色小报"却被嘲笑为"坏蛋写，无赖看"的东西。但正是这种小报造就了大量的读者和追随者。

后来，这两个人和他们的报纸又发起并领导了第一次现代群众政治运动，迫使美国卷入1898年的美西战争。从那以后，他们两个人制定的策略，成为所有群众运动的规范。和美国从前的运动［比如废奴运动和自由土地运动（指美国南北战争之前，为废除南方各州奴隶制度而发起的两大群众运动）］不一样，他们根本不试图赢得大多数人的赞同。与此相反，他们力图把少数真正的信徒组织起来：他们吸引的信徒可能从来也不曾超过全体选民的10%。但是，围绕和西班牙开战这一单一事件，他们把追随者组成了一个有纪律的"突击队"。他们在每一期报纸上都教促读者从报上剪下一张明信片，寄给国会议员，要求美国对西班牙宣战。他们还把候选人是否同意参战作为能否当选的唯一标准，而不顾他在其他问题上的立场。因此，他们这一小批人就能左右选举，并宣称能控制候选人的政治前途。结果，虽然全美几乎所有的舆论机构都反对这场战争，但他们还是把自己的意志强加给了绝大多数人。

群众运动的威力，恰恰是因为大多数人往往有着多方面的不同利益，因此对所有的利益都冷冷淡淡，漠不关心。而目标的单一性让群众运动有了纪律，也使群众愿意追随领袖。因此它脱颖而出，显得比本身的实力更为强大。它使单一的目标在新闻中占主导地位，并在很大程度上决定了什么是新闻。而且，由于它只根据政党或候选人愿不愿意对某个单一目标承担义务，来决定自己是否支持对方，因此它很可能成为决定性的一票。

首先把普利策和赫斯特的这项发明应用到长期"改革运动"中的，是禁酒运动。有关这一问题，反沙龙联盟和基督教妇女戒酒联合会等禁酒团体曾进行了近一个世纪的宣传和斗争，却没有取得太大成效。1900年前后，它们的支持率降到了南北战争以来的最低点。后来，它们采取了新的群众运动策略。基督教妇女戒酒联合会甚至还聘用了好几位普利策和赫斯特的编辑。禁酒运动的真正信徒从来不超过全体选民的5%～10%，可在不到20年的时间里，他们把禁酒法写进了美国宪法。

从那以后，单一目标的群众运动日益普遍，如环境保护、汽车安全、禁止核武器、同性恋权益、道德多数派（指意欲将宗教保守道德观加诸社会的分子）。但直到现在我们才开始意识到，单一目标的群众运动是多么深刻地改变了所有民主国家的政治。

在美国以外的地方，群众运动这一社会创新甚至产生了更大的影响。20世纪最大的暴政（墨索里尼的法西斯主义、希特勒的纳粹主义）都是利用群众运动，即利用高度纪律化的单一目标的真正信徒，达到夺权和掌握政权的最终政治目的。

显然，20世纪没有任何发明或发现，比群众和群众运动这一社会创新具有更大的影响力。然而，也没有任何发明或发现，比群众和群众运动更令人难以理解。

实际上，我们今天对群众的理解，很类似100年前人们对个人精神分析学的看法。我们当然知道什么叫"激情"，但人们总把它解释成某种"动物本能"。它们不在理性的范围内，也就是说，无法预测、分析和理解。人们能做的只有压抑它。而从100年前开始，弗洛伊德揭示，激情也有它的道理，正如帕斯卡尔那句名言所说："心有自己的理智，理智不明其理。"弗洛伊德还揭示，潜意识和意识一样有着严格的理性，有着自己的逻辑和机制。目前，尽管并不是所有的心理学家（甚至说不上是大多数）都接受弗洛伊德精神分析中各种特殊的病因因素，但都同意他关于个人精神分析学的观点。

但是，迄今为止，我们还没有一套有关群众的弗洛伊德式学说。

农业服务机构

20世纪最重要的一个经济事件，显然是全世界农业生产和农业生产率的成倍增长。这主要是20世纪初的一项社会创新——农业服务机构带来的。

1880年，有关农业方法和农业技术的科学研究工作，已经认真地、系统化地进行了200多年。对农民和农学家的系统化培训，也早在"农业大学"里开展了100多年。然而只有极少数的大地主才关心这种事情。在1880年的时候，绝大多数的农民（例如几乎所有的美国农民）仍然按照千百年前祖先流传的方法务农耕种，完全没有丝毫改进，产量也没有什么提高。20年以后，也就是1900年前后，情况也并没有什么好转。

然后，突然之间，大约在第一次世界大战期间——或者稍晚一些，事情发生了戏剧性的变化。这种变化首先从美国开始，现在已经扩展到了世界各地。实际上，农业生产和生产率的提高，印度等第三世界国家表现得最为显著。

这并不是因为农民的处境突然发生了变化，而是出现了一种社会创新，让农民能够接触到新的农业知识。西尔斯-罗巴克邮购公司的总经理朱利叶斯·罗森沃尔德，本身是芝加哥的服装商人，是一个地道的"城里人"，他发明了农业服务机构（并在长达10年的时间里，自掏腰包支付农业服务机构的费用，直到美国政府接管"农业推广服务处"为止）。他这样做并不仅仅是出于慈善目的，更主要的目的是提高美国农民，也就是该公司最主要顾客的购买力。农业服务机构提供的是以前一直缺少的东西——为农业生产者提供获得日益增长的农业知识和信息的渠道。短短几年之内，"无知的、墨守成规的农民"，变成了"农业科学革命"的"农业技术员"。

管　　理

我举的社会创新的最后一个例子是管理。自然，"管理者"很早就出现了，然而这个词却是在20世纪才冒头的。而且，只有到了20世纪，尤其是20世纪的后50年，管理才真正成为社会的一般职能，成为一种专门的工作，以及一门学科。一个世纪以前，绝大多数重要的工作任务，包括我们现在称为商业的经济工作，主要都是家庭或类似工匠作坊这类由家庭经营的企业完成的；而现在，则全都由组织机构来完成：政府机构和大学、医院、工商企业、红十字会、工会等。所有这些组织机构都必须加以管理。因此，管理是现今"组织的社会"的一种特殊职能。这种特殊的实践，能将一群乌合之众变成一支有效率、有目的、有生产力的团体。

管理和组织已经成为一种全球化现象，而不仅仅属于西方和资本主义国家。20世纪50年代初，日本人把管理作为一门有组织的学科加以引进和介绍，后来，它成为日本经济奇迹和社会成功的基础。管理在苏联也是一个热门的主题。

现代组织的本质在于，使每个人的长处和知识转化为生产力，从而抵消个人的弱点。在传统组织里（比如修建金字塔和哥特式大教堂的组织，或是18和19世纪的军队组织），每个人都从事同样的非技术性工作，其主要贡献就是原始的体力。有关组织如何存在的知识，集中在极少数的上层人物手里。

在现代组织里，每个人都有专门分工，掌握着高度的知识和技能。在现代组织里，有冶金专家和红十字会的事故处理专家，有训练专家和工具设计师，有资金筹备专家和理疗专家，有预算分析师和计算机程序员，所有人都从事自己的工作，贡献出自己的知识，但都是为了一个共同的目标。对组织来说，一个人所掌握的少数专业知识极为重要，而他所不知道的大量知识却无关紧要。

30年前，英国物理学家，后来又成为小说家的C. P. 斯诺（C. P. Snow）曾预言当代文化的两大代表者将是人道主义者和科学家。但实际情况或许并非如此，真正的代表者将是现在所称的"学者"和"管理者"：前者将现实视作观念和象征；后者将现实看作绩效和人。

管理和组织还相当粗糙，这正是迅速发展的学科所共有的特征，比如直至前不久，医学方面也是如此。走在前头的实践者和大多数人之间存在着巨大的差距，虽然差距正在缩小，但速度非常缓慢。即便是在当今各类组织里取得出色成就的管理者中，也很少有人意识到管理的本质在于责任，而非权力，更少有人同官僚主义这一组织退化的痼疾（即把庞大的预算和人员编制当作一种成就而不是无能）做斗争。

即便如此，管理产生的影响还是极为巨大的。例如，管理及管理的出现，淘汰了19世纪占主导地位的社会理论和政治诡辩，比如认为社会将朝着由独立小业主（有40英亩[⊖]土地的自耕农、有作坊的工匠、有商店的店主、独立的专业人士）构成的水晶结构发展的杰斐逊学派。相反，组织创造了一个雇员社会。在雇员社会中，蓝领工人逐渐成为少数派，知识工作者变成了新生的大多数——他们既是所有发达社会的主要成本，也是主要资源。尽管知识工作者是雇员，但并不是无产阶级，他们通过养老基金成为唯一的资本家，从整体上来说，也是生产资料的所有者。

正是管理，在很大程度上造就了20世纪最不寻常的社会现象：教育大发展。人们所受教育程度越高，就越发依赖于组织。实际上，在所有发达国家中，所有受过高中以上教育的人（在美国占总人口的90%以上）都将在有管理的组织中度过整个工作生涯，离开了组织，他们就无法谋生，他们的老师也是如此。

结　　论

如果这是一部20世纪社会创新史，我必须引用并论述更多的例子，但

⊖　1英亩＝4046.856平方米。

这并非本文的目的。它的目的甚至也不在于展现社会创新的重要性，而在于揭示 20 世纪的社会创新在很大程度上已成为管理者的任务。

以往并非一直如此；恰恰相反，这是一种非常新的情况。

比如，美国宪法就是一项创新，它迎来了 19 世纪。自然，宪法不是什么新东西，它的历史可以追溯到古希腊。但美国宪法与众不同：它第一次明文规定了自身修正的程序。在此之前，所有宪法都认为自己是不可改变的，是"永恒真理"。接着美国人又在联邦最高法院中创造了一套机制，使宪法能够适应新的条件和需求。这两项创新解释了为什么美国宪法能够存在至今，而此前的所有宪法都在经历了一个充满挫折的短暂时期之后消失了。

100 年以后，德国的俾斯麦首相在没有任何先例的情况下，创造了我们现在称为"社会保险"的社会创新——健康保险、老年退休金、工人的意外事故赔偿保险，随后还出现了失业补偿金。俾斯麦很清楚自己正在做什么：消弭能把整个社会炸得四分五裂的"阶级战争"。他成功了。

在西方以外的世界，日本于 19 世纪发生了明治维新这一重大的社会革新，把一个同时代国家中最不西方化、最封闭的岛国，变成了一个完全"现代化"的国家，同时又保持了自己原有的社会和文化特色。

因此，19 世纪是一个充斥着伟大社会创新的时期。然而，19 世纪的社会创新大多都是由政府发起的。发明，也就是技术上的发现，在 19 世纪是由私营部门带动的，但社会创新则属于政府和政治行动。

可到了 20 世纪，政府似乎失去了进行有效社会创新的能力。20 世纪 30 年代的美国新政时期，政府还能进行社会创新。虽然新政中所有成功的创新，都是在很早以前，大多是在第一次世界大战之前，就设计好并在个别州（如威斯康星、纽约和加利福尼亚）进行过大规模"试点实验"的。可自那以后，在所有发达国家中，几乎再也没有什么能取得预期效果的政府创新了——实际上，除了花费大量成本之外，简直就没有什么效果。

取而代之的是，私营的非政府部门接管了社会创新，它从一种政治行动变成了一项"管理任务"。虽然我们现在拥有一门"创新学科"，但仍然没有形成太多的方法论。从事社会创新的管理者，往往并不知道该怎么做才能取得类似美国的开国元勋、俾斯麦和明治时代的政治家那样辉煌的成就——虽然罗森沃尔德创办的农业服务机构的例子说明这是完全可以做到的。尽管如此，社会创新确实已经成为管理的全新领域。

[1986]

致　　谢

本书收录的 35 篇文章皆已公开发表过。其中，有 25 篇短文刊登在《华尔街日报》(*The Wall Street Journal*)的社论版（第 2～11 章、第 14～17 章、第 19～20 章、第 22～26 章、第 29～32 章），还有一篇短文（第 18 章）最初刊登在《高等教育报》(*The Chronicle of Higher Education*)。剩下的篇幅较长的几篇文章，有两篇（第 28 和第 34 章）刊登于《公共利益》(*The Public Interest*)杂志，其余则分别刊登在《公司》(*Inc.*)杂志（访谈录）、《外交》(*Foreign Affairs*)杂志（第 1 章）、《福布斯》(*Forbes*)杂志（第 12 章）、《哈佛商业评论》(*Harvard Business Review*)（第 13 章）、克莱蒙特研究生院的《关系》(*Connections*)杂志（第 27 章）和《时尚》(*Esquire*)（第 33 章）。第 35 章原本是一篇论文，最初是在 1982 年夏明尼苏达州明尼阿波利斯市召开的一次座谈会上宣读的，该座谈会由美国国家艺术与科学院举办，后来又刊登在美国国家艺术与科学院编撰的《公私合营》(*Public-Private Partnership*)一书中（该书的编辑者是哈维·布鲁克斯、兰斯·李普曼、科琳 S. 谢林，由剑桥大学伯灵格出版公司于 1984 年出版）。1986 年 8 月，我曾在伊利诺伊州芝加哥举办的第 15 届美国管理学会年会上，讲演过第 21 章"管理：成功所带来的问题"的部分内容，但此前本文并未发表。后记是专门为本书撰写的，从未公开发表和刊登过。

在本书的整理出版过程中，我曾修订过一些文章的标题，并删减了一些过于冗长的介绍性文字。我按照日历，把本书中出现的所有"今年"或"去年"变成了确切的年份，如 1984 年或 1983 年等。除此之外，我未对原文做过任何修改。这样一来，读者就能很清楚地判断笔者的预言或结论是否经受住了时间的检验。

杜鲁门·塔利图书/E. P. 杜顿公司（Truman Talley Books/E. P. Dutton）的杜鲁门 M. 塔利先生，曾为本书做出过巨大的贡献，本书和作者本人都亏欠他良多。几年前，塔利先生编辑出版了作者的一些文章（《变化中的经理人世界》，*The Changing World of the Executive*，纽约：杜鲁门·塔利图书/E. P. 杜顿公司，1982 年），他建议我在其后的文章中着重讨论管理的前沿问题，也就是当今决策能够对未来造成影响的领域。这些文章固然是为特定的场合和出版物所撰写的，但我要感谢塔利先生，由于他的建议，使我的文章有了一以贯之的潜在主题和关注重点。他还花了大量的时间和精力组织本书的结构，整理文章的先后顺序，监督指导本书的装帧设计，并在整个出版过程中进行管理。但愿本书的最终成果能够符合他的高度期待。最后还要感谢 E. P. 杜顿公司的执行编辑特伦特·达夫，制作编辑朱莉娅·麦克格伦，在他们的监督下，一大堆乱糟糟的手稿在规定的时间里变成了一本如此精美的图书。

译者后记

感谢机械工业出版社,让译者有了这个宝贵的机会,翻译德鲁克的作品。大师在前,作为后辈的我,难免诚惶诚恐,生怕力有不逮,唐突原著。

本书成书于20世纪80年代中期,到80年代末,就曾被多次翻译成中文并出版。目前译者手中有两个版本,一本是1988年中国对外翻译出版公司出版的《管理新潮》,译者是孙耀君、拓向阳等老师,还有一本是1999年上海译文出版社出版的《管理的前沿》,译者是许斌老师。这两个译本都相当不错,译者在翻译过程中,曾分别参考过这两个译本,并在一些词句上有所借鉴。

在我的重译过程中,除了翻译本身,我还尽量利用现在丰富的网络资源,将前两个译本碍于当时条件难以查找到的一些名词,进行了订正和注释,力图将疏漏减少到最低限度。但碍于能力所限,或许仍有错误之处,希望读者能不吝指出。我的电子邮箱是 herstory@163.net,欢迎大家来信指教。

闫佳

于成都